U0057537

Essentials of Organizational Behavior

組織行爲

（原書精華版第六版）

Stephen P. Robbins 著

李茂興 譯

序

本書濃縮了厚達六、七百頁的《組織行為》一書之精華，可在學分數較少的課程或短期研習中，搭配實務演練、個案研討或讀書小組同時使用。

修訂版特色

在為新版的浩大修訂工程坐下來埋頭苦幹前，我為自己設定了一項目標：希望本版能兼具時代性、簡明性與整合性三大特色，特別在整合性方面，前一版的多樣性、全球化與倫理道德三大主題，在本版中不再以獨立章節的形式呈現，而分別打散到各章對應的主題討論內，細心的讀者應該會發現這樣的整合性設計，更有益於概念的融會貫通。

第六版除了討論素材與參考資料的全面更新外，還包括以下特點：

* 將前版第2章的「全球觀的組織行為」，整合納編在全書各章節中討論。
* 在第2章的「價值觀」中，引進新的討論素材。
* 在第3章的「情緒」中，引進新的討論素材。
* 在第5章的「激勵：從理論到應用」中，增添「員工表揚計畫」單元。
* 在第8章中，新增「虛擬團隊」的討論。
* 在第10章中，增加「願景式領導」與「團隊領導」章節。
* 在第10章中，大幅增加「信任」及其與領導關係的討論篇幅。
* 在第17章中，新增「學習中的組織」章節內容。

目錄

第一篇　緒論

第1章　組織行爲概述

第**1**章

組織行爲概述

每當我詢問經理人，請他們描述最常發生或最棘手的問題時，我得到的答案提醒我注意一個相當普遍的主題——這些經理人最常提到的問題都是描述人（people）的問題，包括老闆的溝通技巧拙劣、部屬缺乏工作動機、員工之間和部門之間的衝突、如何克服員工對部門重組的抗拒等問題。

既然經理人的工作必須經常穿梭於老闆、同事和部屬之間，要解決上述問題，良好的「人際技巧」（people skill）就成為一個很有價值、甚至是很必要的議題[1]。本書的目的之一就是在幫助經理人或未來的經理人，發展他們的人際技巧。

組織行為的領域

組織行為的研究領域，就是一般人的工作行為。現在，讓我們從組織行為（organizational behavior, OB）一詞的定義開始，並簡單地回顧它的起源。

定義

組織行為是有系統地研究人類在組織中表現出來的行動和態度。我們來看看這個定義中的關鍵部分。

我們每個人一般都以直覺或內在的感覺來嘗試解釋外界發生的事情。舉個例子來說，某個朋友得了感冒，我們很快地就會說「他忘了吃維他命」、「沒有穿夠衣服」，或是「當季節變換時最容易感冒」。其實我們並不確定他為什麼得到感冒，但這並不會阻止我們進行直覺的分析。在OB的領域中，我們企圖以有系統的研究來代替直覺性的解釋。而有系統的研究，是在受控制的條件下進行測量，並且以合理而嚴謹的方式找出因果關係。這麼做的原因，當然是希望得到更正確的結論。所以我們可以這麼說：OB的領域（包括它的理論和結論）就是築基於大量的系統性學術研究之上。

什麼叫做OB的系統性研究？就是研究行動（action；或是行為，behavior）以及態度（attitude）。在員工的表現中，有三種類型的行為相當重要，分別是生產力（productivity）、曠職率（absenteeism），以及流動率（turnover）。生產力的重要性是很明顯的，經理人一定會關心每個員工的產量與產品的品質。但是曠職率與流動率（特別是比率過高時）也同樣會影響生產。因為員工如果不工作，就無法生產。更糟的是，高比率的流動率會增加成本，並且會迫使組織只好僱用經驗較少的人。

OB同樣也關心員工的工作滿足（job satisfaction），工作滿足是一種態度。為什麼經理們需要關心員工的工作滿足？有以下三方面的原因：首先，工作滿足和生產力之間可能有某種關聯；其次，工作滿足和曠職率之間呈現負面關聯；最後一個原因仍屬爭議──經理具有人性化管理的責任，他要能夠提供員工一個具挑戰性、能得到內在獎賞，並且能夠得到滿足的工作。

關於OB定義的最後一部分，還需要說明的一個名詞是組織（organization）。心理學和社會學等有名的學科也在研究行為，但是他們並未將重心放在和工作相關的議題上。相較之下，OB特別關心在組織中進行，並且和工作有關的行為。組織乃是一個有計畫而具有協調性的正式結構，有兩個或更多的人參與其中，為了要達成共同的目標。每個組織各有不同的職權關係與分工程度。這些組織包括製造業與服務業的公司、學校、醫院、教堂、軍隊、慈善組織、地方與中央政府機關。而OB的領域就包含了在這些不同組織中的個體行為。

對OB有貢獻的學科

組織行為是一門應用的行為科學。組織行為領域的建立，來自很多行為學科的貢獻。這些前驅的學科包括心理學、社會學、社會心理學、人類學、以及政治學。心理學的貢獻主要在個人或微觀層次的分析，其餘的一些學科則讓我們對於巨觀的概念有進一步的瞭解（巨觀的概念包括團體運作的程序和組織）。圖1-1縱覽了各學科的貢獻，並將這些貢獻統整成著名的研究領域——組織行為。

心理學

心理學是一門測量與解釋人類和其他動物行為的學科，有時候它也用來改變人類與動物的行為。心理學家以研究的方式嘗試瞭解個體的行為。在這個領域中，有很多學者對於OB有重要貢獻，或者是持續為OB增加知識，他們包括：學習理論學家、人格理論學家、諮商心理學家，尤其最重要的是工業與組織心理學家。

早期工業心理學家關心疲勞、厭煩，以及其他會妨礙工作績效的工作條件相關因素。這些年來，他們的貢獻擴及學習、知覺、人格、情緒、訓練、領導效能、需求與激勵、工作滿足、決策過程、績效評估、態度測量、甄選新進員工之技術、工作設計及工作壓力。

社會學

心理學家將注意力放在個體，社會學家則研究個體所處的社會系統，在此系統中個人扮演著自己的角色。換句話說，社會學是研究人和同伴之間的關係。社會學家對OB最大的貢獻，是對於

圖 1-1

組織行為的學科領域

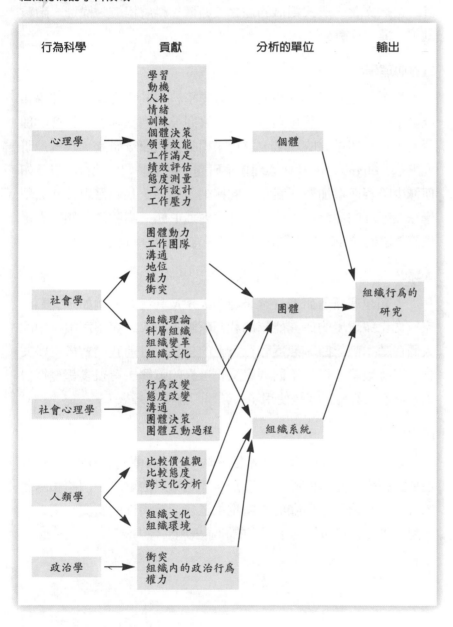

行為科學	貢獻	分析的單位	輸出

心理學 → 學習／動機／人格／情緒／訓練／個體決策／領導效能／工作滿足／績效評估／態度測量／工作設計／工作壓力 → 個體

社會學 → 團體動力／工作團隊／溝通／地位／權力／衝突

組織理論／科層組織／組織變革／組織文化 → 團體

社會心理學 → 行為改變／態度改變／溝通／團體決策／團體互動過程 → 組織系統

人類學 → 比較價值觀／比較態度／跨文化分析

組織文化／組織環境

政治學 → 衝突／組織內的政治行為／權力

→ 組織行為的研究

組織中團體行為的研究，特別是正式及複雜的組織。在OB領域中，社會學家所提供有價值的貢獻包括團體動力、工作團隊的設計、組織文化、形式組織的理論與結構、科層組織、溝通、階級地位、權力及衝突。

社會心理學

社會心理學是心理學的一個分支學科，其概念來自心理學和社會學兩方面。它將焦點放在人際之間彼此的影響上。社會心理學當中有一個重要的領域，進行了相當多的調查研究，也就是研究變革（change）。社會心理學家研究「變革」如何執行，以及如何減少障礙而增加對「變革」的接納。此外，我們發現社會心理學家在態度的測量、理解與改變、溝通形態、團體活動能夠滿足個體需求的途徑以及團體決策程序等方面貢獻卓越。

人類學

人類學家藉著研究社會來瞭解人類及其活動。例如，人類學家對文化與環境的研究能幫助我們瞭解不同國家與不同組織中的人們在基本價值觀、態度和行為上的差異。目前我們對於組織文化、組織環境，以及不同國家文化差異的瞭解，有很多都是得自人類學家的努力，或是使用了人類學的方法而得來。

政治科學

政治科學方面的貢獻經常被忽略。政治科學對OB的重要貢獻在於對組織中行為的瞭解，政治科學研究政治環境中個體和團體的行為。政治科學所關心的特定主題包括結構性的衝突、權力的分配，以及人們如何為了個人的利益去施展權力。

研讀組織行為的目的

OB要做的事情是什麼？一般人認為OB關心的是人際技巧的發展，但OB真正的目的為何？其實研讀OB的目的在於幫助我們去解釋、預測及控制人們的行為。

行為的解釋

當我們去問一個人或是一個團體為什麼會做某件事情的時候，我們的目的在於尋求「解釋」。從管理的角度來說，行為的解釋在OB三個目的當中也許最不重要，因為所有的解釋都是事後之明。但是如果我們要瞭解某一現象，那就必須開始嘗試去解釋它。同時，我們會用我們對這個現象的瞭解去找出一個連結的原因。譬如說公司中有很多有價值的員工要辭職，我們毫無疑問地會想知道原因何在，以便決定是否有某些事情可以事先預防。很明顯的，員工想辭掉工作的原因有很多，如果經理人對於高辭職率的解釋是由於薪資不適當或是工作乏味，那麼經理人就可以採取行動來修正這些情形。

行為的預測

行為的預測把目標放在未來的事件上。行為的預測是想瞭解一項行動會造成什麼樣的結果。當一個小型工廠的經理嘗試去評估員工對於新自動化設備的反應為何時，這個經理就在從事預測行為的活動。有了OB的知識做為基礎，經理人就能夠預測員工對於該項變革的反應。當然，執行某項重要變革的方法有很多種，所以經理人可以評估員工對於不同變革方式的反應。採用此種方法，經理人可以預期哪一種方式會讓員工的抗拒減至最低，而這些資料適足以幫助經理來做決策。

行為的控制

最具爭議性的目的是用OB知識來控制行為。當一個經理人提出這樣的問題：「我到底要怎樣做，才能讓大偉在工作上更努力一些？」這個經理所關心的問題正是行為的控制。

為什麼行為的控制具有爭議性？主要是由於近代的民主社會，是建立在個人自由的概念上。所以當一個人嘗試要讓其他人照著預訂的計畫去做某件事，而對方並不知道他的行為是被人操控的，此時在某些情形下，這種行為的控制會被視為不道德，亦可能會令人感到不愉快。事實上，OB確實提供了某些技術，使我們更能夠控制人類的行為。姑且不論這些技術應不應該應用於組織中，因為那已經變成道德上的問題，並且超過本書討論的範圍，但是我們應該瞭解行為的控制這個目的被很多經理人視為OB最有價值的貢獻，因為這使得他們能更有效地處理工作上所發生的事。

OB面臨的挑戰與轉機：經理人的角度

解釋、預測與控制組織行為，是經理人應具備的重要能力，歷來發生在組織內部的重大變革更確定了此一論點：舊有員工年事漸高；越來越多女性與少數民族加入勞動人口的行列；企業的重組與裁員撼動了過去維繫主僱關係的忠誠觀念；而全球性的競爭也迫使僱員必須保持高度彈性，並學習因應外界快速的變革與創新。

簡而言之，今日的經理人在應用OB觀念時，不但面對大量挑戰,同時也不乏一展身手的大好良機。在本節中,我們將審視經理人在面對難題時,OB所能提供的解決方案與對問題的深入洞察。

品質與生產力的提昇

William French是美國北卡羅來納一家寬頻通訊與資訊網路產品廠商（Alcatel Network Systems'）的生產部門主管[2],為了在同業間的激烈競爭中求生存,William必須裁減冗費、提升生產力與產品品質。在1993年到1997年間,他使產品製程耗費的時間降低了75%,將廠內不良品的比率降低了40%,同時還能使員工生產力大為提升。藉由推行自我導引式工作團隊、製程流線化等改良計畫,現在這個廠已成為業界生產效率的楷模。

越來越多的經理人面臨與William相同的挑戰——提升組織的生產力以及產品服務的品質。全面品質管理（total quality management, TQM）與再造（reengineering）等需要員工高參與度的計畫,是目前多數經理人在尋求品質與產量提升時的主要選擇。

全面品質管理是一種管理哲學,根據客戶滿意度而不斷改進組織程序（內容見圖1-2）[3]。TQM相當具有啓發性,促使員工不斷反省檢討工作方式,並且擴大員工對工作場所決策的參與度。

在這個充滿變革的時代,為尋求品質與產量之提升,經理人應該隨時抱持「回歸原點,重新思索」的精神,隨時重新檢討工作與組織架構,這就是所謂的再造理念[4],以下我們就以「滑輪鞋——直排輪」來進一步說明再造的理念。滑輪鞋,其實就是一片以帶子繫緊,並固定在下方有四個輪子的不銹鋼架上的皮革。1970年代的滑輪鞋製造商對產品的改良不外乎「加組鉤子,讓綁鞋帶更方便」、「減輕皮革重量,穿起來更舒適」或「使用滾珠軸承,

圖 1-2

....

何謂全面品質管理？

1. 客戶至上。客戶的定義不再侷限於花錢購買產品或服務的外界人士，還包括與組織互動或提供服務的園內客戶（例如貨運或請款人員）。
2. 追求不斷的改進。TQM的宗旨之一，就是精益求精，對品質的追求永無止境。
3. 組織的每項動作都要盡善盡美。TQM對品質的定義是廣義的，不僅追求最終產品的完美，還包括通路運送、回應客戶申訴的速度、電話禮儀等過程的無懈可擊。
4. 正確測量。TQM運用統計技術評估組織運作績效的關鍵變項，然後與標準值比較以發掘問題、追蹤問題來源、並消弭造成問題的原因。
5. 員工賦權。TQM尋求改善的過程需要生產線上員工的參與，透過成立團隊發掘、解決問題的過程，將權力下放。

滑起來更得心應手」，這些改進在消費者耳中聽起來都不錯。

　　但現在風行的是什麼？直排輪，對不對？它的設計同樣符合滑輪鞋加強滑動速度、律動感與控制力的訴求點，但卻打破了滑輪設備的傳統形象，它以質輕且具流行感的噴射成型塑膠構成鞋體上半；以穿脫容易的扣帶取代纏人的鞋帶；更以六個輕巧輪子直排成列，替代了原本分列兩排的四個大笨輪。再造的結果，使直排輪顛覆了傳統產業，也使滑輪鞋一詞走進歷史。

　　我們在此要提醒當代的經理人，雇員的參與在品質與產量的成功提升上不可或缺。現代的雇員不只是變革的執行主力，同時也應該是規劃變革的主動參與者。對必須在變革中衝鋒陷陣的經理人來說，這是OB可以提供的重要洞見。

增進人際技巧

　　一開始，本章就已點出人際技巧在管理績效上的重要性。基本上，本書撰寫的目的，可說就是為協助經理人，或未來的經理人發展人際技巧。

　　本書的後續章節，會介紹各種幫助經理人解釋並預測工作場所人類行為的理論與概念，使讀者對各項能運用在工作上的人際技巧更瞭然於心，包括各式激勵人群、促進溝通與成立優秀團隊的方法。

員工多元化的管理

　　員工多元化（workforce diversity），是近來北美各組織普遍面臨的重要挑戰之一。

　　員工多元化意指組織成員在性別、人種、種族方面的異質性，這個辭彙同時也暗指組織必須面對偏離「常規」的成員，員工多元化不但包括女性、非裔、西班牙裔、及亞裔美國人等外顯類別，也包括了肢體殘障、男女同性戀以及高齡再就業等族群。

　　過去，在面對差異性時，美國組織內部採取的是「熔爐」觀點，也就是假設和群體不一樣的人會自動地與大環境同化，但現在我們必須正視事實：員工不會只為了工作，就自動放棄原有的文化價值與對生活方式的偏好。因此，組織本身必須針對不同族群的生活方式、家庭需要與工作風格來自我調適，舊有的「熔爐」觀已被對差異性的正視所取代。[5]

　　難道過去的組織中從未出現過不同族群的員工嗎？答案當然是否定的，但由於他們在美國的總工作人口中只佔極小比例，所以其需求在過去未獲重視。一般人也認為，時間久後，他們自然就會適應並且融入新環境。1980年代初期，賺錢養家的白種男性是美國工作人口的主流，但到現在他們可成了真正的少數民族。目前，女性佔美國勞動人口的46%，而移民與少數民族共佔了23%[6]。美國惠普公司（HP）的員工中，有19%是少數民族，而40%是女性；一家位於波士頓的數位設備廠商之員工雇用比例可能就是未來美國組織人事管理的極端寫照：該廠的350位員工包括了來自44個國家的男女兩性，日常使用的語言為19種，工廠管理階層必須以英文、中文、法文、西班牙文、葡萄牙文、越南文以及海地方言發布公文。

在管理實務上，員工多元化是值得深思的課題。經理人不能再以當年一視同仁的「鴕鳥心態」來面對，必須在不造成差別待遇的前提下正視差異的存在，使在職員工能穩定工作，提升生產力。優質管理下的多元化，能為組織增添新意，並藉由提供另類角度而有效地增進決策品質[7]；而管理不良的多元化會是高流動率、溝通障礙與人際衝突的潛在亂源。

呼應全球化的趨勢

管理早已是一門跨國界的學問，漢堡王的幕後老闆是英國公司；麥當勞的漢堡已經在莫斯科當街販售；表面看來是美國公司的Exxon，骨子裡有75%的收益來自美國本土之外的營業額；日本的豐田汽車在美國德州設廠製車；而美國的通用汽車卻已移往巴西設廠；擁有日本馬自達部分股權的福特汽車，將底特律總部的高層主管調往日本以協助管理營運事宜。這些例子都是地球村的縮影，而經理人必須具備與來自不同文化的族群共事的能力。

全球化在經理人的人際技巧上造成的衝擊有二：一是經理人被派往國外異地工作的機率大增，體驗完全迥異的管理實務——海外部門員工的需求、渴望與工作態度可能與美國人大相逕庭；二，駐守在美國本土的經理人，與成長背景迥異的上司、同僚與員工共事的機率也不小，能激勵一般美國人工作動機的事物，對他們不見得能派上用場，而美式直接開放的溝通方式，也許反而令人不快甚或感到威脅。爲求共事的氣氛與效率，經理人必須去瞭解對方的文化背景以及文化塑造個人的方式，並針對文化間的差異來調整管理風格。在本書後續的OB理念介紹中，我們會再三強調文化差異對管理實務的影響。

員工賦權

近年的通俗商業期刊中，經理人與管理對象間關係的重塑（reshape）是熱門的討論課題，而且往往以教練、顧問、支持者、牽成者等軟性詞彙來形容經理人的角色。1980年代的趨勢是，鼓勵經理人提高員工在工作相關決策上的參與度[8]；但今日的經理人已索性完全放手，將工作交給員工全盤掌控，越來越多的組織推行自我管理團隊（self-managed teams），在沒有頂頭上司的情況下，由員工自行運作。由於組織決策的參與群已向下擴展至操作階層，工作進度與問題解決都由線上員工自行裁決，經理人與員工的分野也不再涇渭分明。

在提倡員工賦權，要求員工自我負責的同時，經理人要學習如何適當地放鬆管制，而員工也要學習爲工作負責以及作適當決策。稍後的章節中，我們會看到員工賦權如何改變了領導風格、權力關係、工作設計與組織的架構方式。

刺激創新與變革

當年叱吒業界的W. T. Grant、Woolworth's、Gimbel's以及Eastern Airlines現在已全部因經營不善而倒閉，爲免步上倒閉後塵，今日的Sear's、波音公司與迪吉多電腦也開始大刀闊斧地裁員、裁減冗費。

今日的組織必須蘊育新意並且熟稔變革之道，才能走向成功而不步上滅絕之路；唯有保持靈活度、不斷追求品質、有能力不斷推出嶄新產品與服務而令同業望塵莫及的組織才是最後贏家。過去，美國街頭巷尾到處都有大大小小的義大利披薩店，但在不思求變的情形下，被連鎖經營的達美樂以單手之姿打得潰不成軍；近年掘起的亞馬遜網路書店也以網路購書的全新姿態狂掃出版界的大小零售書店；福斯電視台也以《辛普森家庭》、《飛越比佛利》、《X檔案》等嶄新影集，在其他業者的強敵環伺下，擄獲了25歲以下之年輕收視群眾的心。

組織內的員工可以是刺激創新與變革的力量，但也可能成為改革之路的絆腳石。經理人必須能夠激發員工創意，並且提高員工對變革的容忍度，這也是OB領域的重要環節。

因應「機動性」

經理人一向是組織變革的推手，過去的經理人也許在十年內只需推動一至二次變革，即可因應組織需求；但今日的經理人應將變革視為家常便飯，因為變革正是進步的同義詞。

過去的管理可視為間有偶發短期改革的長期穩定時光；但今日的管理則相反，可視為偶爾有短期穩定階段的不斷改革。多數經理人與員工都面臨了一個充滿變動的新世界，工作內容不再一成不變，員工必須不斷地進修新的知識與技能以符合職場要求，舉例來說，現在Caterpillar、克萊斯勒、Reynolds Metals的員工都必須會操作由電腦控制的生產設備，但十五年前同類工作並不需要上列技能。工作團體的流動性也日漸升高，過去員工的部門歸屬非常固定，每天與相同的人共事也可以帶來某種程度上的安全感，但如今這原本可預測的一切都被機動成立的工作團隊所取代，團隊成員來自各個部門，任務完成就解散回原單位，再加上輪調制的實施，使組織本身平時就處於高度的流動狀態；部門重組、將績效不佳的產業脫手、裁員或以約聘人員取而代之都是現代組織常見的手法。

今日的經理人與員工都必須學習與企業內部的機動性、靈活度、自發性及不可預測性共存。OB對充滿變動的職場、如何克服對變革的抗拒、以及如何創造變革性的組織文化等課題，都能提供讀者重要的洞察與省思。

員工忠誠度的衰退

過去的企業員工都相信雇主會以穩定的工作、豐厚的福利與例行的加薪來酬賞個人對公司的忠誠度與工作上的良好表現，但自1980年代中期起，為因應全球性的同業競爭、併吞與購併，企業開始棄守保障雇員工作權、年資、酬賞的傳統政策，轉而採行關廠、將生產線轉到勞工較便宜的其他國家、賣掉或結束獲利不佳的產業、裁減經理階層人數、以約聘人員取代正式員工、改採績效薪酬制等「卑劣」手段。這個現象不只北美獨有，歐洲企業的作法也如出一轍，頗具規模的英國銀行——Barclays最近裁員高達20%；某些德國公司也大幅裁減員工與管理階層，西門子電機集團光是一年就裁掉了3,000人，鋼鐵業的Krupp-Hoesch也將管理層級由五層減為三層，而賓士汽車也將組織架構由七層化簡為五層。

這些變革造成了員工忠誠度的大幅衰退[9]，雇主既不再對員工照顧有加，相對地，員工對公司的認同也大為降低。

對經理人而言，OB領域的重要挑戰之一，就是去設計一套方法，企圖在維持企業全球競爭力的同時，還能激勵對公司向心力漸低之員工的工作動機。

提倡道德操守

面臨市場激烈競爭，組織為提升生產力必須大幅裁員，這使得員工在面對走後門、犯規違禁等不法情事的誘惑時，會發現要把持道德操守並不容易。

越來越多的組織成員發覺自身陷入道德操守的兩難情境，他們必須自行判斷孰是孰非。例如，該對公司內部的不法行為「吹哨警告」嗎？該服從個人並不認同的命令嗎？該不該給自己人較高考績，以免其飯碗不保？該不該在組織中操弄權謀，以利個人未來的生涯進展？

道德操守並不容易定義，而近年來大眾對道德的判斷更已混淆不清，舉目可見皆是違法犯紀的例子：人民選舉出的公僕被控虛報公務開銷與收受賄賂；鑽法律漏洞的律師一面申請居家協助，卻同時想法子避繳社會福利捐；成功的高級主管利用內線消息謀取個人利益；某些公司的雇員集體舞弊，讓軍火不良品矇混過關；這些人在落網時，多半以諸如「人人都這樣搞」、「現在是追求利益的時代」、「我從不認為哪天會被抓到」等藉口為自己的罪行開脫，而這就是現代組織員工所處的大環境。

面臨這類問題，組織與經理人已由幾個方向著手因應：明定道德條款，使員工在面臨道德兩難時有所依據；舉辦研討講習與訓練課程，試圖提高道德意識；並在公司內部設置顧問，供員工在處理道德議題時匿名求助；並且制定保護條款，保障勇於揭發內部不法情事之員工的隱私。

今日的經理人肩負著一項使命，要創造健全的道德環境，使員工在發揮工作效率的同時，也能明辨是非對錯。接下來的章節中，我們會介紹各式建立健全環境與協助員工安渡道德難關的方法。

本書的內容安排

　　本書對於OB的介紹是依循堆積木的過程。如圖1-3所示，OB中有三個分析的層次，當我們從個體的層次走到組織系統的層次，我們對於組織中的行為已有更廣泛的瞭解。

圖 1-3

OB 的分析層次

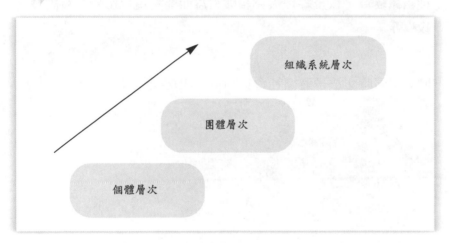

　　第2章到第6章討論的是組織中個體的層次。我們從個體行為的基礎開始瞭解，包括個人的價值觀、態度、知覺、以及學習，接下來進一步探討人格與情緒在個人行為中所扮演的角色，最後進入激勵及個體決策等主題。

　　一群人在團體當中的行為，比這一群人各自照著自己的方法行動的總和還要豐富。一群人在團體中的行為，可能和他們獨自一個人時的行爲並不相同。第7章到第12章討論團體行爲。我們將引介團體行爲的模式，討論增進團隊效能的方法，探討溝通及團體決策等主題，然後我們進入領導、權力、政治及衝突等重要主題。

　　和個體行爲與團體行爲相比較，形式組織系統更爲複雜。正如前面所提到，團體遠比個別成員的總和還要豐富，因此，組織系統也不僅止於團體行爲的加總。在第13章到第17章，我們將討論組織的結構、工作設計、技術如何影響行爲；組織的正式績效評估與獎酬制度對員工的影響、組織文化如何塑造員工行爲、各種組織變革、以及經理人爲組織利益而能夠用以影響行爲的發展技術等。

第二篇　組織中的個體

第2章

個體行為的基礎

本章重點

今日員工盛行的價值觀
工作滿足與生產力的關係
認知失調理論
態度與行為的關係
人們對事物的不同解釋方式
歸因理論
學習的歷程

本章從回顧心理學對OB的貢獻來進入對個體行為的瞭解。這些貢獻可以細分成下列四個概念，分別是：價值觀（value）、態度（attitude）、知覺（perception）及學習（learning）。

價值觀

死刑是對還是錯？如果一個人愛好權勢，他是好還是壞？這些問題的答案都含有某些價值觀的色彩。也許有些人會主張有死刑是對的，因為死刑對於謀殺或叛國的罪犯來說是適當的懲罰。也有另有其他人強烈反對這種主張，他們認為政府無權取走任何一個人的性命。

價值觀代表基本的信念，這些信念是「個人或整個社會所偏愛或反對的行為作風或結果的最終狀態」。價值觀帶有道德的色彩，因為它含著個體認為什麼是對的、什麼是好的、什麼是值得的等想法[1]。價值觀系統（value system）代表了個人價值觀的優先順序，也就是我們賦予每個價值觀的相對重要性，包括自由、快樂、自尊、誠實、服從、公平等。

價值觀的類型

價值觀能夠分類嗎？當然可以，本節將介紹切入價值觀分類學的兩個取向。

洛克希價值觀調查

Milton Rokeach提出的洛克希價值觀調查（Rokeach Value

Survey, RVS）報告[2]，內含兩組價值觀，各由十八個價值項目所組成：一是終極性價值（terminal values）意指個人生命追求的目標；另一則是工具性價值（instrumental values），意指為達終極性價值而採取的手段或行為模式。表2-1列出這兩組價值觀的常見範例。

表 2-1

洛克希價值觀調查報告的終極性價值與工具性價值範例

終極性價值	工具性價值
成就感（長期貢獻）	能幹（有能力、有效率）
和平（免於戰爭與衝突）	豪爽（讓人感到輕鬆愉快）
美（自然與藝術之美）	清潔（整齊）
平等（四海之內皆兄弟、人人機會平等）	勇敢（為信念挺身而出）
自由（獨立、自由選擇）	有用（為他人福利而努力）
內在和諧（內在不再衝突）	想像力（如大膽，有創造力）
享樂（安逸生活）	邏輯（前後一致，有理性）
救贖（宗教上的拯救與永生）	有愛心（慈愛，溫柔）
社會認同（受人尊敬欣賞）	禮貌（恭謹有禮，舉止合度）
真誠的友誼（密友）	負責（令人依賴，信任）

修訂自《人類價值觀之本質》M. Rokeach, *The Nature of Human Value* (New York: The Free Press, 1973).

　　有許多研究證實，不同團體的RVS價值觀會有顯著差異[3]，而職位相近或類型相同的人們（例如皆為企業經理人、工會成員、為人父母、在學學生），其價值觀往往頗為相近。曾有研究比較企業執行階層、鋼鐵同業工會成員、社區活躍分子團體成員，發現這三組的價值觀有相當大的重疊性[4]，但也有非常明顯的差異。例如，社區活躍分子團體非常強調平等的觀念，並將其列為終極價值的首位，但另外兩組則將平等分別列在第十三、十四順位；此外，社區活躍分子將「有用」列為工具性價值的第二優位，但另外兩組都將其列為第十四位。這些差異是非常重要的資訊，因為這三類人物對企業都各有其既得權利。「當企業與另外兩類負責把關的團體進入談判階段或在經濟與社會政策上意見相左時，個人價值觀的差異往往是參與者進入討論的起點……要在個人已有先入為主價值觀的議題上獲得共識，可說是非常困難。[5]」

美國各世代員工的速寫

作者已將各研究對工作價值觀的分析統合成四大類的模型，試圖以此描繪美國工作人口中不同世代的獨特價值觀（因此該模型可能無法跨文化運用）[6]。表2-2中，將美國員工依其進入職場

表 2-2
....
今日員工盛行的價值觀

分類	進入職場的時間	目前大約年齡	盛行的工作價值觀
1.清教徒式 工作倫理	1940年代中期至 1950年代晚期	60-75歲	勤奮工作、守成；忠於組織
2.存在主義	1960年代至1970 年代中期	45-60歲	追求生活品質、與眾不同、追求個人自主；忠於自我
3.實用主義	1970年代中期至 1980年代中期	30多到45歲	追求功成名就、企圖心強、勤奮工作；忠於事業
4.X世代	1980年代中期至 1990年代	35歲以下	崇尚靈活彈性、追尋工作滿足與充裕休閒時間；忠於關係

的年代別分成四類，由於一般人多在18-23歲踏入職場，因此這種分類也大致與員工的實際年齡相吻合。

那些成長階段深受美國經濟大蕭條、第二次世界大戰、美國仍穩居世界製造業龍頭、Andrew Sisters與柏林封鎖等事件影響的族群，多半在1940年代中期至1950年代晚期進入職場，他們普遍抱持清教徒式的工作倫理，願意對雇主終身忠誠，在RVS的終極性價值排行中，這類員工會將生活的舒適與家庭的穩定放在第一優位。

在1960年代至1970年代中期進入美國職場的族群，其成長過程深受約翰甘迺迪、民權運動、披頭四樂團、越戰、戰後嬰兒潮引發之競爭等事件的影響，他們多半帶有濃厚的存在主義哲學觀與嬉皮式氣質，注重生活品質而不那麼在意財富之累積。他們追求高自主性，忠於自我而非雇用其工作的組織。在RVS調查報告中，他們應會將自由與平等列在價值排行之首。

在1970年代中期至1980年代中期進入美國職場的族群，反映出美國社會轉回傳統價值觀，卻更強調成就與物質成功的趨勢。這個世代在成長過程中，深受雷根保守主義、防禦系統建立、雙薪家庭、150,000美元起家等風潮的影響。在戰後嬰兒潮尾聲出生的他們，是深信為達目的可不擇手段的實用主義者，並且視雇用其工作的組織為通往個人事業巔峰的工具。在他們的價值排行榜中，成就感與社會認同等終極性價值名列前矛。

最後是所謂的X世代，他們的成長過程深受全球化、共產主義衰微、MTV、AIDS、電腦等風潮的影響，X世代崇尚靈活彈性、生活的多重選擇，並追求工作上的滿足，家庭與關係是其生活重心所在。雖然金錢是工作績效的重要象徵，但X世代往往寧願犧牲加薪、職銜、穩定與升遷，來換取休閒時間與生活的更多選擇。為追求生活的平衡，這些近期才加入美國職場的X世代，比之前的幾個世代更不願意為雇主犧牲個人的福利。在RVS價值排行中，他們最重視的是友誼、快樂與享樂。

瞭解個人價值觀差異其實是對成長過程的社會價值觀之反映後，能幫助你我解釋及預測他人的行為。現在快要40歲和60出頭的美國雇員，都比他們50多歲的同僚更為保守並且接受權威，而35歲以下的美國雇員比其他年齡族群更不願在週末加班，也較有為追求休閒生活而半途流動率轉換跑道的傾向。

價值觀、忠誠度和道德操守

1970年代中期是美國商業道德淪喪的起點嗎？雖然問題本身仍待爭議[7]，但很多人心裡的確作此想。由於經理人一致認為上司的行為是組織道德風氣的始作俑者，因此，組織的道德風氣的確維繫於中級與高層經理人的價值觀[8]。我們試圖回顧前段提到的四階段工作世代，以解釋商業道德淪喪的現象。

一直到1970年代中期前，管理階層盛行清教徒式的工作倫理，並且對雇主保持忠誠（階段一）。在面臨道德兩難時，他們會以組織利益作為決策依據。從1970年代中期至晚期起，存在主義者與實用主義者相繼進入管理高層，在1980年代晚期前，商業組織的中級與高層經理職位都已為階段二、三的族群所佔據。

存在主義者與實用主義者的忠誠度分別導向個人與職業生涯，他們的焦點向內集中，最關心的就是如何讓自己成為第一。這類以自我為中心之價值觀的出現確實與道德標準下降的現象頗為一致，這能幫助我們解釋美國始於1970年代末期的所謂商業道德淪喪嗎？

上述分析隱含了一項好消息，近年方進入美國職場的X世代（也就是未來的經理人）不再那麼自我中心，由於其忠誠度為關係導向，所以X世代對個人行為造成的道德影響會更深思熟慮。也許再過一二十年，由於美國管理階層價值觀的變革，我們可以期望美國的商業道德將再度提升。

跨文化的價值觀

在第1章，我們曾描繪過「經理人必須有能力與來自各文化背景的族群共事之能力」的地球村新景，由於不同的文化會孕育出不同的價值觀，因此對文化造成的差異性之瞭解，有助於我們解釋與預測不同國家員工的行為。以下我們用美國文化與日本文化的差異為例，來進一步說明這個道理。[9]

美國小孩很早就被教導個體性與獨特性等價值觀的重要，相對地，日本小孩則是被教導要成為「團隊的一份子」，要在團體裡與他人共同工作，並且力求與他人一致。美式教育強調思考、分析、提出質疑，而日本教育卻鼓勵學生複誦事實。這些不同的社會化歷程反映出文化間的差異，同時也造就出風格迥異的員工類型。美國員工，平均來說，比日本員工更好競爭並且以自我為中心。若以美國員工為基礎，來預測他國員工的行為，必然會有所偏差（日本員工偏好標準化任務與團隊工作，在團體決策與團體酬賞制度下，他們在這類工作上表現會非常良好）。

文化評估的架構

Geert Hofstede的跨國文化變異分析是最常被引用的研究之一[10]，他調查來自40個國家的116,000名IBM員工的工作價值觀，發現來自不同國家文化的經理人與員工，其價值觀的差異大概可以下列五大向度表示：

權力距離

權力距離意指某國人民對組織機構權力分布不均的接受程度，低的權力距離意味著人人大致平等，而高的權力距離則意指極端不平等。

個人主義vs.集體主義

個人主義意指某國人民偏好以個人身分行動,而不願以團體成員身分行動的程度,集體主義則是低於個人主義的同義詞。

生活數量vs.生活品質

生活數量在此的定義是獨斷、追求物質財富與競爭等價值觀盛行的程度,而生活品質在此的定義則是人們重視關係與對他人福祉的敏銳與關心程度。[11]

對不確定性的迴避

對不確定性的迴避意指某國人民喜好結構性情境而厭惡非結構性情境的程度,這方面得分較高的國家,人民與日俱增的焦慮會以緊張、壓力與挑釁等方式展現。

長期導向vs.短期導向

長期導向的國家人民眼光放在未來,並且視勤儉與堅毅爲美德;短期導向的國家人民較重視過去與現在,並且強調對傳統與社會責任的尊敬。

表2-3提供數個國家在此五大向度上的得分評估,多數結果已在意料之中,例如亞洲國家多半較偏向集體主義,而美國在個人主義上的得分則爲世界最高。

對OB的啓示

構成「組織行爲」此學門的主要概念,多半是美國學者在美式情境下,以美國員工爲主體的研究結果。針對十年來,24種管理與組織行爲期刊所刊登的11,000篇報告作詳盡研究後發現,其中有80%是美國學者在美國本土內完成的研究。[12]後續也有研究證實目前的管理與OB研究領域十分缺乏跨文化的考量。[13]這代表了:(1)目前的OB理論與概念並不完全適用於世界其他各地的

表 2-3

文化向度的範例

國家	權力距離	個人主義*	生活數量**	對不確定性的迴避	長期導向***
中國	高	低	中	中	高
法國	高	高	中	高	低
德國	低	高	高	中	中
香港	高	低	高	低	高
印尼	高	低	中	低	低
日本	中	中	高	中	中
荷蘭	低	高	低	中	中
俄國	高	中	低	高	低
美國	低	高	高	低	低
西非	高	低	中	中	低

*得分低即為集體主義的同義詞
**得分低意指生活品質方面的得分高
***得分低即為短期導向的同義詞

改編自《管理理論的文化限制》(G. Hofstede, "Cultural Constrains in Management Theories," *Academy of Management Executive,* February 1993, p.91.)。

管理,特別在工作價值觀與美式工作價值差距頗大的國家尤然;(2) 為瞭解其他國家人民的行為,必須將文化價值觀納入考量。

態度

態度(attitude)乃是和人、事、物有關的一種評價性陳述,它可能是喜歡,也可能是不喜歡。態度反映出一個人對於某件事情的感覺如何。當我說「我喜歡我的工作」時,我表達了我對工作的態度。

每個人可能有好幾千種態度,但是OB所關心的僅是和工作有關的態度。這些態度包括了工作滿足、工作投入（job involvement，指的是一個人認同他的工作並積極參與的程度），以及組織認同（organization commitment，一種忠於組織、認同組織的指標）。毫無疑問，大多數的人比較關心工作滿足。

工作滿足

工作滿足指的是一個個體對於他的工作所抱持的一般性態度。一個高工作滿足的員工對工作抱持正面的態度：當一個員工不滿意自己的工作時，他對工作則抱持負面的態度。當人們討論到員工的態度時，他們最常指的就是工作滿足。事實上，員工態度和工作滿足這兩個詞也經常被交換使用。

工作滿足的決定因素

那些與工作相關的變項與工作是否滿足有關？證據顯示，下列幾項是導致工作滿足的最重要因素：具備心智挑戰性的工作、公平的薪酬制度、支持性的工作環境與支持性的同僚。[14]

通常員工都比較喜歡能讓自己發揮技能，並提供多樣性任務、自由度與工作表現回饋的工作，這些特徵都意味著心智上的挑戰。心智挑戰性過低的工作會令人覺得無聊乏味，而挑戰性過高的工作可能會帶來挫敗感。挑戰性適中的工作，能使員工感受到極大的愉悅與滿足。

員工也需要公正、明確並符合期待的薪酬制度與升遷政策。以工作難度、所需技能及同業水準為基礎的公平薪資，能帶給員工相當大的滿足。同樣地，適如其分且公正的升遷也能使個人在工作上感到滿足。

員工對工作環境的關切包括個人舒適與工作便利兩方面，他們需要安全、舒適、清潔與能專心的工作環境。

最後，除了金錢等實質成就外，工作也塡補了員工對社交互動的需求，因此，友善且具支持性的同事也能增加工作滿足。

工作滿足與生產力

在研讀組織行爲時，這是最能引起學生興趣的主題。[15]最典型的問題是：「獲得滿足的員工會比不滿足的員工更有生產力嗎？」

早期對工作滿足與生產力關係的看法，可歸納成一句話：「快樂的員工最具生產力」，從1930至1950年代間的經理人，奉此爲金科玉律，他們像個大家長似的，組織公司保齡球隊、成立信用合作社、舉辦公司野餐會、訓練主管對員工關切之事的敏銳度，這一切都是爲了取悅員工。但這個「快樂員工命題」只是樂觀思考的產物，並沒有實際的證據。

細心的分析指出，工作滿足對生產力若有正面效應，此效應也非常微小。當然，在對某些變項稍作調整，減少外在因素對員工的影響後，能使工作滿足與生產力間的相關性更強。例如，負責操作機器的員工，其生產力很明顯受機器的運作速度影響，而與員工本身對工作是否滿足較無直接關係。

目前就事論事的看法是，生產力能直接導致工作滿足，但工作滿足不見得能導致生產力的提升。工作績效良好的員工，對工作的感受當然不錯，只要組織也獎勵生產力，員工的高生產力自然會帶來讚美、加薪與升遷，而這些獎勵自然就會提升員工的工作滿足水準。

減低認知失調

和態度最有關係研究發現是個體會尋求「一致性」（consistency）。「認知失調理論」（theory of cognitive dissonance）提出人類會設法將失調狀態降至最低。態度間的不一致以及行爲和態度間的不一致會引發個體不安的感覺，個體將會尋求降低這種不舒服的感覺。[16]

當然，沒有人能完全避免認知失調。你雖然知道「誠實是上策」，但是當店員多找回一些錢時，你可能什麼話都不說。或者，你告訴孩子「每餐飯後都該刷牙」，但你自己卻沒有這樣做。那麼，到底人類如何去因應這些失調的情形？一個人是否想降低認知失調的情形，取決於下面三個條件，這三個條件分別是：造成失調之元素的重要性、個體相信自己能夠克服失調元素的程度，以及失調情形中所涉及的酬賞物。

如果造成失調的元素並不重要，個體想要去修正此一不平衡情形的動力就很低。我們來看看一位企業界的經理人——史密斯女士的例子。史密斯女士已婚，有幾個小孩。她強烈地相信所有的公司都不應該污染空氣與水質。不幸的是，由於工作上的需要，史密斯女士必須做出一個決定，但此一決定如果顧及公司的利益，就會違背她對環境保護的態度。而她知道如果將公司的污水直接排放到當地的河流中（假設這在當地是合法的），最能符合公司的經濟利益。她到底要怎麼辦？很明顯地，史密斯女士正處於高度的認知失調。由於在這個例子中，造成失調的元素相當重要，因此我們不能期望史密斯女士會忽略掉此一不一致的情況。這裏有幾個選擇可以幫助她來處理這個兩難情境：首先，她可以改變她的行為（例如停止污染河川）；或者她可以做出「這個失調行為並不是那麼重要」的結論（例如她可以這麼想：「我必須要謀生，身為企業的決策者，我必須把公司的利益放在環境或社會之上」）；第三個選擇是她可以改變自己的態度（她可以這樣想：「污染河川並沒有什麼錯」）。此外，史密斯女士還有一個選擇，她可以找出更多一致性的元素，來壓倒造成失調的元素（例如她可以這麼想：「我們製造的產品為社會帶來的利益，遠超過水質污染時社會所付出的成本」)。

　　個體相信他們能夠克服「造成失調的元素」之程度，也會影響他們如何去因應失調的情況。如果他們知覺到造成失調的元素根本是他們所無法控制的（有些事常是他們無法選擇的），他們就會接納態度的改變。如果造成失調的原因是來自於老闆的指示，而不是來自於個人自發性的行為，那麼想要去降低失調的動力就會減少。縱使失調的情形仍然存在，個體也可以將之合理化、正當化。

　　報酬同樣也會影響到個體想要去降低失調的動機。高度的報酬會減低高度失調時所引起的緊張。報酬可以藉由增加個體的平衡而減低失調的情形。由於組織可以提供員工某些形式的獎賞與報酬，因此員工通常在工作中，要比在工作外更能夠處理較為巨大的失調。

　　以上這些中介變項（moderating factor）說明了個體在面臨失調時，他們並不一定會去直接改變失調的情況，而讓認知變得一致，換句話說，他們並不一定要去降低失調。如果造成失調的原因很不重要，或者是個體知覺到失調的情況是受到外在的強制才產生的，並且完全不能由自己來控制，又或者是有足夠的報酬，可以用來彌補失調時，個體就不會感受到很大的壓力，因此他們想要去降低失調的動力就會減弱。

　　組織要如何應用認知失調的理論呢？它可以幫助我們預測態度與行為改變的傾向。舉例來說，如果個體在工作中被要求說出或做出和他的態度相抵觸的事，他就會去修正他的態度，讓他的態度符合他對於自己所說與所做之事的認知。再者，失調越大（已經進行過重要性、個人影響力及報酬等因素的考量之後）會引發越大的動力去降低失調。

態度與行為的關係

早期對於態度與行為的研究，係假設態度和行為之間有因果關係。換句話說，人們所抱持的態度會決定他們的行為。從常識上來判斷，它們之間也似乎存在著關係。人們不是因為喜歡某個電視節目，才去看那個節目的嗎？或者，員工不也是由於討厭某項指派的工作，才會去設法逃避的嗎？

不過在1960年代後期，有一篇回顧研究結果的報告對上述態度與行為之間關係（attitude-behavior relationship，簡稱A-B關係）的假設提出質疑。[17]這篇報告在評估了數篇探討A-B關係的研究之後，做出「態度與行為無關」的結論，並指出在最好的情形之下，態度和行為之間也僅有輕微的相關。近年來的研究則指出如果將中介的情境變項都考慮進去，那麼態度和行為之間確有可以被測量到的關係。

如果我們採用具體特定的態度與行為，那麼會發現A-B之間有顯著關係的機會將大為增加。說一個人有「社會責任感」的態度是一回事，說他有「捐25塊美金給防癌協會」的態度又是另一回事。如果所測量的態度越特定，同時所認定的相關行為也越特定時，那麼就有比較大的可能性可以顯示A與B之間的關係。

另外，一個A與B之間的中介變項是行為本身所受的社會限制。態度和行為之間會有差異可能是受到社會壓力的影響。社會常告訴個人應該如何行動，如果個人不這樣做，社會就會施予壓力。例如，某個員工雖然有強烈反對工會的態度，但他仍然參加了贊成組織工會的會議，也許就可以用團體壓力來解釋這個員工之所以態度與行為不一致的原因。

當然，還有其他的理由使A與B不一致。雖然個體的確能夠在一段時間內同時持有矛盾的態度，但長期來說，正如同我們前面所提過，個體會感受到要讓態度趨於一致的壓力。此外，除了態度之外，還有其他因素會影響到行為，但平心而論，除了受到一些批評攻擊之外，大部分A-B的研究都有肯定的結果。換句話說，態度確實會影響行為。

知覺

知覺乃是個體將自身感覺加以組織與解釋的歷程，使外在環境賦有某些意義。知覺方面的研究一致指出，不同的個體看待同一件事，會有不同的知覺。事實上，我們所看到的東西並不真實，因為我們會去解釋我們所看見的東西，而把這些解釋稱為事實。

影響知覺的因素

要如何解釋「人們對相同的事情有不同的看法」這種情形呢？的確，有某些因素會左右或扭曲知覺。這些因素可來自知覺者本身、被知覺的目標物，或是知覺當時的情境背景。

當一個人注視著目標物，嘗試去解釋他所看到的事情時，這些解釋強烈地受到知覺者個人特質的影響。會影響知覺的個人特質包括態度、性格、動機、興趣、過去的經驗，以及期望。

目標物上可觀察到的特色，也會影響知覺。在團體中，我們通常比較容易去注意那些說話大聲的人，而比較不會去注意那些安靜的人。同樣地，我們也會去注意那些非常吸引我們的人。這是因為當我們注視目標物時，目標物本身並不是單獨存在的，目標物和其背景之間的關係會影響我們的知覺，就好比我們會傾向將接近或相似的東西看成是「一國的」。

當我們注視著某物體或事件時，當時的情境也很重要。例如時間、場合、光線、溫度等情境因素就可能會影響到我們的注意力。

歸因理論

　　許多知覺方面的研究，都把焦點放在無生命的目標物上。但OB關心的是人類，所以我們要討論的焦點是對人們的知覺。

　　我們對人們的知覺不同於對桌子、機器或建築物等無生物的知覺，因為我們可以對人們的行動做某些推論，但是對於無生命的目標物就不行。無生命的目標物雖然會依照大自然的定律而有所改變，但是它們沒有信仰、動機或是意圖，而人類卻擁有這些東西。因此當我們在觀察人時，我們會對這些人為什麼會產生這樣的行為，發展出我們的假設。我們對人們內在狀態的假設，會直接影響到我們對其行為的知覺與判斷。

　　歸因理論認為，我們之所以對人的行為會發展出不同的解釋，是因為我們對該行為的意義有不同的歸因。[18]同時，當我們觀察一個人的行為時，我們會嘗試以內在歸因或外在歸因來解釋其行為。在解釋時，有三個因素會影響到判斷，這三個因素分別是：行為的獨特性（distinctiveness）、共同性（consensus）與一致性（consistency）。下面我們首先討論內在歸因與外在歸因，然後再逐一說明上素三個因素。

　　內在歸因是認為當事人的行為是在個人的控制之下。而外在歸因則是認為當事人的行為被外在的因素所影響，換句話說，當事人是被外在情境所迫。如果你的某個員工遲到了，你可能認為此員工是因為整夜狂歡以致睡過頭，這就是內在歸因式的解釋。如果你認為此員工可能是因為交通事故而塞在路上，因此才遲到，這就是外在歸因。一般來說，我們對別人的行為傾向於內在歸因，認為這些行為由內在因素所控制。對於自己的行為，則傾向於誇大外在因素對於自己的影響。不過，也不一定全然如此，我們的歸因還會受到我們如何解釋行為的獨特性、共同性與一致性的影響。

獨特性指的是個體會不會針對不同的情境出現不同的行為。如果一個員工今天遲到，而他的同事也抱怨這位老兄實在很「混」，我們就會希望知道這位員工是經常這樣或是偶爾如此。如果是經常這樣，我們就判斷這是內在因素影響其行為，如果是偶發的，我們則會歸於外在因素。

如果是不同的人對相似的情境都有相同的反應，這就稱為行為的共同性。在上面的例子中，如果走同樣路線上班的員工都遲到了，換句話說，遲到行為的共同性很高，我們就會對該員工遲到的情形給予外在歸因。如果說其他相同路線的員工都準時到達，我們就會做內在歸因。

最後，觀察者注意的是個人行為的一致性。換句話說，這個人是不是總是表現出這樣的行為，如果答案是肯定的，則該行為的一致性很高。如果某位員工幾個月來從不曾遲到，某天他遲到了十分鐘，遲到的行為並不具有一致性。我們對於一致性越高的行為越傾向於用內在歸因來做判斷。

歸因理論解釋了「相似的行為可能會產生不同的知覺」，因為我們會根據行為的情境背景來做判斷。如果你在老師的心目中是個「好學生」，某天你在某科的考試成績很差，老師可能會漠視此項成績，因為老師將這個不尋常的情形歸因於外在的因素，而不認為是你的錯。如果這件事是發生在一個過去功課就很差的同學身上，老師就不可能忽視該項成績。同樣地，如果全班同學都考得很差，老師也可能認為這個結果是由外在的因素所導致，例如老師出的試題不當，或教室太熱等，而不是學生本身所能控制的。

歸因理論的另一重要發現是，錯誤或偏見會扭曲歸因。例如，有足夠多的證據指出，當我們判斷別人的行為時，我們往往低估外在因素的影響及高估內在因素的影響[19]。這稱為「基本歸因誤差」（fundamental attribution error），可用來解釋銷售經理人往往將業務的低落歸咎於銷售人員的懶惰，而不是競爭對手推出的新產品。一般人也傾向把自己的成功歸因為自己本身的能力或努力，以及把自己的失敗歸因為運氣不佳等外在因素。這稱為「自利偏見」（self-serving bias），並可由此指出員工會如何扭曲上司所打的考績，端視考績的好或壞而定。

判斷別人時常走的捷徑

在組織中，經常會需要去判斷別人的表現。例如，經理人經常會對部屬做績效考核，或是員工評估他們的同事是否努力工作。但是，要下一個判斷實在不容易。為了要讓這件事變得較為容易，我們常會走捷徑。某些捷徑相當具有價值，它們能幫助我們快速且正確地知覺別人的行為，亦能提供做預測時的有效資料。不過，它們也可能造成很大的誤差。

個體無法消化所有他們觀察到的東西，因此他們會有選擇性（selectivity）。他們對外在的事物只擇取一部分，但是他們並不是隨機性地選擇這些部分，而是根據個人的興趣、背景、經驗與態度來做選擇。選擇性知覺讓我們能快速瀏覽別人，但無法避免錯誤判斷的風險。

如果我們假設別人都和自己相似，可以很容易地批評他人。假設的相似性（assumed similarity）或稱做「像我一樣」（like me）效果，是由於觀察者對他人的知覺，常受到觀察者本身像怎樣的人的影響，而非受到被觀察者像怎樣的人的影響。如果你喜歡富挑戰性又可自行負責的工作，你就會假設其他人也喜歡同樣的工作。當然,如果有人真的跟你完全一樣時,你的知覺會是準確的,對於其他人,你的知覺往往是錯的。

我們若是依據別人所屬的團體來做判斷,這種捷徑叫做刻板印象(stereotyping)。「結過婚的人個性比較穩定」或「工會的人總是沒事找事做」都是刻板印象的例子。刻板印象可以說是一種對於事實加以概化的現象,某程度而言它可以幫助我們下正確的判斷。但是許多刻板印象並不是以事實做為基礎,在這種情形之下,刻板印象就會扭曲知覺。

當我們是以單一的特徵(如智力、社交能力或外表)來判斷一個人時,就會受到月暈效果(halo effect)的影響。在甄選面談中,就經常會出現月暈效果。例如一個穿著隨便的應徵者,要應徵一份市場研究的工作時,面談的經理人可能會認為這樣穿著的人,是不負責任、不具專業態度與能力的人,而事實可能恰好相反,這個應徵者是負責任的、專業的、具有能力的人。這說明了應徵者的單一特質——外表——蓋過了其他的特質,影響了面談者對應徵者的整體知覺。

學習

本章最後要介紹的概念是學習。絕大部分複雜的人類行為都是學習得來的。如果我們想要解釋、預測或控制行為,那就必須瞭解人類是如何學習的。

心理學家對於學習的定義,遠比一般人認為學習是「我們上學時所做的那些事」要更加廣泛。事實上,我們每個人都繼續在「上學」,學習是不斷地在進行著。更正確的學習定義,指的是由於經驗,使行為上發生相當恒久性的改變。

圖 2-1

學習的過程

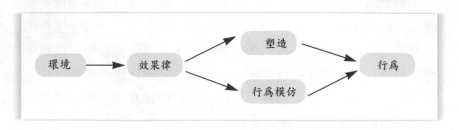

　　我們如何學習呢？圖2-1列出學習的歷程。首先，學習幫助我們去適應與控制環境。藉由改變行為去順應改變的條件，我們成為負責的公民與具有生產力的員工。但是學習的過程是建築在效果律（the law of effect）之上，效果律認為行為是行為結果的函數。[20]行為的結果若是個體所喜歡的，該行為就會重複出現；行為的結果若是個體所不喜歡的，該行為就不會重複出現。「結果」一詞指的是任何個體想要得到的酬賞（例如金錢、讚美、升遷、一個微笑）。如果你的老闆稱讚你的銷售方式，你就會重複使用這種方式。相反地，如果你的銷售方式受到斥責，你就比較不會重複使用此方式。有兩種理論能夠解釋我們如何學習：一種理論是「行為塑造」（shaping），另外一種理論則是「行為模仿」（modeling）。

　　以漸進的步驟進行學習，就稱為行為塑造。經理人可藉由有系統的增強作用來塑造員工的行為，亦即透過酬賞，使個體緊密地朝向公司所欲的行為移動。我們許多的學習都是從行為塑造中得來。當我們說「從錯誤中學習」，指的就是行為塑造。我們嘗試→我們失敗→我們再繼續嘗試。透過這些嘗試與錯誤，我們大部分的人會學會騎腳踏車、做基本的數學計算、遵守教室規則，以及回答選擇題等技巧。

除了行為塑造之外，我們很多的學習是來自於觀察與模仿別人的行為。嘗試錯誤是一個緩慢的學習歷程，模仿則能很快地學會複雜的行為。舉例來說，當我們在學校中學習某項技能發生困難時，我們會在四周尋找已經學會該項技能的人，然後仔細觀察他們的方式和我們的方式有什麼不同。如果我們發現其中確有不同，我們會將他們的方式併入我們的方式中。在這之後，若我們的表現有進步（是一種我們想要的行為結果），我們就會依照所觀察到的方式持續地改變我們的行為。這種學習歷程同樣會發生在工作中。一個新進的員工，他想獲得工作上的成功，他會以組織中受敬重與成功的人為目標，然後嘗試模仿這些人的行為。

對經理人的啓示

本章介紹了一些心理學的概念。讓我們將這些概念綜合起來，並且讓經理人能夠瞭解這些概念的重要性。

圖2-2摘要了個體行為中重要的概念。一個人進入組織時，他便帶著自己的價值觀與態度，以及已經成形的人格（這是下一章的主題）。雖然這些價值觀、態度與人格並不是永久不變，但員工的價值觀、態度、人格是進入組織時的既成事實。個體對於工作環境的解釋（知覺），將會影響到他們所受的激勵作用（第5章的主題），在工作中的學習，與他們個別的工作行為。在這個架構中，我們還加上能力（ability）這個變項，因為個體的行為還會受到個體擁有的才能和技術的影響。當然，學習能夠改變個體的能力。

圖 2-2

影響個體行為的關鍵變項

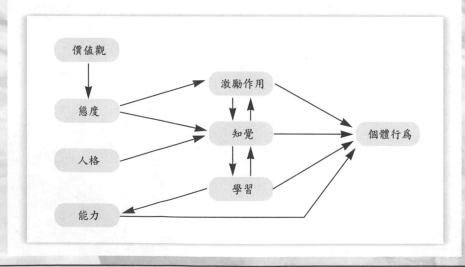

價值觀

為什麼經理人需要瞭解價值觀？雖然價值觀並不會直接影響行為，但價值觀對個人的態度有重要的影響。所以對個人價值觀體系的瞭解，將有助於對其態度有深入的認識。

既然每個人的價值觀都有所不同，經理人便可利用洛克希價值調查表來評估工作的應徵者，觀察其價值觀是否符合主流的組織價值觀。一般來說，如果員工的價值觀能與組織價值觀相容，會有較高的工作表現與工作滿足。舉例來說，重視想像力、獨立、自由的個人多半無法與強調服從性的組織相容。經理人會比較欣賞那些與組織相容的員工，而這些員工如果察覺到自己與組織相容，他們的滿足感也會相對提高。因此，對經理人來說，在甄選新進員工時，不僅要觀察其能力、經歷、工作動機，同時也要注意其價值觀系統是否與組織相容。

態度

經理人應該對員工的態度感興趣，因為態度會影響行為。例如，滿足的員工有比較低的流動率與曠職率。如果經理人想降低員工的流動率與曠職率，特別是針對那些高生產力的員工，就必須推行一些會讓員工產生正向態度的措施。

針對工作滿足與生產力間關係的研究，對經理人非常具啟發性。研究結果指出，老式經理人為求高生產力而取悅員工的作法，其實是被成見誤導的結果。經理人應將注意力放在如何協助員工提高生產力，優異的工作績效自然會導致成就感、加薪、升遷等獎勵，獎勵本身自然會提昇工作滿足。

經理人也應該要瞭解員工想要降低認知失調的情形。更重要的是，認知失調是可以被控制的。當員工被要求去從事某項和其態度違背的任務時，如果員工覺得此種失調的情形是被外在的因素所控制，或者是從事該項任務後的報酬足以彌補失調所付出的成本時，個體想去降低失調的動力就會減少。

知覺

經理人必須認清員工是依知覺而不是依事實來應對的。經理人對於員工的考核是否正確或者公平，組織的薪資水準是否真的在同業中最高，都不如員工的知覺那麼重要。就算上述都是事實，員工也可能會覺得考核不公平，或是薪資水準很低。員工會加以組織與解釋他們所看到的事物，這可能會造成知覺上的扭曲。

因此，經理人必須很注意員工對於工作與管理措施的知覺。要記住，有能力的員工也可能會為了一個不成理由的理由而辭職。

學習

員工的確一直持續在工作中學習。經理人最大的問題在於是要讓員工隨機地學習，或有系統地學習——藉著酬賞的分派與範例的設定提示。如果用加薪和升遷來酬賞某個員工，這個員工將重複表現某些行為。但如果經理人想要甲行為，卻酬賞了乙行為，自然員工會去做乙行為，而非甲行為。同樣地，經理人如果總是遲到，中午用餐花掉兩個小時，或是在上班時間做自己的私事，我們很難期望員工不會依樣畫葫蘆。

第**3**章

··

人格與情緒

員工帶著各自的人格進入組織，而且人格對工作行為有非常重要的影響。本章將介紹幾個重要的人格分類模式，並且指出適性任用的重要性，以提升員工績效。雖然情緒此一概念在組織行為的相關討論中常被過度濫用或棄置不用，本章仍會點出情緒在解釋與預測員工行為方面的關鍵角色。

人格

　　某些人安靜而被動，而某些人愛講話並且具攻擊性。當我們以安靜、被動、愛講話、攻擊性、有企圖心、忠誠、喜好社交等詞彙來描述一個人的特徵時，我們是以人格特質來區分他。一個人的人格（personality）是其心理特質的綜合，我們經常以人格做為區分人們的依據。

　　心理學家已經對人格特質做過周詳的研究。[1]表3-1是一個代表性的研究結果，這個研究找出了十六個主要的人格特質。值得注意的是，每個特質都有兩極（例如含蓄VS.外向）。研究者發現，由於這十六個特質大致上是穩定且固定的行為來源，在權衡特質與情境間的相對關係後，可以用來預測個體在特定情境下的行為。不幸的是，目前我們對於這些特質和組織行為之間的關係，並不清楚。

Myers-Briggs類型指標

　　Myers-Briggs類型指標是最為廣泛使用的人格架構之一，[2]基本上它是一份由100個問題組成的測驗，要求個人答出自身在特定

表 3-1

十六組性格特徵

1.含蓄（Reserved）	VS.外向（Outgoing）
2.較不聰慧（Low intelligence）	VS.較爲聰慧（High intelligence）
3.受感覺影響（Affected by feelings）	VS.情緒穩定（Emotionally stable）
4.順從性（Submissive）	VS.支配性（Dominant）
5.嚴謹（Serious）	VS.隨遇而安（Happy-go-lucky）
5.苟且敷衍（Expedient）	VS.有恆負責（Conscientious）
7.畏縮退怯（Timid）	VS.冒險敢爲（Venturesome）
8.理智（Tough-minded）	VS.敏感（Sensitive）
9.信任（Trusting）	VS.懷疑（Suspicious）
10.實際（Practical）	VS.幻想（Imaginative）
11.坦白直率（Forthright）	VS.世故機靈（Shrewd）
12.自我肯定（Self-assured）	VS.掛慮擔心（Apprehensive）
13.保守性（Conservative）	VS.實驗性（Experimenting）
14.依賴團體（Group-dependent）	VS.自足（Self-sufficient）
15.不易控制（Uncontrolled）	VS.能夠控制（Controlled）
16.放鬆（Relaxed）	VS.緊張（Tense）

情境下的感受與行爲。

　　根據受試者的作答，可將受試者依外向／內向（E/I）、理性型／直覺型（S/N）、思考型／感受型（T/F）、接受型／判斷型（P/J）四大向度分類，再將分類結果排列組合成十六種人格類型（注意！與表3-1的十六組人格類型不同）。舉例來說，分類結果爲INTJ的人是具備獨創性心智與實踐目標理念之強大驅力的願景家，這種人往往多疑、好吹毛求疵、獨立自主、有決心而且頗爲固執。而ESTJ的人是組織者，個性實際、現實取向，通常很有商業或機械頭腦，他們喜歡從事組織與執行的工作。ENTP的人是反應敏捷、有發明天分並且多才多藝的概念捕捉者，擅於解決充滿挑戰性的難題，但往往忽略例行工作的重要性。最近一本書分析當代的13位世界級企業家發現，包括蘋果電腦、聯邦快遞、本田汽車、微軟、Price Club、Sony等公司的13位企業主都是直覺式的思考者（NT），[3]在直覺式思考者只占全球總人口的5％的情形下，這項發現格外有意義。

　　光是美國境內，每年就有兩百萬人接受MBTI測驗，包括蘋果電腦、AT&T、花旗銀行、Exxon、通用電氣、3M等公司，以及醫院、教育機構、美國軍方等組織都採用MBTI測驗。雖然目前尚無有力證據證實MBTI是有效的人格量表，但這項事實卻無法抵擋組織相繼採用MBTI的趨勢。

五大人格向度

　　MBTI缺乏有效的支持證據，但五大人格向度（the big five model）確實是有實證支持的理論工具。[4]

　　近幾年來，一系列令人印象深刻的研究指出，人格可以五種基本因素描述，也就是五大人格向度：

1.**外向的向度**：好社交、健談與獨斷的傾向。
2.**隨和的向度**：好脾氣、合作與信任的傾向。
3.**誠懇的向度**：負責、可信任、有毅力與成就取向的傾向。
4.**情緒穩定的向度**：正面特質如冷靜、熱心、穩重等傾向（以及負面特質如緊張、神經質、抑鬱與不穩重等傾向）。
5.**對後天經驗開放的向度**：有幻想力、對藝術敏銳與具知性的傾向。

　　五大人格向度的研究，不但提供學者一種整合性的人格架構理論，在實務上，也發現這些人格向度與工作表現有相關性。[5]研究者將職業分為五類：專業人員（包括工程師、建築師、會計師、辯護律師等）、警察、經理人、業務員、稍具技巧或有特殊技巧的雇員；而用考績、訓練成績與薪資等級等人事資料來定義工作表現。結果顯示，誠懇的向度可用以預測這五類職業的個人工作表現，其餘向度的預測力則依工作表現標準與職業類型而異。例如，外向性的向度在經理人與業務員兩大職業類別上有良好預測力，這個結果不難想像，因為這兩種職業都需要高度的社交互動；同樣地，對後天經驗開放的向度則可預測個人在訓練課程的成績，這也是合理的結論。但令人錯愕的是，情緒穩定的向度似乎與工作表現無關，一般人都會直覺地認為，在多數工作上，冷靜穩重的人應該比易焦慮且不穩重的人更為稱職，但研究者告訴我們，情緒穩定度高的人只是會在同一個工作待得久一點罷了。這項發現也指出該研究的對象（全為在職員工）並不具備足夠代表性。

其他重要的人格屬性

除前所述之外，研究者也辨識出另外六項人格屬性可以用來預測並解釋組織中的行為。這六項屬性分別是：內外控（locus of control）、權威主義（authoritarianism）、馬基維利主義（Machiavellianism）、自我監控（self-monitoring）、風險偏好（risk propensity）與A型性格（Type A personality）。

某些人相信他們是自己命運的主宰。其他人則認為自己是命運的卒子，他們相信發生在他們身上的所有事情都是因為運氣或機會。前面這種人是屬於內控型，這些人相信他們能控制命運。而那些認為自己的命運是控制在別人手上的人，是屬於外控型。有證據顯示外控型的員工對工作的滿足感較低，他們對工作也較為疏離，比較不投入工作。經理人也發現外控的人如果被評定績效不佳，他們會認為這是老闆的偏見，或者他們會認為是同事或其他事件影響了他們的表現，而這些都不是他們所能控制的。內控型的人如果在工作上得到相同的評價，他們則會認為這是自己的行為所造成的結果。

權威主義是一種信念，認為在組織中應該有階級地位和權力上的差異。極端權威主義的性格，在智能上較為僵化，喜好批評別人，對上級謙恭卻會剝削屬下，不信任別人，拒絕改變。當然，只有很少數的人是極端權威主義者，所以在下結論時必須小心。不過，較合理的推論是，一個高權威主義性格的人，擔任某些工作時可能績效不佳，例如需要關心別人的感覺、機智，以及需要處理複雜與多變情境的工作。但是，如果是高結構化的工作，並且成敗繫於嚴格服從管制與規定的工作，高權威性格的員工就能夠表現得很好。

權術主義（馬基維利主義）和權威主義有密切的關係，此名詞源自Niccolo Machiavelli，他在十六世紀寫了一本關於如何獲取與操控權力的書。如果一個人有強烈的權術主義傾向，他的言詞會傾向於武斷，和人保持情感上的距離，同時他相信為達目的，可以不擇手段。「如果這樣行得通，就這樣做」的想法就很符合高權術主義者的觀點。高權術主義者，會是個好的員工嗎？這個答案要視工作的型態，以及在評估績效時你是否有道德上的考慮而定。在工作中，如果需要談判的技巧（例如勞工事務談判代表）或是對於勝利有重大酬賞（例如傭金制的業務員），則高權術主義者會有較高的生產力。如果說不能「只為目的不擇手段」，或是績效評定時並沒絕對的標準，我們將很難預測高權術主義者的績效。

在自我監控這項屬性得分較高的人，較善於視情境調整自己的行為，他們對外在條件的敏銳度相當高，就像變色龍一樣可依環境改變體色，而不暴露出眞正的自我。而自我監控得分較低的人，其行為的一致性也較高，無論在什麼場合之下，他們的喜惡與態度都一覽無遺。證據指出，比起低自我監控者來說，高自我監控者會去注意他人的行為，而且服從度較高。由於對環境條件的敏感度，而且在不同聽眾前能扮演不同角色，高自我監控者通常也擅長在組織中玩弄權謀。

　　每個人對碰碰運氣的意願並不相同。高風險偏好者，和低風險偏好者相較之下，會快速地做出決定，並且在做選擇時較少使用相關的資訊。經理人可依據員工的風險偏好來分派工作。舉例來說，高風險偏好的員工適合擔任證券公司的股票控盤員，這種型態的工作要求快速下決定。在另一方面，低風險偏好的人則較適合查帳等會計工作。

　　具有Ａ型性格的人，通常熱愛競爭而且性子很急，這種人不斷地和時間競賽。他們往往沒有耐心，一到假期就不知該如何是好，生命中充滿了自己設定的最後期限。Ａ型性格在北美文化中得到高度的讚賞，而且往往與企圖心及物質上的成功鍵結在一起。就工作上來說，Ａ型性格者是動作俐落的員工，重視產量甚於品質。Ａ型性格的經理人，工作時間超長，但卻常因驟下決定而使決策品質不佳。很少Ａ型性格者能發揮創造力，出於凡事以產量與速率為重，因此遇事時多半倚賴過去經驗，而不願花時間研究新的解決方案。Ａ型性格者在業務員類的工作表現遠勝過在資深執行階層任職。

人格與國家文化

　　並非某國國民就一定具備某種人格。例如，你會發現幾乎所有的文化中都有高風險偏好與低風險偏好的人。但是一個國家的文化的確會影響到大多數人的主要人格特質。讓我們以兩種人格屬性——內外控與A型性格——為例來說明這種情形。

有證據指出，人與環境的關係有文化上的差異。[6]北美人普遍相信他們能夠支配環境，但是中東國家的國民卻相信命運是註定的，這種對比反映出的似乎正是內控型人格與外控型人格的不同。我們可以預期美加兩地的員工，比起沙烏地阿拉伯與伊朗的員工，有較多內控型的人。

A型性格的盛行率與文化背景有關，每個國家都會有A型性格者，但資本主義盛行、高度重視成就與物質成功的國家，會有較多具A型性格的國民。[7]據估計，北美約有50%的人口為A型性格者，這項估計並不意外，美加兩地都非常強調時間管理與效率的重要性，而且重視成就與物質財貨的累積。在瑞典與法國等不那麼唯物取向的國家中，A型性格的人口比例應較低。

人格與工作的配合

每個人的人格顯然都有差異，很自然地，每個人適合做的工作也不一樣。依照這樣的邏輯，心理學家致力於將最適當的人格和最適當的工作連結起來。最常被研究的人格與工作搭配理論是六種人格模式。這個模式認為員工的人格與職業環境的相容性，會影響到該員工的工作滿足與流動率意願。[8]此模式提出六種主要的人格型態。表3-2說明了這六種人格型態，並且列出每種型態適合的職業。

「職業傾向量表」一共包含了160種職業名稱。受試者必須指出哪些職業是他們喜歡的，哪些是不喜歡的，他們的答案可以進一步形成人格輪廓。利用這個程序，研究結果強烈支持圖3-1的六角圖。這個圖中顯示六角中越接近的人格型態，越有較高的相容性。而對角線上相對的人格型態則相容性最低。

表 3-2

....

六種人格類型與職業範例

人格型態	特質	職業範例
實際型（Realistic） 喜歡從事進取的行為，需要利用身體的技術、力量與協調。	害羞、聰明、堅毅、穩定、服從、實際	機械鑽床操作員、生產線員工、農業
研究型（Investigative） 喜歡從事思考、組織與理解等活動，較不帶直覺與情感。	分析、原創、好奇、獨立	生物學、經濟學、數學、新聞播報
社交型（Social） 喜歡從事人際間的活動，而非智能性或體力上的活動。	好社交、友善、合作、善解人意	社會工作、教師、諮商員、臨床心理學
傳統型（Conventional） 喜歡從事有規章制度的活動，願意為組織或是擁有權力與地位的人，而犧牲自己的需求。	服從、效能、實際、不具想像力、不靈活	會計、企業經理人、銀行出納、檔案管理
實業型（Enterprising） 喜歡從事以語言影響他人或得到權力與地位的活動。	自信、進取、精力充沛、掌控	法律、不動產仲介、公關、中小企業管理
藝術型（Artistic） 喜歡從事表達自我、藝術創作或情感性活動。	想像力豐富、無秩序、理想化、情緒化、不實際	繪畫、音樂、寫作、室內設計

修訂自《職業抉擇：職業人格與工作環境的理論》J. L. Holland, *Making Vocational Choices: A Theory of Vocational Personalities and Work Environments,* 2nd ed. (Odessa, FL: Psychological Assessment Resources, Inc.)

　　上述這些類別的意義何在？這個理論主張當人格和職業相當一致時，會有最高的工作滿足感與最低的流動率：社交型的人做社交型的工作，而傳統型的人則做傳統型的工作，其他的類型也可依序類推。實際型的人與實際型工作的相容度，高過與研究型

圖 3-1

職業人格類型關係的六角圖

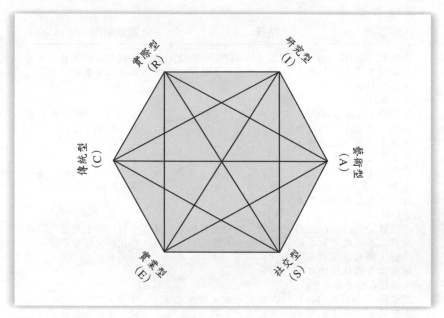

資料來源：《職業抉擇：職業人格與工作環境的理論》J. L. Holland, *Making Vocational Choices: A Theory of Vocational Personalities and Work Environments,* 2nd ed. (Odessa, FL: Psychological Assessment Resources, Inc., 1985) p.23. Used bypermission.（該模型最初發表於《可供實務與研究運用之由人格理論推導出的實證性職業分類》J. L. Holland et al., "An Empirical Occupational Classification Derivedfrom a Theory of Personality and Intended for Practice and Research," *ACT Research Report No.29* (Iowa City): The American College Testing Program, 1969.）

工作的相容度，這種人最不適合從事社交型的工作。這個模式的重點有三：（1）內在人格之差異的確存在；（2）各種工作具有不同的型態；（3）處於與個體人格類型相容之工作環境的個人，會有較高的滿足感，同時也較不易流動率。

情緒

　　某個星期五，美國密爾瓦基一名37歲郵差，在走進工作區時掏出槍，殺害了一名曾有激烈口角的同事，而曾經口頭責備過他的上司與另一名在場同事則因此而受傷。這名郵差的憤怒情緒導致了暴力事件的發生。

　　工作場合發生的槍擊事件雖屬罕見，但這類事件的確刻畫出本節的重點：情緒是決定員工行為的重要因素。

　　儘管情緒在你我的日常生活中扮演舉足輕重的角色，但卻鮮少在OB的領域中被提及，這種奇異的忽略現象其來有自：一，理性主義的迷思。[9]自十九世紀末以來，組織的設計目標之一就是控制情緒，人們相信運作良好的組織能成功的將挫敗、憤怒、愛恨、喜悅、憂傷等感受降至最低，由於這些情緒被視為理性的反面特質，儘管所有學者與經理人都知道情緒是與日常生活無法分離的環節，但仍試圖創造無情緒的組織，而這當然會徒然無功；第二個原因則基於對情緒破壞力的恐懼，[10]例如，認為憤怒等負面情緒勢必影響員工的工作能力，很少人能坦然正視情緒也有建設性，也能產生促進工作績效行為的那一面。

　　當然，我們必須承認，在錯誤時間展現的情緒會降低員工績效，但這並不能否定員工每日必然帶著情緒工作的事實，因此OB對工作場合行為的研究必須考量情緒的影響力。

何謂情緒？

　　儘管沒有人喜歡在名詞定義上吹毛求疵，但為進行下一步分析，我們必須先釐清以下三個常交錯運用的詞彙：情感（affect）、情緒（emotions）與心境（moods）。

情感是人類感受經驗的統稱，範圍覆蓋了情緒與心情。[11]情緒
有對象性，是直接指向特定人事物的強烈感受；[12]而心境不像情緒
那麼強烈，而且也比較與情境無關。[13]

情緒並非特質（trait），而是對某事的反應（reaction），因此
有對象性。一般人會「為某事而喜，為某事而怒，並因某事而心
生畏懼」。[14]但心境則沒有對象性，當情境使焦點不再強烈聚焦在
對象上時，情緒很可能就轉為心境。如果因與某客戶的談話方
式，而遭同僚痛批，因同僚此舉而生的憤怒，就是一種有對象性
（同僚）的情緒（憤怒）；稍後你感到沮喪、氣餒，卻無法將這種
感受歸諸於某單一人事物所致，只是你不像往常那麼積極罷了，
這種情感狀態就是心境一詞的最佳說明。

在組織行為的領域中，另有一詞正逐漸受到重視－情緒能量
（emotional labor，或譯情緒力）。傳統觀念認為工作會耗費員工
的心力與體力，事實上，多數工作也需要員工投注情緒能量，例
如工作上的人際轉圜。[15]一般人都認為空中小姐就應笑臉迎人；喪
葬業者應面帶哀戚；而醫生無論病人情況如何，都應不動聲色；
因此，服務性質的行業與「情緒能量」一詞向來有相當深的淵
源。但在今日，情緒能量的觀念已延伸至所有行業，一般人都認
為與同事相處應該親善有禮；而領導者更想盡法子為屬下加油打
氣，「灌足情緒能量」；成功的演說更需藉助強力的情緒因子，
以煽動聽眾的情緒。在本節後續的討論中，我們將發現，情緒能
量是工作表現之關鍵元素的這種想法，將能幫助你我瞭解情緒與
OB領域的高度相關性。

感受與外顯情緒

情緒能量的概念，提出一項重要問題：若工作要求員工顯露
的情緒不符員工的真正感受時，該怎麼辦？這種事很常見，員工

難免會發現與人人和睦相處並非易事，生活周遭總有些人像極了刺蝟，有些人老在背後道人是非，但爲了工作還是得和這些人保持互動，並裝出一副友善的樣子。

有種方法能增進對情緒的理解：將情緒分爲感覺面的感受與行爲面的外顯情緒。[16]感受意指個人真正的情緒；而外顯情緒則是組織要求個人表現的「合宜」情緒，後者不是天生的能力，必須經由後天努力習得。「新一屆的美國小姐誕生時，前排佳麗例行的愉悅笑容，是『落敗者應爲贏家衷心祝賀，而非爲自己的挫敗哀傷』此一舞台規則經過多次演練的結果。」[17]同樣地，一般人都知道，無論我們對死者的觀感爲何，參加喪禮就應該面帶哀戚；無論有無慶祝的心情，在婚禮上就是得作出滿心歡喜的表情。[18]有效率的經理人都知道在以負面考績懲處屬下時，必須表情嚴肅；而升遷在即時，應盡力掩飾憤怒。老是學不會微笑與親和表現的業務員，通常在這類職務上待不久。

重點就是，感受與外顯情緒往往不同。事實上，多數人與同事相處上的問題，往往是因爲他們誤將同事的外顯情緒與真實感受畫上等號。這個現象在組織中特別明顯，因爲組織的情境與對角色的要求通常迫使人們必須以掩藏真實感受的方式來展現情緒方面的行爲。

六種基本情緒

在投注大量心力尋求「基本情緒」的定義後，目前學者已辨識出六種基本情緒：憤怒、恐懼、哀傷、快樂、噁心、驚訝（anger, fear, sadness, happiness, disgust and surprise）。[19]

如圖3-2所示，這六種基本情緒應視爲連續數線上的不同點，兩點間距離越近，就越容易爲一般人混淆。[20]例如，快樂與驚訝很容易弄混，但快樂與噁心就很難被誤解，本節稍後將詳細闡述文

圖 3-2

情緒的連續數線

| 快樂 | 驚訝 | 恐懼 | 哀傷 | 憤怒 | 噁心 |

資料來源：取自《實驗心理學》R. D. Woodworth, *Experimental Psychology*(New York: Holt, 1938).

化因素對情緒詮釋的影響。

這六種情緒會在工作場所表現出來嗎？當然會，在得知年度考績不佳後，員工會感到憤怒；在公司大舉裁員時，員工會感到恐懼；交情不錯的同事流動率遠赴另一城市工作後，員工會感到哀傷；獲選為本月工作楷模，員工會感到快樂；上司對團隊女性成員的對待方式，可能令人噁心；管理階層打算全盤重組退休優惠方案的消息，可能會令員工驚訝萬分。

人類可以毫無情緒嗎？

在群情激動的場合仍保持冷靜的人，真的沒有感受嗎？人類有可能絲毫不帶情緒嗎？

有些人在表達自身情緒與理解他人情緒方面有嚴重障礙，心理學家稱之為情緒障礙（alexithymia，希臘文意為缺乏情緒）。[21]有情緒障礙的人幾乎不會哭泣，在外人眼中，他們是直爽冷靜的俠女好漢，但他們無法坦然面對自身的感受，也缺乏這方面的區辨力。除此之外，他們也完全無法瞭解周遭人物的感受。

但是，在表達自身情緒與理解他人情緒方面的嚴重障礙會影響這種人的工作表現嗎？這可不一定，由本章稍前人格類型與工作類型間的配對關係來看，他們不適合擔任業務或管理方面的職務，但只要工作本身不需或僅需極少情緒能量（如撰寫程式碼或幾乎只與電腦互動的工作），這些人都能勝任愉快。

性別與情緒

這方面的基本假設是，女性比男性更容易受情緒撩撥，她們的反應較情緒化，也較有解讀他人情緒的能力。上述的假設有事實根據嗎？

的確有證據確認兩性在情緒性反應與解讀他人情緒能力上的差異，女性比男性更常顯露情緒性的表情，[22]對情緒的體驗也較激烈，比起男性來，女性更不吝於表達各種正面與負面情緒[23]（除了憤怒以外），而且這方面的態度相當坦然。女性也比男性更能解讀非語言性的暗示。[24]

該如何解釋這些差異現象？有三種可能的答案：一是訴諸男女兩性成長過程中不同的社會化模式，[25]男性從小被教導應該堅強勇敢，而表達情緒與此形象並不吻合，但女性在社會化的過程中，卻被教導要有兼容並包的蘊育性，這也許可以解釋爲何女性普遍較男性溫暖且友善，一般來說，比起男性，女性在職業上往往較被要求表現出正面情緒（例如多微笑），而且女性的確也比男性更做得到；[26]第二個解釋是，可能女性解讀與表達情緒的能力，天生就比男性強；[27]第三，女性對社會性贊同的需求較高，因此也較有表達快樂等正面情緒的傾向。

情緒與國家文化

在美國的文化常模中，服務業的員工在與客戶互動時應面帶微笑，並且以友善的態度來服務，[28]但這項美式常模並非適用於世界各地。在以色列，對顧客微笑的超市收銀員會被視爲沒有經驗的菜鳥，因此收銀員都會盡力擺出一副晚娘臉；[29]在回教文化中，微笑則被視爲是性挑逗的訊號，因此女性從小就學到：不要輕易對男性微笑。[30]

上述的例子說明了，在情緒合宜性的課題上，我們必須考量文化的影響力。某個文化可接受的，在其他文化中可能適得其反，而各地文化對情緒的解讀也不盡相同。

同一文化中對情緒解讀的共識極高，但不同文化間則沒有這種現象。曾有研究要求美國人民將不同的面部表情與六種基本情緒配對，[31]正確辨識率約在86％至98％之間。但日本人卻只能正確地配對驚訝與相對應的面部表情（正確率爲97％），在其他五種基本情緒的配對上，正確率約在27％至70％之間。此外，研究也指出，某些文化完全沒有相對於焦慮（anxiety）、抑鬱（depression）、罪惡感（guilt）等情緒的字彙，大溪地人的詞庫中沒有哀傷一詞，當他們有哀傷感時，往往將這種感覺歸諸於身體的不適。[32]

OB領域的應用

在結束對情緒之討論的同時，我們來考量這些結論如何應用在OB領域的各個範疇，包括：人才甄選、決策、激勵、領導、人際衝突。對情緒的理解能幫助我們有效解釋並預測組織中的上述現象。

能力與甄選

對自己與他人情緒都有良好解讀能力的人，也許會因此在工作上更有效率，這就是近來盛行的「情緒智力」研究背後的基本臆測。[33]

情緒智力（Emotional Intelligence, EI，即目前坊間盛行的

EQ觀念）意指能影響個人成功因應環境需求及壓力與否之各種非認知性技巧與能力之總和，可用以下五大向度來衡量：

1. **自我覺察的能力**：瞭解自身感受的能力。
2. **自我管理的能力**：管理自我情緒與衝動的能力。
3. **自我激勵的能力**：面對挫折與失敗時仍堅毅不拔的能力。
4. **同理心**：對他人「感同身受」的能力。
5. **社會技巧**：處理他人情緒的能力。

研究指出，EI對工作表現的確有影響性，某個研究檢閱美國貝爾實驗室中被同事推選爲明日之星的工程師之特質後，認爲這些明日之星優於同儕之處在於其人脈，這指出一個重點——造就其優異表現的並非智性上的IQ，而是EI。另一個以美國空軍新兵爲對象的研究也推導出類似結論，表現最佳的新兵的EI水準也最高，這些研究結果使美國空軍重新訂定人才甄選標準，而後續的研究指出，擁有高EI分數者，未來成功機率是EI分數低的人的2.6倍。

這些EI研究的初步證據所提供的啓示是，雇主應將EI列入人才甄選的標準之列，特別在工作性質需要高度社交互動時尤然。

決策

如第6章將提到的，對組織決策的傳統研究取向一向獨尊理性，卻對焦慮、壓力、恐懼、挫敗、懷疑等情緒因素的影響視而不見。這種認爲決策過程不受個人感受影響的想法其實是個天眞的假設，在客觀資訊相同的情形下，憤怒且遭受壓力的個人所作出的決策必定與冷靜鎭定的人的決策大不相同。

爲了增進對決策的理解，我們除了考量「腦」的因素之外，也不要忽略「心」的影響力。一般人的決策過程除了仰賴理性與直覺，也受情緒的影響。在研究決策過程時，若無法將情緒面統整進去的話，對決策過程的觀點就不夠完整（也往往不夠正確）。

激勵

我們將在第4、5兩章討論激勵這個主題，在這裡我們只需簡扼提到，傳統對激勵主題的研究，和對決策的研究一樣，都有失之過度理性化的偏差。[34]

激勵理論的基本假設是，個人「之所以能被激勵，是因為認為行為將會導致所渴求的結果，以勞力交換薪資、福利、升遷等事物，是基於理性的一種條件交換」。[35]但人類並非冷酷無情的機器，人類的知覺與對情境的評估都充滿了會強烈影響努力程度的情緒因素，工作動機強烈者往往都肇因於強烈的情緒寄託。獻身於工作的人「為追尋目標，將身體、認知與情緒都沉浸在所從事的活動之中」。[36]

所有人在情緒上對工作都有獻身感嗎？當然不是全部人都如此，但有這種感受的人不在少數，如果我們只考量激勵的理性層面——例如對誘因與貢獻的精密評量——那我們將無法解釋某些工作狂會忘記用晚餐並工作至夜深的行為。[37]

領導

領導是組織所追尋的基本品質，本書將在第10章對這個主題進行深入的討論，在這裡只先簡單介紹情緒如何統整在領導之中。

有效率的領導者在傳遞訊息時，幾乎全賴感受的表達。事實上，言談中的情緒表達往往是導致對方接受或拒絕領導者訊息的關鍵所在。「興奮、熱切與主動的領導者，能使部屬能量高昂並且傳達出一種效能、稱職、樂觀與歡樂的氣氛。」[38]一般的政治人物都已經學會，即使民調一蹶不振，但在言詞中仍要對勝選保持樂觀。

　　企業的經理主管都深深瞭解，若要使員工願意接受變革，為企業的願景共同奮鬥的話，萬萬不能忽略情緒的重要性。當主管提出新的願景時，要員工即時接受隨之而來的變革並不容易，尤其當目標過遠且不明朗時更是如此。有效率的領導者若想推行變革，必須借助「情緒的喚起、架構與推動」[39]，將熱烈的情緒與吸引人的願景雙方結合在一起後，領導者就更能使經理人與員工都能接受變革。

人際衝突

　　很少有其他議題比人際衝突更能與情緒這個主題結合，一旦衝突生起，情緒也隨之浮上檯面。能成功解決衝突的經理人，多半能有效辨識衝突中的情緒元素，因而能幫助衝突雙方克服情緒的影響。忽略衝突中的情緒要素，只專注於衝突中之理性面與任務面的經理人，多半無法有效解決衝突。

對經理人的啓示

人格

對經理人來說，人格差異的重要性主要存在於人才甄選的過程。如果能針對人格特性來搭配合適的工作，則員工不僅能表現良好，同時也能得到較高的工作滿足。此外，經理人也可以從人格研究的結果發現，外控人格者對工作滿意度往往較低，為個人行為負責的意願也不高。

情緒

情緒是個人人格的一部分，經理人常犯的錯誤之一就是忽略組織行為中的情緒要素，將個人行為視為純粹理性的產物。某位顧問曾經說過：「因為我們無法剝奪人類的情緒，所以也無法將情緒自工作場所抽離。」[40]瞭解情緒的重要性後，經理人預測與解釋個人行為的能力也會更上層樓。

情緒會影響工作表現嗎？當然會，尤其負面的情緒更會阻礙工作表現，這可能就是組織長期以來一直想將情緒因子自工作場所抽離的原因。但情緒也能以兩種方式增進工作表現：[41]第一，情緒會提高激發水準，能進一步激勵出優異表現；第二，情緒能量的概念指出，感受也是工作必須行為的一部分，在領導與業務性質的工作崗位上，情緒管理的能力是成功之關鍵。

第 **4** 章

瞭解激勵理論

許多父母一談到孩子，這句口頭禪就會冒出來：「我的孩子有這個能力，只是他沒有好好發揮而已。」大多數的人也都認為自己並未善用自己的潛能，愛因斯坦認為唯有努力才能成功的理念，在「天才是百分之十的天份，加上百分之九十的努力」這句話中更是表露無遺。事實上，即使能力不如人，但只要努力工作，表現不見得會輸給其他擁有類似環境且較有能力的人。因此，個人的工作表現，與其說和能力有關，不如說與動機或激勵（motivation）有關。在本章中，我們將解釋為什麼有些人會比其他人更努力的原因。從這些解釋中，我們希望能提供一套一般性的指南，幫助你去激勵員工。

什麼是激勵？

我們可以用外在行為來定義激勵，舉例來說，受到激勵的人和沒有受到激勵的人相較之下，前者會盡力去做某件事，不過，這個定義建立在比較上，同時也無法讓我們對激勵有更進一步的瞭解。另一個較抽象的描述性定義則將激勵視為一種想要做某事的意願，此意願受到該行動能否滿足個體需求的限制。「需求」一詞是指一種生理或心理的不足，此等不足會使得某些結果變得有吸引力。圖4-1說明了激勵的歷程。

不滿足的需求造成了緊張的狀態，此狀態會刺激個體內在的驅力（drive）。驅力會讓個體對特定的目標產生追求的行為。如果個體達成了想得到的目標，就能滿足需求，進而導致緊張的降低。

圖 4-1
....
基本激勵程序

一個需求未滿足的員工就是處在一種緊張的狀態之下。為了要消除緊張，他們就必須要從事一些活動。越是緊張的狀態，要做的活動也越多，這才能消除緊張的狀態。因此，當你看到某些員工努力地在做某些活動時，我們可以做出這樣的結論：這些員工正被某種他們想要達成的慾望所驅使，而這些員工認為這些慾望對他們相當重要。

早期的激勵理論

激勵觀念的探討，在1950年代成果最為豐碩。這段期間裏，有三種激勵理論出現。雖然到了今天這些理論在效度方面受到攻擊與質疑，但是在解釋員工的激勵作用上，卻是大大有名。這三種理論分別是需求層級理論、X理論與Y理論，及激勵 —— 保健雙因子理論。雖然在激勵方面現在已有更具效度的解釋，但是基於以下兩項理由，我們必須回顧這三種舊理論：（1）它們是新理論建構的基礎；（2）實務界的經理人常常使用這些理論中的術語來解釋激勵作用。

需求層級理論

Abraham Maslow的需求層級理論（hierarchy of needs theory）為最有名的激勵理論[1]。此理論認為每個人均有五種層次的需求：

1. **生理（physiological）的需求** —— 包括飢餓、口渴、蔽體、性，及其他身體上的需求。
2. **安全（safety）的需求** —— 即保障身心不受到傷害的安全需求。
3. **愛的（love）的需求** —— 包括感情、歸屬、被接納、友誼等需求。
4. **尊嚴（esteem）的需求** —— 包括內在的尊重因素，如自尊心、自主權與成就感，以及外在的尊重因素，如地位、認同、受人重視等。
5. **自我實現（self-actualization）的需求** —— 心想事成的需求，包括個人成長、發揮個人潛力，及實現理想等需求。

當某個下層層級中的需求已有相當程度的滿足之後，則上一層級的需求便會成為追逐的目標。這種情形可由圖4-2看出，個體在滿足其需求的過程中，是一個層級一個層級地往上爬。Maslow的理論會說，需求永遠無法得到完全的滿足，因此只要得到相當程度的滿足之後，該需求就不再有激勵的作用了。

此外，Maslow並將此五個層級的需求劃分成較低層次與較高層次需求。生理需求與安全需求被歸為較低層次需求，其他則歸為較高層次需求。此劃分的分界基礎在於，較低層次的需求主要靠外在事物（如薪酬、工會契約、年資等）來滿足，而較高層次需求則是自己內在的滿足。

圖 4-2

Maslow 的需求層級

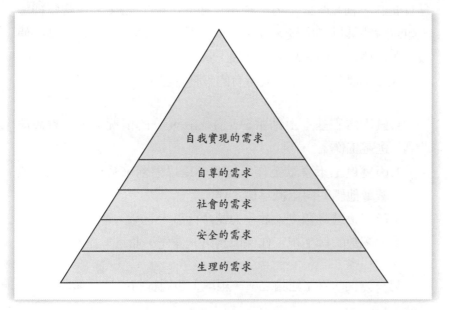

資料來源：A. Maslow. *Motivation and Personality,* 2nd. ed, (New York, NY: Harper and Row, 1970).

　　Maslow的需求層級理論得到廣泛的認同，特別實務界的經理人更是如此。原因在於該理論符合直覺的邏輯，而且易於瞭解。但不幸的是，實證研究的結果卻普遍不認為該理論具有效度。例如，幾乎沒有證據支持Maslow對需求優先順序的安排之合理性；而人們在獲得較低階層之滿足後，也不見得會啟動其更高階層的需求。儘管需求層級理論廣受經理人認同，而且被引為激勵員工之指南，但卻仍無法證明這種做法會塑造出高工作動機的員工。

X理論與Y理論

Douglas McGregor對人性提出兩種截然不同的看法：一種是負面的，稱X理論；另一種是正面的，稱Y理論[2]。在觀察經理人如何對待其員工之後，McGregor認為，經理人對人性有某些假設，並根據這些假設來對待其屬下員工。

在X理論之下，經理人持有的假設有四項：

1.員工內心基本上都厭惡工作，在允許的情況下，都會設法逃避工作。
2.因為員工不喜歡工作，因此必須以懲罰來強迫、控制，或威脅他們朝向組織目標工作。
3.員工會逃避職責，並盡力聽命行事。
4.大多數的員工視工作保障為第一優先，並且無雄心大志。

另一方面，在Y理論之下，經理人也同樣持有四項假設：

1.員工會把工作視同休息或遊戲一般自然。
2.如果員工承擔起工作的任務，他們會自我督促與控制。
3.一般員工會學習承擔職責，甚至主動尋求承擔職責。
4.創新能力（意指制訂優質決策的能力）人人皆有，並非管理階層的專屬品。

如果我們接受McGregor的分析，則這對激勵又有什麼意義呢？答案以Maslow的理論架構來說明最為方便。X理論認為較低層需求是員工需求的重心；而Y理論則認為較高層需求是激勵員工的著眼點。McGregor本人認為，持Y理論假設與持X理論假設比較，在作法上Y理論較有效果。因此，他提出員工應參與決策，工作內容應具有挑戰性，並由員工自己督促自己，以及保持良好的團體關係等看法，並認為這些作法可以帶動員工努力工作的意願。

非常不幸，實證研究的結果既不認為X理論或Y理論的那些假定有效，也不認為在採Y理論的假定之後所採取的那些管理作為，會更具有激勵員工的效果。到了本章後頭，讀者自然會明白，不論是X理論或Y理論的假定，都屬於特殊情境下的結論。

二因論（激勵──保健理論）

二因論（又稱激勵──保健理論，motivation-hygiene theory）是心理學家Frederick Herzberg提出的理論。[3]基於員工的態度會影響其工作績效的信念，Herzberg一直探索著一項問題：「人們想從工作中得到些什麼？」於是，他著手研究人們對工作感到特別好或特別壞的時候的情境，然後歸納出影響工作態度的因素。

根據對人們反應的分類歸納，Herzberg的結論是，人們對工作感受的好惡，會使得個人的反應截然不同。如圖4-3所示，某些特徵與工作滿足有關，而某些特徵則與工作不滿足相關。升遷、他人的重視、職責、成就感等內在因素往往與工作滿足有關，對工作有良好感受的人們往往會將原因歸諸自身，相對地，不滿的人往往引咎於上司管理方式、薪酬、公司政策、工作環境等外在因素。

Herzberg研判過資料之後指出，滿足之相反並非就是不滿足，而這正是傳統的看法。把工作那些令人不滿足的因素去除之後，不見得就能使人滿足。於是，Horzberg提出說明，認為「滿足」的相反為「無滿足」（no satisfaction）；而「不滿足」（dissatisfaction）的相反則是「無一不滿足」。

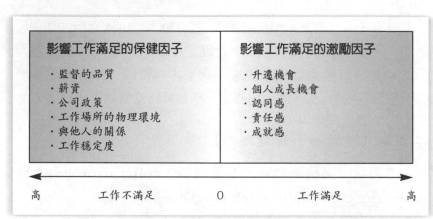

圖 4-3

Herzberg 的激勵── 保健理論

影響工作滿足的保健因子	影響工作滿足的激勵因子
・監督的品質 ・薪資 ・公司政策 ・工作場所的物理環境 ・與他人的關係 ・工作穩定度	・升遷機會 ・個人成長機會 ・認同感 ・責任感 ・成就感

高　　　工作不滿足　　　0　　　工作滿足　　　高

資料來源：取自《哈佛商業評論》F. Herzberg, *Harvard Business Review* (February 1968).

　　根據Herzberg的說法，導致工作滿足的因素跟導致工作不滿足的因素截然有別。因此，經理人若僅致力於去除那些導致工作不滿足的因素，只能防堵員工的牢騷，不一定就能激勵員工。Herzberg把公司政策、行政措施、督導方式、人際關係、工作環境及薪資等因素，稱爲保健因子（hygiene factors）。當這些因素都處理得相當妥善之後，員工不會不滿足，但也不會因此得到滿足。如果我們想激勵員工努力工作，Herzberg建議我們將重點放在強調成就感、認同感、工作內容本身、職責，以及個人成長等讓員工內在能獲得充實的因素上。

　　激勵──保健理論並非無批評者，他們的批判包括以下幾點：

1.Herzberg的研究方法有其先天限制。因爲人們通常有歸功於自身、歸罪於環境的傾向。

2. Herzberg的研究方法在信度方面值得懷疑。由於擔任評分者的人必須負責解讀，對相同反應的不一解讀可能會導致研究的失真。

3. 對滿足感的量測不夠全面，某人也許不喜歡他的工作中的某一部分，但仍然認為他的工作是可以接受的。

4. 此一理論跟過去的研究不一致，激勵——保健理論忽略了情境變數。

5. Herzberg假設道，滿足感與生產力之間有相關性存在，但他所使用的方法中，僅探討工作滿足，並未涉及生產力。只有在工作滿足與生產力間的確有高度相關性的情形下，這種研究才有意義。

儘管有這些批判，但Herzberg的理論卻廣泛流傳，很少經理人不熟悉他的建議。在1960年代中期，流行工作豐富化，使員工能參與更多規劃工作（第14章會有進一步的討論），並自我督促工作進度，便是來自Herzberg的理論與建議。

近代的激勵理論

前面所介紹的理論，雖然都很有名，但是在深入的檢視評估之後，尚未臻於完善。不過，情況並不令人洩氣，因為近代陸續又有許多理論出籠，這些理論的共通點是——有實證研究支持其效度。當然，這並不意味著這些理論毫無問題，但這至少是一項進步。

三需求理論

David McClelland所提的三需求理論（McCelland's Theory of Needs）主張在工作場合中，有三種重要的需求，分別是成就需求、權力需求及親和需求[4]，說明如下：

1. **成就需求**（need for achievement, nAch）—— 追求優越感的驅動力，在某種標準下，追求成就感，尋求成功的欲望。
2. **權力需求**（need for power, nPow）—— 促使別人順從自己意志的欲望。
3. **親和需求**（need for affiliation, nAff）—— 尋求與別人建立友善且親近的人際關係之欲望。

正如前面所述，某些人追求成就感的欲望比別人強。他們所追求的是內心的滿足，而不是成功之後帶來的報酬。他們很想把以前做過的事情，做得更好或更有效率。這種驅動力，就是成就需求。McClelland從研究中發現，高成就需求的人，比其他人想把事情做得更好。他們喜歡：自己能單獨負起解決某項問題的職責、績效能夠立即得到明確的回饋、挑戰性適中的目標。他們偏好具有挑戰性的工作，願意爲成敗承擔責任，不喜歡碰運氣或全憑他人作主。

高成就需求的人，若能擔任成功機率達0.5的任務，則其表現最出色；容易達成的任務，則絲毫看不出他們的能力；至於太困難的任務，因爲成功的運氣成分很重，所以他們也不喜歡。因此，成功機率達0.5的任務最適合他們擔任，以滿足其成就需求。

權力需求指影響與控制別人的欲望。高權力需求的人喜歡「發號施令」，喜歡影響別人，喜歡有競爭性且有階級區分的場合，而且重視取得影響力與地位，甚於追求出色的工作成績。

　　第三個需求是親和需求，此需求較少博得研究者的青睞。這種需求可視爲卡內基式的需求——希望被人喜歡與接受的欲望。高親和需求者追求友誼與合作融洽的場合，並且喜歡跟別人維持彼此相互瞭解的關係。

　　到底如何才能發現一個人在某方面的需求特別強烈？上述這三種需求都可以經由投射測驗（projective test）測量出來。投射測驗是讓受試者看一組圖片，然後請受試者就圖片的內容寫下一個故事。比如說，某張圖片會顯示一位男性坐在書桌前沉思，他注視著桌前的一張照片，照片內有一位女性和兩個小孩子。研究者請受試者寫下一個故事，受試者可在故事中描述圖片中發生了什麼事，是什麼原因導致了這種情形，以及未來會如何發展。每一則故事都可以用來評定成就、權力與親和需求上的分數。

　　根據上述的研究結果，我們還可以對於成就需求與工作表現之間的關係，做合理的預測。而權力需求與親和需求和工作表現之間，也可能存在某些關係。雖然權力需求與親和需求的研究並不多，不過研究的發現都頗爲一致。首先，個體如果有高的成就需求，他所喜歡的工作情境是可以自行負責、能夠得到回饋、風險程度適中的情境。如果工作的環境已經具備這些特徵，高成就需求者會有很高的工作績效，並且研究發現也陸續顯示，高成就需求者在許多開創性的活動中也有成功的表現，例如自行創業、在大型企業中管理一個自治的部門，或是許多行銷方面的職位等；第二，高成就需求者不一定會是「好的」經理人，特別是在大型的組織之中；例如一個高成就需求的人，不一定是一個好的業務經理；在大型組織中，「好的」經理也不一定非要高成就需求型的人才能勝任；第三，權力需求與親和需求也和管理的成功與否有關。一個最好的經理人經常是高權力需求與低親和需求之人；第四，員工可以成功地經由訓練，而激發其成就需求。如果某一個工作需要由高成就需求者來擔任，那麼管理者可以直接選擇一個高成就需求的人來擔任這份工作，或者是經由訓練，發展某些人的成就需求，使其能勝任這份工作。

目標設定理論

目標設定理論（Goal-Setting Theory）認為，意圖（intentions）或是目標（goals）是工作激勵感的主要來源之一，目前的研究結果已經對此項說法得到相當的證據。我們可以這樣說：在相當程度的可信度之下，明確的目標會增加工作表現，而較困難的目標（在可接受的範圍內）能夠產生較高的工作績效。[5]

明確的、較困難達成的目標，會比「盡你所能」等空泛目標，能產生更高水準的成績。目標明確化的作用如同是一種內在的刺激。舉例來說，當一個卡車司機答應每週往返巴爾的摩（Baltimore）與華盛頓特區之間十八趟載運貨物，這個意圖就帶給他一個要去完成的明確性目標。我們可以這樣說，在其他的條件都相等的情況下，這個卡車司機會比其他沒有目標、或只有一般性的目標（如「盡你所能」）的同事，表現得更好。

如果能力以及對目標的接受度都保持固定時，較為困難的工作，會產生較高的績效。不過，我們同樣要考慮一項合理的假設：員工對容易工作的接受度較高。但是一旦某位員工接受了一個困難的任務，他就會付出高度的努力，直到目標被達成、降低或者放棄為止。

如果員工有機會參與目標的設定，特別是設定自己的目標，他會更加努力嗎？到底容許員工參與的目標設定與直接分派的目標設定孰者為優？目前的研究尚未出現定論。在某些案例中，參與式目標設定有較好的工作表現，但在其他的案例中，由上司直接分派目標，員工的表現較好。參與式目標設定的優點是增加員工對目標的接受度，讓員工覺得這個目標也是他想要完成的目標。不過正如我們前面所提到的，越是困難的目標，所受到的抗拒越大。如果讓老闆任意分派困難的目標，員工的反彈較大，但如果讓員工來參與目標的設定，他們會願意承諾比較困難的目標。這是因為個體會傾向於去認同他們曾出過意見的方案。因此，雖然參與式的目標不一定都比指派式的目標好，但前者的確會使員工更可能去接受較困難的目標。

目標設定的研究顯示，明確與具挑戰性的目標的確會增加工作績效，因此目標的明確性與挑戰性可被視為是一種激勵的力量。當然，我們不能妄下斷語，認為員工「總是」希望參與目標設定的過程。事實上，只有當員工想要抗拒某些較為困難的挑戰時，他們才會想參與目標的分派過程。大體上來說，意圖（或者稱為「目標」）是一種有效的激勵力量。

也許你會覺得成就需求與目標設定理論之間似有矛盾的現象，因為在成就需求方面，適中的挑戰性比較能夠激發成就需求，但目標設定理論卻指出，較困難的目標較能增加激勵作用。這其中真的有矛盾存在嗎？其實這兩者之間並不互相矛盾，我們可以從兩方面來做說明：第一，目標設定理論中所討論的是一般人的情形，而成就需求所做出的結論是根據那些高成就需求的人而得來的，而先天即為高成就需求者的北美洲人士不到10％或20％，因此對大多數員工來說，「較為困難的目標」仍具激勵作用；第二，目標設定理論的適用對象是已經接受或認同目標的人。困難的目標僅在被接受的情形之下，才能導致績效的提高。

增強理論

目標設定理論以認知的角度來解釋行為，認為人的企圖心會引導其行爲；而現在要介紹的增強理論（reinforcement theory）則認爲行爲之後果，才是影響行爲的主因。換言之，人們採取了某種反應之後，若立即有可喜的結果出現，則此一結果就變成控制行爲的增強物，會增加該行爲重複出現的機率。

增強理論不管個體的內心狀態，單單重視個體採取某項行動時，會有什麼結果出現。因爲此一理論忽視個體的內心狀態，因此嚴格來說，不能算是一種激勵理論。但由於在解釋行爲的控制因素上，它是個相當強而有力的工具，所以在討論激勵作用時，通常都會提到這個理論。

我們在第2章中曾提到效果率以及如何使用增強物來制約個體的行爲，這種個體的學習過程，給了我們相當深刻的啓發。但是，我們不應忽略增強作用也是個能夠廣泛應用的激勵利器，只不過在純學理方面，增強理論忽視了人的感受、態度、期望，與其他能影響行爲的認知變數。事實上，有些學者仔細探討過增強理論家用以支持其論點的實驗，指出以認知架構來詮釋其研究發現，也會有同樣的結果[6]。無疑的，增強作用對行爲有很重要的影響力，但是並不是「唯一」的影響力。你的工作行爲以及你分配給每一個任務的努力程度，是受到這些行爲後果之影響；但是，如果因爲你每項任務均比同事做得好，而受到同事們的排擠，相信你很可能會降低生產力。你所降低的生產力，也可以目標、不公平性，或期望等因素來解釋。

公平理論

員工所處的工作環境並非眞空狀態，因此比較是在所難免的。如果你大學剛畢業就得到一份年薪高達60,000美元的工作，這個千載難逢的良機所帶來的工作熱忱與對薪酬的滿足正是理所當然。但如果開始工作一個月後，你發現另一個同事，也是大學剛畢業、年齡相近、畢業學校的聲望與其在校成績都與你類似，但卻能拿到65,000美元的年薪！這時，你會作何感想？即使你也知道60,000美元年薪對初出茅蘆的大學畢業生而言已是天價，但沮喪仍在所難免，整件事情的焦點已轉移到相對酬賞與公平標準之上。我們有足夠的證據可以宣告，員工會與他人比較工作上的付出與收穫，不公平的感受絕對會影響員工日後願意付出的努力程度[7]。

　　公平理論（equity theory）認為，員工會拿自己的付出（input）和報償（output）跟其他員工的付出與報償作一比較。兩者的比率（指報酬與付出的比值）如果相等，表示很公平；但是兩者的比率如果不相等，員工就會感受到不公平。在不公平狀態時，員工會感到不舒服，並會設法使之公平。

　　參考對象（referent）的選取，使上述的公平理論更趨於複雜。研究證據顯示，參考對象的選取，在公平理論中是一個相當重要的變數。員工選取參考對象時有下列三種途徑：其他人（other）、制度（system），以及自己（self）。「其他人」包括在同公司擔任類似工作的人，也包括朋友、鄰居及同行。資訊的來源可以從口耳相傳，或報章雜誌所刊登的薪資行情而獲得。

　　「制度」這一類則指公司的薪酬政策與處理程序，以及該制度的行政管理。此處所指的薪酬政策是以整個組織而言，並且包括明確公布的以及含蓄暗示的訊息。此外，組織過去立下的慣例，也是一項主要考慮的因素。

　　「自己」這一類指將自己的「付出──報酬」比例跟過去的工作或家人的期望比較。

　　員工在選取參考對象時，是與參考對象能否提供有用的訊息有關。根據公平理論，當員工察覺不公平時，他們有下列五種選擇：

1.扭曲自己對自己或別人的付出與報酬之認知。

2.以某種方式改變自己的付出或報酬。

3.以某種方式改變別人的付出或報酬。

4.選擇另一個不同的參考對象。

5.辭職。

公平理論認為人們不僅關心自己的努力得到多少報償，也關切自己和他人之間的比較關係。他們會拿自己的付出與報償和別人的付出與報償做一比較。根據自己的付出，諸如努力、經驗、教育水準，與能力，他們會比較自己所得到的報償，諸如薪資水準、加薪幅度、組織認同，及其他因素。當人們認為不公平時，內心會升起一股緊張感，促使他們把情況導回公平。

因此，針對不公平的薪酬，公平理論提出四項命題：

1.按時計酬的情況下，過度報償的員工會比受公平待遇的員工生產更多。也就是，提高產出的數量與品質，使自己的付出能更多一點。

2.在按件計酬的情況下，過度報償的員工會比受公平待遇的員工生產較少的數量，但同時提高其品質。在這種情況為了趨於公平，當事者會提高自己努力的程度，提高產出的數量或品質，他可以兩者選一。但因為是按件計酬制，提高產出的量，只會使差距拉得更大，所以他會選擇提高產出的品質，而非提高產出的數量。

3.在按時計酬的情況下，報償偏低的員工會降低產出的數量或品質。

4.在按件計酬的情況下，報償偏低的員工會提高產出的數量，但同時降低產出的品質。

近期的研究普遍支持公平理論：相對酬勞對員工動機的激勵能力，並不亞於絕對酬勞。感受到不公平的員工，會以各種方式來修正情境，結果可能導致產能的下降或提高、品質的提升或下降、缺席率升高、或員工自行提出辭呈。

優勢並不意味完美無瑕，公平理論仍無法解讀某些關鍵性議題，例如，員工心中的他人參考對象名單由何而來？而「付出」與「報償」又該如何定義？員工又是如何結合並權衡「付出」與「報償」？這些因子會在何時改變？如何改變？儘管有上述的質疑，公平理論仍有為數驚人的研究支持，並且也提供經理人對員工動機的重要洞察。

期望理論

期望理論（expectancy theory）對激勵進行了最詳盡的解釋[8]，雖然批評仍在所難免，但仍獲多數研究證據的支持。基本上，期望理論認為，人們之所以採取某種行為（如努力工作），是基於他認為這樣做可得到某種成果，而這種成果對他而言是具有吸引力的。換句話說，期望理論中有三項變數或關係式：

1. **吸引力**（attractiveness）—— 指個體對工作中潛在成果或報償的重視程度，尤需考慮那些未滿足的需求。
2. **績效與酬賞之關聯性**（performance-reward linkage）—— 指個體對其績效達到某特定水準時，能否獲得期望中酬賞之相信程度。
3. **努力與績效之關聯性**（effort-performance linkage）—— 指個體對他所付出的努力是否可使績效達到某特定水準之相信程度。

簡化的期望模式

| 個體的努力 | → | 個體的表現 | → | 組織的酬賞 | → | 個體的目標 |

看起來雖然複雜，但事實上不難理解。個人是否有生產的渴望，全賴個人的特定目標與個人將績效視爲通往目標之路徑的重視程度。

圖4-4把期望理論做了相當程度的簡化，但仍保持其精神。個人努力之動機的強度，取決於個人對於自己是否終將達成目標的相信程度。個人達成目標後，是否會得到足夠報酬？如果獲得組織的報酬，這項報酬是否能滿足個人的目標？接下來，讓我們探討該理論中的四項步驟。

第一，員工認爲工作可以提供給他哪些東西呢？正面的東西包括：薪水、保障、同伴、福利、施展才華的機會等等。負面的東西則包括：疲勞、倦怠、挫折、焦慮、受人密切監督、解雇的威脅等等。不過，這裏必須澄清的是，眞實的情形並不重要，員工內心的知覺才是最重要的。

第二，工作所能提供的這些東西，員工重視的程度有多高？這顯然是員工個人感受的問題，與員工的價值觀、性格，以及需求狀態都有關係。甲員工所重視的東西，乙員工說不定敬而遠之，而丙員工可能無動於衷。

第三，員工必須表現哪些行爲，才足以獲取他所想要的這些東西呢？除非員工有意識或無意識的知道他該怎麼做，才可以得到東西，否則這些東西很可能起不了作用。例如，績效評估的術語中，怎樣做才算是「表現良好」呢？員工的績效標準是什麼呢？

第四，員工認為他達到上司要求的機會有多大？要達到上司的要求，其中可能有很多項變數，員工認為他可以掌握這些變數的把握有多大呢？

接著，讓我們來歸納一下期望理論的一些重點。第一，期望理論強調酬賞。因此，組織所提供的酬賞，應與員工想要的酬賞一致。第二，期望理論強調預期的行為。員工是否知道上司對其行為的期望，以及是否知道上司會如何評鑑其行為？第三，期望理論強調期望。這跟真實的情形或理性的想法無關。員工個人對績效、酬賞，與個人目標滿足的期望，將決定他付出多少努力。

切記：激勵理論有文化的限制

目前大部分的激勵理論都是在美國，以美國人民為樣本所發展出來的，這些理論最醒目的特徵是對個人主義與生活數量因子的強調。以目標設定理論和期望理論為例，此二理論皆強調目標的達成、理性思維與個人主義的重要性。以下我們來討論這些偏差對少數理論的影響。

Maslow的需求層級理論認為，人的需求是從生理層次而往更高層次前進，順序為：生理、安全、社會、自尊、自我實現。這個層級如果拿來應用，非常符合美國的文化。但在其他文化中，重要性的順序可能有所不同。例如在日本、希臘或墨西哥等避免不確定性特質強烈的國家，安全需求會在需求層級的最頂端。而強調生活品質的國家，如丹麥、瑞典、挪威、荷蘭與芬蘭，社會性需求會在頂端。因此，我們將可預測，團體合作對這些在生活品質方面得分高之國家的國民，會有很好的激勵效果。

　　另一個具強烈美國色彩的激勵理論是成就需求。成就需求含有兩個文化的特色：一個是接受適中程度的風險（強烈避免不確定性特質的國家因此被排除在外），另一個是關心工作表現（只能在強調生活數量的國家中應用）。這個理論是英美語系國家（如美國、加拿大、英國）所發展出來的，缺乏智利與葡萄牙等不同國情的資料。

　　目標設定論也相當具有文化的界線。它也同樣由美國發展出來，其主要概念和美國文化相當符合。它假設部屬都相當獨立（權力距離的分數不高），經理人與部屬都會迫尋具挑戰性的目標（低度避免不確定性），同時，對兩者而言，工作表現都相當重要（生活數量得分高）。因此，目標設定理論當中所做的建議對於和美國條件不同的國家（如南斯拉夫、葡萄牙、智利）而言，就不會增加工作激勵。

對經理人的啓示

　　本章提到的理論均有相當高的預測力，有意激勵員工的經理人該如何運用這些理論？至少對北美的經理人而言，下列符合本章研究發現的建議應相當實用：（1）正視差異性的存在；（2）適才任用；（3）提出目標；（4）確定目標的可達成性；（5）針對個人努力酬賞；（6）根據績效酬賞；（7）確認系統的公平性。這些建議在北美以外的文化運用前，應加以適當修正。

　　今日，激勵員工非常重要，促使我們更深入鑽研概念，第5章將以本章理論為基礎，進一步介紹常用的激勵技巧與方案。

第5章

激勵理論的應用

在激勵理論的範疇中，說是一回事，做又是一回事。本章的焦點將集中在激勵理論的應用，也就是將理論延伸至實務領域。

接下來我們將介紹實務界採用的各種激勵技巧與方案，並說明其理論基礎。

目標管理

目標設定理論獲得許多研究支持，但身為經理人，該如何設定可操作的目標？目前的標準答案是：採行目標管理計畫。

何謂「目標管理」（MBO）？

目標管理（MBO, management by objectives）強調目標的設定必須兼顧明確性、可驗證性與可測量性三大特質。MBO並非新觀念，四十五年前，Peter Drucker就在其提出的「目標是為激勵員工，而非控制員工」主張中，提到同樣的作法[1]。時至今日，MBO已成為管理概論教科書不可不提的重點之一。

MBO的主要訴求重點是，將組織的整體性目標化為各單位與成員的指定目標，藉由組織目標向基層落實的程序設計，點出「目標」的功能。如圖5-1所示，組織的目標層層轉化成各部門、單位與成員的指定目標。因為次級單位的經理人也會設定各自的目標，因此MBO亦可由下往上運作，最後整個目標層級將會環環相扣。MBO也提出個別員工的個人化績效目標，因此每個成員都會清楚自己在單位中的貢獻，個人的目標完成後，單位與組織的整體目標的距離也就越來越近了。

圖 5-1

目標的向下落實

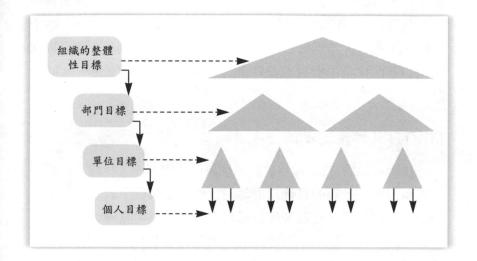

組織的整體
性目標

部門目標

單位目標

個人目標

　　MBO計畫具備四大要素：目標專一性、參與式決策、明確的時間表、績效的回饋。MBO中的目標必須能簡潔地陳述所期望的成就，「節省開支」、「改善服務」、「提高品質」等都太過空泛，應該被轉化為可測量與可評估的明確目標，例如「節省7％的單位成本」、「電話訂單必須在24小時內處理」、「退貨比率應低於1％」等都是指定目標的良好範例。

　　MBO的目標絕非「上司訂定，下屬執行」的單向過程產物，預設性的目標必須被參與式決策的目標取代，由經理人與員工共同決定目標及測量目標的方式。

　　每個目標都應定出明確的完成時間，可以季、半年、整年為單位，經理人與員工不僅有明確的目標，也有時間表可循。

　　MBO的最後要素是績效的回饋，對通往目標之過程的持續回饋，有使個體監控與更正自身行動的效果。組織的高層與基層都必須持續地回饋與定期給予正式考核，舉例來說，行銷副總裁對於重點產品與整體銷售額都有明確的目標，同時也要時時監控業務報表，以瞭解業務部門的目標進展情形；同樣地，地區銷售經理也有自己設定的目標，業務員也一樣。在銷售額與業績上給予回饋可讓所有人知道自己做得夠不夠好。經理人與員工還可以在正式的考核會議中檢視過去以來的進展，並且給予更進一步的回饋。

MBO與目標設定理論

我們可以將MBO與目標設定理論的發現作深入比較。目標設定理論指出，困難的目標比簡易的目標更能激發出員工的表現；明確的困難目標，比起毫無目標或空泛的「盡力就好」更能使員工表現優異；針對個人表現予以回饋可以使表現更上層樓。

MBO鼓吹指定目標與回饋的重要性，也暗地點出目標必須合理可行。若以目標設定理論的觀點來看，將目標難度定在個人必須為此作進一步努力的點上，就是MBO的最佳落點。

參與的議題是MBO與目標設定理論間的唯一歧異之處，MBO提倡參與的重要性，而目標設定理論認為直接指派工作即已足夠。然而，參與的主要優點是，這麼做可能可以使員工更樂意設定難度較高的目標。

MBO的實務應用

有多少組織採行MBO？研究評論指出，MBO已是相當盛行的管理技術。許多商業組織、醫護機構、教育機構、政府機關與非營利性組織都採行MBO。[2]

但盛行並不代表MBO到處都管用，許多個案記錄顯示，組織在推行MBO後，發現效果不如預期。但仔細探討內情後，會發現問題並不是出在MBO的基本架構，而可以歸因至不實際的期望、來自高層的不信任、管理階層無法或不願意重新制定以目標績效為基礎的制度。無論如何，MBO至少可作為經理人試驗目標設定理論可行與否的工具。

行為改變技術

二十多年前，有項以Emery空運（現已被美國聯邦快遞併入）捆貨工為對象的行為研究。[3]為節省成本，Emery的經理人要求捆貨工將貨物集中在同一貨櫃中，以取代以前個別處理的方式。每當詢問捆貨工有多少貨物以貨櫃裝載時，通常得到的回答是九成。但Emery內部的分析指出，貨櫃的使用率只有四成五。為鼓勵員工使用貨櫃，管理階層建立了一套回饋與正向增強計畫，每名捆貨工都必須記錄清單，記下每日各項捆裝貨物使用貨櫃與否，下工前再自行計算貨櫃使用率。驚人的是，在新計畫實行的第一天，貨櫃使用率超過九成，之後的使用率也大致維持同樣水準。Emery指出，這個簡單的回饋與正向增強計畫在三年內為公司節省了200萬美金。

Emery空運的這項計畫就是行為改變技術的使用範例，現在流行的術語是「組織行為改變技術」（OB Mod），[4]也就是將增強理論應用在工作環境中的個人上。

什麼是組織行為改變技術？

典型的OB Mod計畫，正如圖5-2所示，由五大問題解決步驟構成：（1）辨識與績效相關的行為；（2）測量行為；（3）辨識行為發生的前因後果；（4）設計並實行介入策略；（5）評估績

圖 5-2

組織行為改變技術的步驟

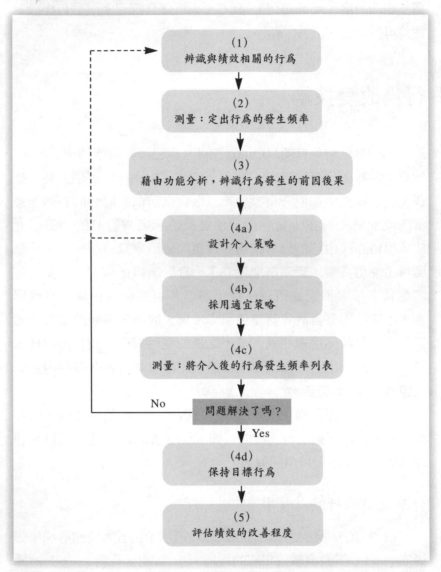

修訂自《人事》*Personnel,* July-August © 1974. Fred Luthans, American Management Association, New York. All rights reserved. 已徵得出版社同意使用。

效的改善程度。[5]

　　員工在工作上所做的每一件事，不見得都會導致績效。因此，OB Mod的第一步驟就是先辨識出會顯著影響績效的行為項目，通常有七至八成的績效藉由員工行為中的5-10%即可達成，Emery空運捆貨工隨時都記得使用貨櫃，就是這類5-10%之關鍵行為的例子。

　　第二步驟要求經理人提報績效基準線的相關資訊，也就是目前關鍵行為的出現頻率，在前述例子中，四成五的貨物入櫃率就是績效基準線。

　　第三步驟是藉由功能分析，辨識行為發生的前因後果，這個步驟使經理人看清催生行為的前因，與維繫行為的後續因子。在Emery空運的例子中，團體性的社會常規與貨櫃裝箱的難度就是貨櫃使用率低的前因；而團體性的社會接受與工作的難度不致太高，則是使捆貨工繼續個別捆裝貨物的後續助因。

　　功能分析一旦完成，經理人就可以開始設計執行介入策略，以強化目標行為並弱化非目標行為。為使優良績效能獲得更多酬賞，適當的策略需要改變舊有的績效──酬賞連結，包括其中的結構、程序、技術、團體與任務等元素。在Emery的例子中，介入策略是針對程序所作的變革──捆貨工必須作清單記錄，清單的使用與下工前的貨櫃使用率計算結合後，能增強資方希望達成的使用貨櫃行為。

　　OB Mod的最後步驟是，評估績效的改善程度。在Emery的例子中，貨櫃使用率的立即提升代表行為改變的確實達成。貨櫃使用率在第一天即達九成，並且持續不墜的現象，也指出學習的成效，總之，員工的行為已產生相當持續的變化。

組織行為改變技術與增強理論

增強理論的重點在於正向增強、塑造與不同增強時程對行為的影響，而OB Mod則運用這些概念，提供經理人一個有效且經過證明的改變員工行為方法。

OB Mod的實務應用

OB Mod一向是用來提高員工生產力，減少錯誤、曠職率、怠工、意外事故發生率的方法。[6]通用電子、Weyerhauser、底特律市、與全錄公司都曾運用OB Mod而得到令人印象深刻的效果，[7]幾年前為客戶抱怨所苦的全錄公司，索性將公司的執行紅利方案由原先的配額制，改為依據客戶長期滿意度發放紅利。[8]全錄公司每個月會調查全球40,000名客戶對產品與服務的滿意度，而每年初公司高層會依前一年度成效，訂定新的年度目標，1989年的目標是86%的滿意度，每年目標都不斷向上起跳，現在的滿意度目標已達100%。

員工表揚計畫

佛羅里達Pensacola市的Laura Schendell在速食店工作的時薪只有美金5.5元，工作本身毫無挑戰與趣味，但每一提及工作、老闆與公司，Laura可是眉飛色舞：「我的上司非常欣賞我在工作上的努力，每回我值班時，他都會在別人面前誇我做得多好，過去半年來，我已經二度獲選為『本月模範員工』，你有沒有看到牆上佈告欄的照片？」

越來越多組織開始正視Laura的想法，沒錯，表揚也是潛在的激勵物。

何謂員工表揚計畫？

員工表揚計畫可以不同形式進行，最佳計畫能提供多元的表揚方式，而且表揚對象包括個人成就與團體成就，Convex電腦公司——一家總部位於德州，員工超過1,200人的超級電腦廠商——的員工表揚計畫就是很好的例子。[9]

Convex的經營副總裁，每季公開表揚被經理人提報「表現遠超水準」的個人；而年度的「客戶服務賞」則表揚冒險、創新、降低成本與整體客戶服務品質各方面的優異表現，得獎者由員工自行推選；部門層級則以團隊T恤、咖啡杯、隊旗或照片等象徵方式表揚；領班還可用電影票、週五下午的保齡球聚會、休息時間、現金等實質獎勵方式，來表揚「連續三月零缺點」、「五年全勤」、「專案提早完成」等優良表現。

表揚計畫與增強理論

幾年後，1,500名員工接受調查，要求他們選出工作環境中最有力的工作激勵物，結果，「表揚」獨占鰲頭。[10]

這結果非常符合增強理論，以表揚的方式緊接在行為之後給予獎賞，是最能鼓勵個人繼續從事同樣行為的方法。而表揚也有多種形式：當面向員工恭賀他在工作上的表現；以手寫便箋或電子郵件，感謝員工的正面貢獻；對需要社會肯定的員工，公開表揚是再好不過了；為凝聚團體向心力並提振士氣，慶功大會的效果會很不錯；會議時間也是獎勵工作團隊貢獻與成就的良好時機。

員工表揚計畫的實務應用

在今日高度競爭的全球經濟體系中，多數組織都面臨強大的成本壓力，這也使表揚計畫特別有吸引力。比起其他的激勵物來說，表揚員工的優秀表現幾乎不需要花錢，也許這就是最近以3,000名雇主為對象的調查報告，發現有三分之二的雇主已經使用或正規劃特殊表揚獎項的原因。[11]

多數表揚制度，其實本身是一套建言系統。員工提供如何改良程序或降低成本的建議，而得到小額現金等獎勵的表揚。日本人是全世界最熟知建言系統運作的民族，從事自動元件商務的一家典型高績效工廠，每個員工每年平均提出47個建議，每個建議平均可得到約等於美金35元的酬賞。相對地，西方世界的規模相近工廠中，每個員工每年平均只提出一個建議，廠方卻要為這個建議付出90美元。[12]

員工納入計畫

在俄亥俄州的通用電子照明廠中，工作團隊執行多項任務，多數責任由領班自行負責，當廠方接獲的燈管訂單數額下滑時，員工自行決定先降低生產量，然後自行流動率；USAA（一間大型保險公司）的市場行銷人員每週開會一次，討論如何改善工作品質與提升生產力，多數意見都會被經理階層採行；鳳凰城的汽車經銷商，Childress Buick，則放手讓銷售員自行決定成交價格；德國、法國、丹麥、瑞典與奧國的法律都明文規定，公司董事會成員必須包括員工團體遴選出的代表。這些事例的共通精神就是：員工納入計畫。

何謂員工納入計畫？

員工納入計畫含蓋多項技術，[13]包括員工參與、參與式管理、辦公室民主、員工賦權、員工認股等，雖然這些辦法各有其特色，但都以員工納入為思想核心。

員工納入可視為：動員所有員工，為組織成功而共同努力的過程。[14]背後的邏輯則是：員工若涉入與自身相關決策的制定過程，並且在工作上有較高的自主性與控制權的話，會有較高的工作動機，對組織更為認同，更有生產力，對工作的滿意度也會較高。

本書所指的員工納入都或多或少運用某種形式的員工參與，但員工「納入」（involvement）並非「參與」（participation）的同義詞，「參與」一詞較為狹義，而且只是整個員工納入大架構中的環節之一。

員工納入計畫的實例

本節將摘要介紹員工納入的四種主要形式：參與式管理、代表式參與、品管圈、員工認股方案。

參與式管理

聯合決策是所有參與式管理（participative management）的最大特色，也就是讓員工和他們的頂頭上司擁有同等的決策權力。

有時候，參與式管理被視為對治生產力低落與士氣不振的萬靈丹，也曾有作者強調參與式管理在道德倫理上的重要，[15]但說真的，參與式管理並不是在每個組織與工作單位都派得上用場。參與式管理需要參與時間充足、議題與員工切身相關、員工具備參與能力（智力、技術性知識、溝通技巧）、組織文化支持員工納入等條件的配合。[16]

　　已有許多學者投入「參與－績效」關係的研究，但結果並不明朗。[17]如果我們仔細檢視研究內容，將發現參與對員工生產力、工作動機、工作滿足等變項只有中等的影響力。當然，在條件具足的情形下，參與式管理能帶來極大好處，但要切記參與式管理絕非增進員工績效的萬靈丹。

代表式參與

　　西歐多數國家都立法明文規定公司必須落實代表式參與（representative participation），決策過程由一小撮足以代表全員的員工參與，而不是讓每個員工直接涉入，因此，代表式參與被評為「全世界最具法律性的員工納入形式」。[18]

　　代表式管理的目標是組織內部權力的重新分配，使員工與管理階層和股東有更平等的立足點。

　　參與式管理最常見的兩種形式是，「勞動議會制」（works councils）與「董事會代表制」（board representatives）。勞動議會是員工與管理階層間的連結，每當管理階層有任何人事方面決策時，必須先徵詢勞動議會成員的意見，勞動議會成員可由提名或選舉產生，以荷蘭為例，如果某家荷蘭公司被另一家合併，應在計畫合併的初期知會前者的勞動議會，若議會有反對意見，則有30天的時間可申請法院禁令中止此項合併。董事會代表制則規定董事會成員必須包括員工代表，以保障公司全體雇員的利益，某些國家規定，大公司的董事會中，員工代表的人數必須與股東代表相等。

　　整體上，代表式參與對在職員工的影響力可說微乎其微，有證據顯示勞動議會仍為管理階層把持，對組織內員工毫無影響；雖然這種形式的員工納入可能提高員工代表個人的工作動機與工作滿足，但這個效應幾乎不會發生在操作線上的員工代表身上。我們大致上可以這麼說：「代表式參與的最大價值在於其象徵性，但在改變員工態度或提升組織績效方面，代表式參與幾乎沒有什麼用處。」[19]

品管圈

曾有人說過「品管圈（quality circle）可能是最被廣為討論與採用的員工納入之正式形式」，[20]品管圈此一概念，常被描述為使日本公司締造以低成本製造高品質產品的技術之一，但事實上這個概念原創於美國，是在1950年代才傳到日本，然後在1980年代盛行於歐美各地。

什麼是品管圈？品管圈是由八至十位員工與一位承擔責任的主管共同組成的工作團體，團體成員必須定期聚會——通常是上班時間在公司內，每週一次——共同討論品管問題、研究問題成因、推薦解決方案、採取更正措施。他們負責解決品管問題，自行產生並評估意見回饋，但管理階層通常保有決定解決方案之最後決策階段的控制權。當然，不是每個員工天生都具備分析與解決品管問題的能力，因此品管圈的概念也包括教導參與員工學習各種團體溝通技巧，瞭解各種品管策略、測量與問題分析的技巧。典型的品管圈程序如圖5-3所示。

品管圈能提升員工的生產力與工作滿足嗎？證據顯示，品管圈對生產力的確有正面影響，但對工作滿足的影響幾近全無。但研究報告對品管圈能提高生產力一事的確認，並不代表百分之百的保證。[21]許多品管圈計畫由於無法導致明顯效果，因而被迫中輟。

員工認股方案

本章在此要介紹的最後一個員工納入方法是員工認股方案

圖 5-3

品管圈的典型運作方式

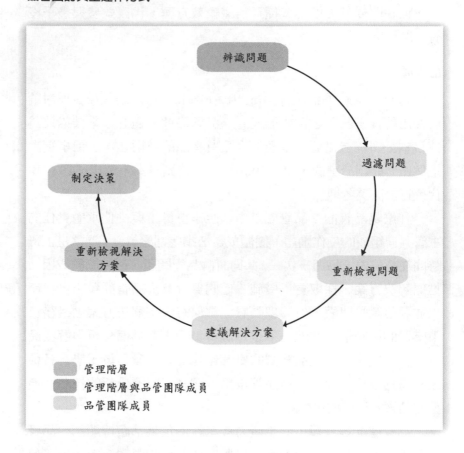

(employee stock ownership plans，縮寫為ESOPs)，員工認股
方案是由公司制定，以股票作為員工部分分紅的制度。舉例來
說，拍立得股權中的20%，是由員工持有；加拿大的Spruce Falls
Inc.，員工持股的比例佔40%；Avis 企業的員工持股比例為
71%；而Weirton Steel的員工持股比則高達100%。

在典型的ESOP中，員工的股票選擇權必須成立信託。公司則以股票或現金購買該信託中的股票，並將股票分配給員工。雖然員工握有公司股票，但只要仍在公司任職，就不能拋售股票或折換現金。

研究指出，ESOPs能提高員工的工作滿足與工作績效。曾有研究將45個ESOPs公司與238家傳統公司作比較，[22]前者的工作創造力與銷售成長兩項表現均遠超過傳統公司。

員工納入計畫與激勵理論

員工納入與前章提過的幾個激勵理論皆有密切關係，舉例來說，參與式管理就是符合Y理論的作法，而傳統的專制管理風格則與X理論同一陣線；若以激勵——保健理論的角度來看，員工納入計畫藉由增加成長、負責與深入工作內容本身的機會，提供員工內在激勵。

員工納入計畫的實務應用

德、法、荷與北歐各國都有制定完善之產業民主的遊戲規則，代表式參與也已在歐洲與日本、以色列等地實行數十年之久，雖然北美各地的組織採行參與式管理與代表式參與的進度較慢，但強調參與的員工納入計畫已是今日的常態。雖然仍有些經理人極力抗拒釋出決策權力的想法，但趨勢的壓力卻迫使他們不得不放棄固有的專制決策風格，轉而以鼓勵參與的支持性教練姿態來應對。

品管圈究竟有多盛行？採行品管圈技術的公司列出清單來，彷彿就是一本美國的企業風雲排行榜：惠普、通用電子、德州儀器、全錄、伊士曼柯達、拍立得、寶鹼、通用汽車、福特、IBM、摩托羅拉、美國航空。但我們也曾提過，品管圈並非到處都吃得開，品管圈之所以能在1980年代風行一時，主要是因爲執行難度低。今日許多組織都已捨棄品管圈不用,改採更細緻的團隊結構(詳見第13章)。

相對地,ESOPs已成為今日盛行的員工納入計畫,採行員工認股方案的組織數目從原本1974年的寥寥無幾,到今天已達上萬,涵蓋的員工人數多達1,000萬名。

彈性薪資制

Nucor Steel採行一項激勵性的報酬方案已超過二十五年,這項方案的特殊點在於獎金可達基本薪資的一百五十倍,獎金則以公司當年的獲利率為計算基礎。投資Merrill Lynch的銀行家Rick Benson,在1998年賺入美金1,400萬,是底薪的六倍以上,這麼高的薪水是怎麼來的?主要來自其部門盈利的績效分紅。柯達在1997年獲利不佳,由於薪資全賴公司表現,伊士曼柯達的執行總裁George Fisher,眼看著年薪從原本的398萬美元跌至200萬美元。以上都是彈性薪資制(variable-pay programs)的實際範例。

何謂彈性薪資制?

論件計酬、利益分享、分紅制、利潤分享都算是彈性薪資制的一種,這些報酬方案與傳統薪資制最大的差別在於:個人年資不再是計薪的唯一標準,員工的部分薪資取決於個人或／與組織的績效表現。和傳統的底薪制比起來,彈性薪資制並不保障年收入的固定,薪資會隨績效上下波動。

顯然地,就是彈性薪資的波動性使這些計畫在管理階層眼中愈具吸引力,彈性薪資制使組織原本固定的人力成本轉為彈性成本，並因此減少營運績效衰退時的開銷。此外，一旦薪資與績效鍵結在一起，個人收入就成為對績效，而非對頭銜的表揚。績效不彰者會發現薪資日益縮水，而績效良好者則樂見薪資隨自己的貢獻漸增。

彈性薪資制最常採用的四種形式分別為：論件計酬、分紅、利益分享、利潤分享。論件計酬的作法已有近百年的歷史，這是最常用來酬賞高生產力員工的方式，員工每完成一生產單位，就能得到固定的酬勞。最原始的論件計酬制是沒有底薪的，在棒球場賣花生汽水的員工通常就是以這種方式計薪，例如每賣出一包花生就有美金5角的進帳，要是一場球賽能賣出200包花生，他們就能賺美金100元，若只賣出40包，就只能賺20美元，越認真工作，賣的花生越多，賺的錢也越多。多數組織採行的論件計酬制都已經過修改，以基本時薪再加上每生產單位的酬勞，例如打字員除了每小時8美元的底薪外，每打一頁就有0.2美元的額外酬勞，這種修改過的論件計酬制使員工能有固定的基本薪資，但同時能激勵其提高產量。

紅利可以是高層主管的專利，也可以所有員工雨露均霑，舉例來說，上百萬美金的年度分紅在美國公司並非罕事，Sunbeam的前任執行總裁Albert Dunlap，在1997年因為成功地使公司的財務起死回生，因此得到美金2,500萬的獎金。目前越來越多組織將低階員工納入分紅方案，伊士曼化學公司全部18,000名員工都有得到年薪30%分紅的機會，端賴公司投資的盈餘如何。

利益分享方案依照公司獲利率，以特定公式計算出可分配給組織內所有成員的報酬，報酬可以現金發放，但高層經理人可以用股票折抵。舉例來說，狄士尼的執行總裁Michael Eisner，其200萬美元以上的年收入，多半來自因公司獲利所發放的股權之現金價值。

利潤分享—— 一項以公式爲基礎的團體鼓勵方案—— 無疑地是近年來最受矚目的彈性薪資制計畫，發放的總金額決定於單位時間內團體生產力的提高，生產力所獲利潤的拆帳比例不一，但以公司—— 雇員對半拆帳的方式最爲常見。

利潤分享聽來和利益分享方案非常類似，但不同之處在於前者以生產力所獲的利潤爲基礎，可視爲對員工增加生產力之行爲的直接獎賞，不像利益分享方案的公司盈利仍受外在因素影響。在實行利潤分享的組織中，即使公司獲利不佳，員工仍可獲得鼓勵性的報酬。

彈性薪資制可行嗎？眞的能提高工作動機與生產力嗎？上述問題的答案都非常肯定。舉例來說，利潤分享在多數情況下都能有效提升生產力，而且對員工態度有極正面的影響。美國管理協會（American Management Association）曾以83家採行利潤分享制的公司爲研究對象，最後調查報告指出，平均來說，投訴率降低83％，曠職率降低84％，而因疏忽而導致的意外率則降低了69％。[23]

彈性薪資制與期望理論

彈性薪資制本身非常符合期望理論的預測——如果希望達到最大激勵效果，個人應要能強烈知覺到績效與獎賞間的直接關係。若獎賞全來自於年資、頭銜等非績效性的因素，員工的努力就會減少。

證據也支持績效與獎賞間直接關係的重要性，論件計酬的生產線員工尤然。有項以400家製造商爲對象的研究指出，採行彈性薪資方案的廠商，比起未採行任何這類方案的廠商，其生產力高了43％到64％。[24]

團體與全組織性的獎勵方案鼓勵員工將個人目標昇華至部門

與組織的最高利益，以團體爲基礎的績效獎勵方案，對正試圖建立強力團隊倫理的組織來說，也是水到渠成的一種作法，將獎賞與團隊績效鍵結在一起，能鼓勵員工爲團隊成功盡更多心力。

彈性薪資制的實務應用

彈性薪資制的概念已有火速取代年度調薪的趨勢，理由之一，是前面提到的激勵效果，但另一個不可忽略的重要理由是組織的成本考量。紅利、利潤分享、與其他的彈性薪資制都使企業免於永久性的固定人事支出。

績效薪酬制（pay-for-performance）已用在經理人身上超過十載，現今的最新趨勢是將績效薪酬制向下推廣到非管理階層。Hughes Electronics、IBM、Wal-Mart、必勝客、John Deere只是將績效薪酬制應用在基層員工上的衆多公司之數例。[25]1995年，全美將近50%的公司對非主管級的員工實行彈性薪資制，這個比例是四年前的兩倍，還有26%的公司正考慮採用這類方案。[26]

分紅性質的彈性薪資制在加拿大也日漸風行，[27]1992年的典型資深主管可以拿到約當薪水9.7%的分紅，但分紅的比例到1997年已調整爲18.5%，是當年的兩倍。同一段時間內，領時薪的員工感受到更大的紅利調整幅度，他們的紅利比例從原本只爲底薪的1.1%，調漲爲5.8%。現在約有35%的加拿大公司內部全體實行彈性薪資式的鼓勵方案。

利潤分享制的風行似乎只限於有完善工會組織的大型製造商，[28]包括：Bell and Howell、American Safety Razor、Champion Spark Plug、Cincinnati Milacron、Eaton、Firestone Tire、Hook Chemical與Mead Paper等，約有2,000家公司採用。

技能本位薪資方案

　　組織雇用擁有專業技能的人士，然後為他們安排職位，並依職位頭銜或位階論薪，這種作法的結果是：總部的業務經理可享150,000美元的年薪，區域業務經理的年薪也有90,000美金，而地區業務經理的年薪最低，只有70,000美元。既然組織是因為個人能力才雇用員工，何不索性都以能力作為計薪標準？有些組織的確採用這種作法。

何謂技能本位薪資方案？

　　技能本位薪制是傳統以職位論薪的另外一種新的選擇，與其讓頭銜決定薪資高低，技能本位薪制（或稱能力本位薪制，competency-based pay）以員工的技能或能勝任的工作項目多寡來設定薪資水準，[29]舉例來說，American Steel and Wire的員工若身具十項技能，則年薪可達12,480美元；Frito-Lay則視經理人具備的領導、團體程序促進、溝通等技巧，與經理人在這方面的進展，來決定經理人的酬勞。

　　技能本位薪資方案的靈活度，是管理階層眼中最吸引人的優點。員工若能兼具多項技能，工作任務的指派就越容易，這在許多組織大幅裁員的今日更為重要，裁員帶來對通才而非專才的需求，而技能本位薪資方案鼓勵員工學習多項技能，同時還有其他好處：由於每個人都對其他人的工作性質有所瞭解，因此可促進組織內部的溝通，並得免某些人士「據地為王」的不良效應，在實行技能本位薪制的組織中，「這又不是我的事」之類的推諉之詞出現機率也因此大減；技能本位薪制也能滿足企圖心強烈，但升遷機會不多之員工的需求，毋須在職位頭銜上大作文章，就能增加薪資與專業知識；最後，技能本位薪制似乎也能提高績效，對名列《財富》（*Fortune*）前千大企業的調查結果指出，採行技能本位薪制的公司中高達60%因此薪制而「成功」或「非常成功」地提升組織績效，只有6%的公司認為技能本位薪制無益於組織績效提升。[30]

員工的「到頂效應」是技能本位薪制可能引發的負面效應之一，對已全數學會組織要求之技能的員工來說，工作環境在學習、成長、加薪上不再具有挑戰性的確會令人沮喪，而學到的技能也有過時的可能。最後一點，由於技能本位薪制並不重視績效，只看員工是否具備某項技能，但由於某些技能（如品質檢驗或團隊領導）的績效不易定義，雖然公司也可就此設計一套技能評估制度，並將評估制度與技能本位方案結合，但這種作法並不是技能本位薪制的原意。

技能本位薪制與激勵理論

技能本位薪制是符合多項激勵理論原則的薪資方案，技能本位薪制在鼓勵員工學習、提升技能與成長方面，非常符合Maslow的需求層級理論，對基本需求已大致獲得滿足的員工來說，體驗成長的機會是相當好的激勵物。

付錢請員工提升技能水準這種作法，也符合成就需求方面的專家研究結果。高成就取向者天性中有凡事求好的強大驅力，藉由學習新知或在已有技能更上層樓，能使這些高成就取向者感受到工作本身的挑戰性。

技能本位薪制也與增強理論有關，技能本位薪制以薪資鼓勵員工發展靈活度、繼續學習、跨界發展、培養通才、與組織中他人合作共事的作法，純以管理階層就是希望員工表現這類行為的角度而論，技能本位薪制是很好的增強物。

技能本位薪制也暗合著公平理論，當員工相互比較其「付出──酬賞」時，技能比起學歷或年資，的確是更公平的薪資決定標準。在員工視技能爲工作績效之重要變項的情形下，技能本位的使用能提高公平感，並且適度地提高工作動機。

技能本位薪制的實務應用

許多研究針對技能本位薪制的使用與有效性進行探討，這些研究結果大致的結論是：技能本位薪制的使用範圍正日漸擴大，而且能帶來員工較高的績效與工作滿足。舉例來說，在1987到1993年間，《財富》雜誌前千大企業中，採用某種形式的技能本位薪制的比例由原本的40％升高至60％。[31]另一項調查報告，以27家付費請員工學習額外技能的公司爲對象，調查結果指出有70％到88％的公司分別認爲工作滿足、產品品質或產量得到提升，另外有70％到75％的公司則分別提報營運成本或流動率的降低。[32]

技能本位薪制似乎是個契合時代潮流的概念，某位專家指出：「雖然速度並不快，但社會的確正朝技能本位的方向轉型中，個人的市場價值將與個人能力及技能緊密相繫，在這個獨尊技能與知識的新世界裡，個人不該再被視爲職位的持有者，應以技能的擁有者視之，並依技能奉酬。」[33]

對經理人的啓示

組織引入為提升工作動機、生產力、工作滿足而設計的各種計畫,最重要的是,這些計畫都符合基本激勵理論的原理。

對教授學者只注重理論建立的批評並不罕見,學生與實務界人士都能指出這些理論不切實際、無法解決現實生活中的問題等缺失,本章的內容正是對這些批評的有力辯駁,而且提出範例,說明全球各地數以萬計的組織與經理人如何運用激勵理論來設計切實的鼓勵性計畫。

本章所討論的六種激勵計畫不可能在每個組織都能適用無誤,或符合所有經理人的需求。但對這些計畫的深入瞭解,能幫助經理人設計能提升生產力與工作滿足的內部制度。

第**6**章

$\bullet$

個體決策

本章重點

理性決策模式

激發個人創意

有限理性決策者

決策捷徑

積重難返

四種決策風格

道德發展階段對決策的影響

組織中的個體也會作決策。以高層管理者為例，他們決定了組織的目標、組織的產品或服務的項目、組織公司總部的最佳方式，或是新廠的設置地點。中層與基層管理者所決定的是生產步驟、甄選新員工、決定調薪的分配。不過作決策不是管理者的特權。非管理職務的員工也可以作出影響本身工作及組織的決策。這類決策比較明顯的例子包括某一天是否要上班、工作要多努力，以及是否要遵從上司的要求等等。

　　所以每個組織的每位員工都免不了要作決策（decision making）；也就是說，他們由兩個或更多的選項中做選擇。毫無疑問的，這類決策很多都是反射式的，很少經過深思熟慮。上司要求你在下班之前把報告寫好，而你覺得這個要求是合理的，所以便遵從上司的要求。在這種情況下，雖然沒有太多的思考，也作成了決策。但是當個體面臨新的或重要的決定時，便會詳細地加以推敲。這時必須發展出可行方案、評估損益。結果便是個體所作的決策將影響他在工作上的行為表現。

　　本章將著重討論瞭解決策過程的兩種不同取向：首先是理論上決策該如何；接著我們將討論真實世界中組織內常見的決策實例。最後再以幫助經理人增進決策效率的建議作結。

理想中的決策方式

　　理性決策過程（rational decision-making process），是個人在為達最大利益的前提下，應有的行為方式。

理性決策過程

　　最佳化的決策者應該保持理性，也就是決策者在條件限制下，能作出前後一致、價值最高的選擇，並且依循六階段、內含特定假設的模式。

理性模式

　　理性決策模式的六階段，如表6-1所示，[1]階段一是定義問題。現況與目標狀況間有所落差時才會有問題。例如某人在計算開銷後，發現每月開支比預算中規劃的高出50美元，他就已將問題定義出來了。許多不良決策都可溯源至最初決策者高估問題或對問題的定義有誤。

表 6-1
....

理性決策模式的六階段

1.定義問題 2.辨識決策準則 3.權衡準則加重計分 4.發展選項 5.評估每項準則的選項 6.推斷最佳決策

　　一旦決策者將問題定義完畢，接下來要作的就是辨識出對問題解決有重要性的決策準則。決策者在這個階段要做的就是，決定什麼與決策相關，包括決策者的利益、價值觀、個人偏好都會涉入這個過程。辨識準則之所以重要是因為，每個人認為相關的

標準都不相同，另外要謹記在心的一點是：任何在此階段未被辨識出的因子，就是決策者認爲不相干的因子。

通常被辨識出的準則不會同等重要，因此第三階段要求決策者權衡準則，給予不同的加重計分，定出決策的優先順序。

第四階段要求決策者，發展可以成功解決問題的可能選項，在這個階段，只要列出選項清單，不須評量其優劣。

一旦選項皆明列在清單中，決策者便應嚴謹地分析並評估每一方案，這就是第五階段——評估每項準則的選項。每個選項的優缺點，會經階段二、三定出的決策準則與加重計分的進一步計算。

模式的最後階段就是推斷最佳決策，將前述的選項以之前建立的準則加重計分予以評估計分，選取總得分最高的選項。

理性決策模式的基本假設

前述的理性決策模式包含幾個基本假設，以下是假設簡要：

1.問題明確——問題清晰不含糊，並假設決策者擁有與決策情境相關的所有資訊。
2.所有選擇均爲已知——假設決策者可以辨識出所有相關的準備，並且能列出所有選項，此外，決策者也知道每項決策方案可能導致的後果。
3.偏好清楚且明確——理性的必然假設是，所有準則與選項都能按重要性排名並給予加重計分。
4.偏好本身非常穩定——每項決策準則都固定不變，給予各準則的加重計分也不會改變。
5.沒有時間或成本的限制——由於這項假設，理性的決策者擁有準則與選項的全部資訊。
6.收益最大化——理性決策者會選擇能產生最大價值的選

項。

增進決策創意

　　理性決策者也需要創意，也就是以獨特、不尋常方式在觀念間建立連結的能力。為什麼呢？因為的創意能使決策者能更全然地評估與瞭解問題本身，包括能看到別人看不到的問題。然而，創意最明顯的價值即在於協助決策者辨識出所有可行的選項。

創意潛能

　　多數人都擁有尚未開發的創意潛能，一旦遭遇決策性問題時就能派上用場。但為開發潛能，人們必須有能力突破心理慣性，並學習以另類方式來思考問題。

　　我們先從最簡單的開始好了，每個人天生具備的創意各異，愛因斯坦、愛迪生、畢卡索、莫札特都具有卓越的創意，當然，這種卓越創意往往極為罕見。曾有一項研究，以461名男女一生的創意為主題，研究結果指出擁有「卓越創意」的人不到1％，10％的人可被歸類為具有「高度創意」，[2]而大約60％的人「稍具創意」。這項研究結果指出，我們當中的多數人都擁有創意潛能，所要做的就是，學習如何釋放這項潛能。

激發個人創意的方法

　　有時候，最簡單反而最有效，這句話套用在激發創意上特別合適。證據顯示，光是指示某人要有創意且該避免過度老套的問題解法，就足以催生獨特的觀點。[3]這種直接指示法（direct instruction method）的基礎在於：人們都有接受現成問題解決方法的傾向，而這種傾向會阻礙人們能力的完全發揮，因此需要有對獨特與創意方案的提醒，鼓勵人們追求這類觀念；而個人對追尋創意的自我提醒，也能增加獨特方案的出現頻率。

　　另一種技巧是屬性列表（attribute listing），[4]決策者先將傳統方案的主要特色先挑出來，並重新思考每項傳統方案的主要特色，以想得到的各種方式改造它。無論想法多荒謬奇特，都不需要排斥。一旦列表完成後，再把問題本身的限制條件提出來比對過濾，留下可行的選項。

　　創意也可以藉由練習水平式思考（zig-zag or lateral thinking）來激發，以取代傳統按部就班式的直線思考（vertical thinking）。[5]直線思考通常被視為理性思考的一種，因為每個步驟都要求正確性，而且只處理相關事物。但在水平式思考中，個人著重的是思考的側邊方向：不是順著模式去發展，而是去重組模式，過程並不是連續性的。舉例來說，你可以從問題的末端開始著手，逆向推導出各種初始狀態，而不用每次都從起點開始解題。水平式思考不需要每個步驟都正確無誤，事實上，在某些情況下還必得先闖過錯誤區域，才能抵達能看清正確路徑的位置。最後，水平式思考不需要只被限制在相關資訊上，大可從容運用不相干資訊來帶出面對問題的另類角度。

組織內的決策實務

　　組織內的決策者是理性的嗎？他們真的會小心翼翼地評估問題、辨識出所有相關準則、運用創意以找出所有可行方案、並不辭辛勞地評比所有選項以找出最佳選擇嗎？在某些情境下的確如此，例如問題本身非常簡單、選項不多，而且搜尋並評比選項的成本極低時，理性模式的確提供了對決策過程的精確描述。但這種情境本身才是例外，真實世界中的大部分決策都不會依循理性模式。舉例來說，一般人往往要找的只是可接受或合理的解決法，並非尋求最佳解決方案；其次，決策者也很少真正發揮創意，選項往往就是與問題症狀切身相關，或與現有方案類似的那幾個。一位研究決策的專家最近結論道：「多數有意義的決策都依賴判斷力，而非某個規定的妥當無比的模式。[6]」以下的章節將以實證說明，組織內部多數決策過程的詳情。

有限理性

　　在選填大學志願時，你會一一評估可行選項嗎？你會小心翼翼地辨識所有重要的準則嗎？你會把所有選項按準則加以排序，以找出最適合自己的學校嗎？我認為上述問題的答案都是否定的，但不用擔心，幾乎沒有人會用這種方法來選校的，一般人通常都以「夠好」來取代「最好」。

　　面對複雜問題之時，多數人會將問題簡化到便於理解的程度，人類的資訊處理資源有限，因此不可能全盤融會貫通為達最佳化所需的所有資訊。因此人們轉而追求「夠好」，尋求滿意度夠高的解決方案就好。

　　由於人類心智規劃與解決問題的能力，與全然理性還有一段不小的差距，因此個人事實上是在「有限理性」的範圍內運作的──萃取問題重點，建構簡化模式，而不處理問題的複雜性；[7]在這個簡單模式的地盤中，人類的確可以理性行事。

　　有限理性（bounded rationality）如何在一般人身上運作？一旦問題被定義出來，對準則與選項的搜尋也隨之開始。但通常搜尋出的準則清單離鉅細靡遺還遠的很，決策者只能辨識出幾個準則，而且通常就是最現成、明顯的那幾個，多數情況下，這些現成準則就是經驗法則的產物。一旦有限的選項清單也列出來了，決策者就開始回顧這些選項，但回顧的過程不可能面面俱到，不可能每個選項都被仔細評估，最常見的作法是，決策者會先檢視與現狀差距較少的選項，並以他們最熟悉的方式繼續檢驗，直至他們發現一個「夠好」——導致的績效可以接受——的方案爲止，通常這也就是搜尋的終點。因此最後的解決方案的產生往往基於滿意，而非最佳考量。

有限理性的一個有趣現象是，選項進入考慮過程的先後順序通常會決定哪一選項會雀屏中選。記得在全然理性的最佳化模式中，所有選項會依偏好層級列出先後，由於所有選項都被納入考慮，因此他們的評估順序就無關緊要，每個可能方案都會得到全面完整的評估。但有限理性的情況並非如此，如果問題有一個以上的可能解決方案的話，令人滿意的選項通常是決策者看到的第一個可接受的方案。決策者使用的簡化模式有其限制，因此通常會以現成、熟悉度高、與現況相差不遠的選項爲始，與現況距離最近、且符合準則的選項就會獲選爲新的解決方案，因此獨樹一格、有創意的解決方案雖然可能是最佳選項，但由於距離現況過遠，在其他距離較近的方案排擠之下，通常不會入選。

直覺

「有時候就是要憑感覺作決策」，一位經理人在兩名合格應徵者中擇其一後，如是解釋。經理人不能信賴「感覺」嗎？這是否意味他不夠格當經理人？憑「感覺」的決策品質一定較差嗎？上述問題的答案都是否定的。經理人運用直覺的情況很常見，通常也能有效增進決策品質。[8]

直覺式決策（intuitive decision making）是經驗精華在無意識中的運作過程，直覺式決策不需排除理性分析，事實上，這兩者往往有相輔相成之功。[9]對下棋的研究就是說明直覺運作的好例子，先給新手和老將看一個不熟悉、約有25枚棋子在棋盤上的眞正棋局，五至十秒後撤掉棋局，要求雙方憑記憶重建棋局位置。平均說來，老將通常能將23至24枚棋子放回原先的位置，而新手只能找到6枚棋子的正確位置。接著改變遊戲規則，將棋子隨機排列在棋盤上，這回新手的成績還是6枚，但老將的成績竟然也是6枚！這表示老將的記憶力並不比新手強，所憑藉的只是在成千上萬的棋戰經驗後，累積出的辨認棋局能力。進一步的研究更指出，真正的專家可以同時下50盤棋以上，通常每次決策的時間只有幾秒，技術上則只比允許長考的棋賽稍微遜色一些。經驗使專家能辨認情境，並以與該情境對應的已知資訊迅速決策。直覺式決策者能在外界資訊有限的情形下，快速地作出決策。

辨識問題

　　問題不會以搶眼的霓虹燈管彰顯本身，而某個人覺得是問題的情況，可能另一人會覺得是可接受的現況。那麼，決策者究竟是如何辨識並過濾問題的呢？

　　看得到的問題，通常比重要的問題更有可能被過濾出來解決。[10]為什麼呢？至少有兩個理由：一、看得到的問題比較容易辨識，也比較能抓住決策者的注意力，這就是為什麼政客比較愛談犯罪問題，而不是文盲問題的原因；二、記得，我們關心的主題是組織內的決策過程，決策者通常想要表現出有能力、對問題全盤掌握的樣子，這種欲望激勵他們將焦點集中在其他人舉目可見的問題之上。

　　同時也不要忽略決策者的個人利益因素，如果決策者在過濾對組織或對決策者有重要性的問題上有衝突的話，最後勝出的往往是個人利益，[11]這個傾向也能解釋問題的可見性，對準已案牘高積的問題，往往最符合決策者的個人利益，這種作法不啻在對大眾宣告，一切已在掌控之下。此外，日後回顧決策者的功績之時，評論者多半會給予曾將矛頭對準明顯問題的決策者較高評價，而動作不那麼明顯的決策者會比較吃虧。

發展選項

既然決策者很少真正尋求最佳方案，只是以滿意的選項取而代之的話，想必也不會在選項的發展上運用什麼創意，這往往就是事實的真相。

決策者會想法子使搜尋過程儘量簡單，最好就在現有方案附近找找就好。只有在這種簡單過程無法找到令人滿意的選項時，才會進入發展創新選項等複雜性較高的搜尋過程。

證據指出，決策是一種視需要漸增，而非立即進入全盤考量的過程。也就是說，很少有決策者會去規劃創新的問題定義與選項，也很少有人會貿然進入不熟悉的領域。[12]決策者會避開考量所有重要因素、權衡全盤得失、計算各選項價值等艱鉅工作，而以有限度的漸進比較取而代之，這種只先比較與現行方案相近選項的作法能簡化決策選項，也使決策者不需一一檢閱所有可能選項及其後果，只要思考現有選項之各層面衝擊和與現狀之差異即可。

上面的敘述勾勒出，一個向目標碎步前進的決策者身影。決策的本質本來就不可能全面，也就是說，由於決策無法蓋棺論定，而必須不斷地在有限選項間輪番更替，這就是決策者以漸進方式前進的原因。

做出選擇

為免資訊超載，決策者依賴啓發法（heuristics）── 一種判斷捷徑──來下決策。[13]啓發法大致可以分為兩大類：可得性（availability）與代表性（representative），而且都會造成判斷的偏差，另一個決策者常出現的偏差則是，積重難返（escalation of commitment）的傾向。

可得性啓發法

很多人對搭飛機的恐懼遠超過駕駛車輛的恐懼，因爲他們認爲飛機的危險性較高，但事實並非如此，雖然我無法引用適合的圖表資料來證實，但如果搭乘客機的出事機率像開車那麼高的話，那麼每週將有兩架載滿乘客的747墜毀，機上人員全部傷亡。大衆之所以會高估飛機意外，而低估車禍可能性，是因爲媒體對墜機事故的注意力遠高過對車禍的注意力所致。

上例就是「可得性啓發法」（availability heuristic）的極佳實例，說明一般人的判斷常取決於容易取得之資訊的思考傾向。能引發情緒、特別栩栩如生、最近才發生的事件，都是記憶中較容易取得的資訊，因此，我們會去高估墜機等其實相當罕見之事件的機率。我們也可以用可得性啓發法，來解釋爲什麼經理人在打年度考績的時候，會較看重員工近來行爲，而非半年或九個月前的。

代表性啓發法

美國每年有成千上萬的非裔美籍少年想要一圓進NBA的籃球夢，但在現實生活中，他們成爲醫生的機率遠高過進NBA打球的可能，這些孩子就是受了代表性啓發法（representative heuristic）的誤導，傾向於以既有類型來判斷某事發生的機率：隔壁老哥十年前被球探發掘去打職業籃球；電視轉播的NBA球賽，裡頭也不乏和他們一模一樣的非裔球員。一般人也常陷入這種陷阱，舉例來說，經理人會以過去產品的成功與否，來預測新產品的表現；也可能在連續僱用三名表現欠佳的某大學畢業生後，便決定只要是該大學的畢業生一律不得錄用。

積重難返

積重難返（escalation of commitment）是另一個會逐漸侵蝕決策的偏差—— 也就是所有決策方向都相同。[14]無視於負面資訊的決策者，仍執意加強之前決策的方向。舉例來說，我的某位朋友已與一位女士固定約會長達四年之久，雖然他也坦言兩人關係並不順暢，但他仍決定要娶這名女士。在驚訝之餘，我問他原因。他的回答是：「我在這個關係中投資了不少！」另一位朋友，也是用類似理由來解釋爲何她明明不喜歡教書，也不想往教育方面發展，卻仍非拿個教育學博士不可。她之前對我說，她希望能成爲程式設計師，但隨即以標準的積重難返式說辭將我一軍：「我已經拿了一個教育學碩士，不讀可惜；何況，我如果想拿程式設計方面的學位的話，還得補修不少學分。」

關於個人由於自認必須爲先前的失敗負責，而在同樣的挫敗道路上積重難返的例子實在不少。爲了避免必須認錯，一般人會在下錯注後，以更大的賭注來宣示他們最初決定的正確性。積重難返的現象也符合一般人力求言行一致的傾向，堅持最初的行爲，就是一種一致性的表現。

管理方面的決策也常見積重難返的現象，許多組織的損失是由於經理人爲證實自己最初決策的正確性而繼續浪擲資源所致。此外，由於前後一致被視爲有效領導者的重要特質，因此，也會有經理人爲表現自己的領導特質，而在見風轉舵其實會更好的情形下仍執意不改。事實上，唯有能區別當下情境是否需要一致性的經理人，才是眞正優秀的經理人。

個體差異

查德和錫恩在作同樣的決策時，查德總是得花比較久的時間才能作出決策的話，這只是因爲查德的資訊處理速度較慢，這並不意味查德的決策品質會比較好；每當決策內有風險因素時，錫恩總是比查德更偏好高風險的選項。這正說明了，我們每個人都帶著個別的人格與其他個體差異，踏入決策之路。有兩項個體差異與組織內的決策特別相關——決策風格（decision-making styles）與道德發展層次（level of moral development）。

決策風格

決策風格模式辨識出四種不同的個人決策取向，[15]這個模式最初是為經理人而設計的，但其基本架構可以套用在任何一位需要作決策的個人身上。

這個模式以一般人的兩大基本差異為基礎：一是思考方式，有些人邏輯非常強，非常理性，分析解讀資訊的能力極佳，相對地，有些人的長處在於直覺與創意，全觀的能力較強，切記，這些差異都是建構於之前討論過的其他普遍性的人類特質之上（例如有限理性）；第二項差異是，個人對不明確的容忍度，有些人需要結構非常明確的資訊，使模稜兩可的情況減至最低，而有些人則能同時處理數種想法。這兩大差異的排列組合，可衍生如圖6-1所示的四種決策風格：指揮型、分析型、理念型、行動型（directive, analytical, conceptual, and behavioral）。

「指揮型的決策者」強調理性，對不明確性的容忍度低。他們非常有效率、合乎邏輯。但他們對效率的追求，使其決策往往只考量少數選項提供的有限資訊。指揮型的決策者作決定的速度很快，通常著重在近程目標。

分析型的人比指揮型對不明確性的容忍度高，他們也比指揮型的人在作決策時需要更多資訊、考量更多選項，分析型的經理人多半是能因應新情境且小心翼翼的決策者。

「理念型的決策者」視野非常寬廣，而且會在決策之前考慮大

圖 6-1

決策風格模式

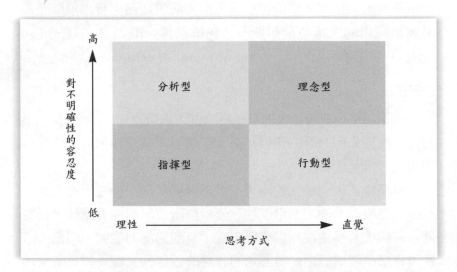

資料來源：《管理決策》A. J. Rowe and J. D. Boulgarides, *Managerial Decision Making* (Upper Saddle River, NJ: Prentice Hall, 1992), p.29.

量選項，他們著重長程規劃，善於發掘有創意的問題解決方案。

「行動型的決策者」善於與人共事，關切同事與部屬的成就，希望從他人獲取建言，並仰賴會議為溝通管道。行動型的經理人會盡量避免衝突，希望尋求多數人的接受。

雖然有四種類型，但多數經理人可能介於這些類型之間，比較好的分類法是將某型視為經理人的主要類型，而以另一型為輔型。有些經理人幾乎只表現主要類型，而靈活度較高的經理人則視情境而為之。

修習商業的學生、低階經理人、高層主管在分析型上的得分往往較高，這個現象並不足為奇，因為教育，特別是商業教育，強調的就是理性思考，包括會計、統計、財務等課程都非常強調理性分析的重要性。

除了可作為辨識個體差異之用，對決策風格的強調，也能使你瞭解為何兩個聰明才智相近、接觸資訊相同的人士，會有風格迥異的決策取向與決策結果。

道德發展層次

道德發展之所以相關，是因為許多決策同時附帶道德兩難，對這個概念的理解，能讓你看出一般人在決策中所預設的道德標準差異。

一項實證性的研究證實了道德發展有三大層次，每層次可劃分為兩階段[16]（如圖6-2所示），道德發展階段越高，個人的道德判斷就越不受外界影響。

第一個層次是前常規層次（preconventional），在這個層次上，是非觀念取決於個人切身相關事項，例如體罰、獎賞、利益交換。常規層次（conventional）的特色則是，道德價值必須符合他人期望，並為維繫社會常規秩序而存。進入操守層次（principled）後，個人對道德操守已有自己的定義，不受所屬團體或社會權威的影響。

對道德發展階段的研究，導出以下結論[17]：第一，這六個階段是循序漸進的，就像爬樓梯一樣，必須一步一步向上前進；第二，個人不見得會繼續發展，可能在任一階段，發展就停滯不前了；第三，多數成年人的道德發展處於階段四，仍為必須服從社會法律與規則的想法所限；第四，經理人的道德發展階段越高，越會考慮決策的道德性。舉例來說，處於階段三的經理人可能會因為希望成為「良好企業公民」，在作決策時一切以組織規則與程序馬首是瞻；而已達階段五的經理人，在組織作為與自身信念相違時，多半會挑戰此舉的合宜性。

圖 6-2

道德發展階段

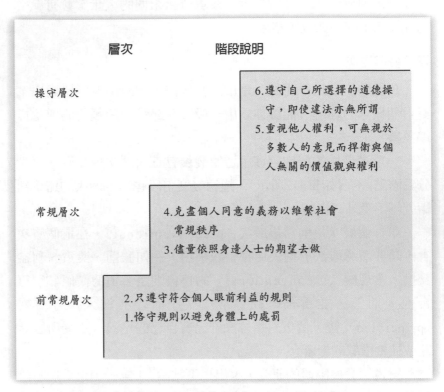

層次	階段說明
操守層次	6.遵守自己所選擇的道德操守，即使違法亦無所謂 5.重視他人權利，可無視於多數人的意見而捍衛與個人無關的價值觀與權利
常規層次	4.克盡個人同意的義務以維繫社會常規秩序 3.儘量依照身邊人士的期望去做
前常規層次	2.只遵守符合個人眼前利益的規則 1.恪守規則以避免身體上的處罰

修訂自《道德階段與道德化：認知發展取向》L. Kohlberg, "Moral Stages and Moralization: The Cognitive-Developmental Approach," pp. 34-35 in *Moral Development and Behavior: Theory, Research, and Social Issues,* ed. T. Lickona (New York: Holt, Rinehart & Winston, 1976).

組織內的限制因素

　　組織本身會限制決策者，舉例來說，經理人的決策方式反映出組織的績效考核、酬償制度，與組織的時間限制，組織過去的決策也常是當下決策的阻礙。

績效考核

　　組織的績效考核標準會嚴重影響經理人的決策方式,如果部門經理在風聞轄內某廠的負面資訊後,還認為這個廠的績效最佳的話,那麼,廠區經理在阻擋負面傳言上一定下了不少苦功。同樣地,如果某位大學系主任認為課堂的不及格率應低於10%,高於這個數字就意味教學能力不佳的話,我們也可以想見,新來的教授為保護自己,會決定不要當掉太多學生。

酬償制度

　　組織的酬償制度會以個人薪資為影響決策者決定的手段,舉例來說,如果組織獎勵規避風險的作風,經理人的決策也會傾向保守。從1930年代到1980年代中期,通用汽車以升遷與紅利來獎勵能放下身段、爭議性少、善於團隊合作的經理人,結果使通用汽車的經理人習於遇事推托,而且總把稍具爭議性的決策交由委員會處理。

時間限制

　　組織內的決策一般都有期限,舉例來說,部門預算必須下週五前完成,或下個月一日前,新產品的研發報告必須呈交主管會議過目。為保競爭實力與客戶滿意度,許多決策都必須能快速裁決。幾乎所有的重要決策本身都有明確的期限,這些條件將時間壓力加諸決策者身上,也使決策者很難蒐集決策所需的全部資訊。理性決策模式就是忽略了這個事實——組織中的決策往往有時間限制。

前朝舊例

　　理性決策的模式就像是不切實際、舉世隔離的象牙塔,將決策視為獨立、與外界隔絕的事件。但真實世界並非如此!決策無法在眞空狀態中完成，而是有來龍去脈的，事實上，若要精確定義的話，個體決策應被視爲某種決策潮流中的一點。

　　過去的決策就像總是揮之不去的鬼魂，之前的投資與努力會限制當下的選擇，舉個社會上的例子來說好了，已婚者在遇見理想的他（她）後，所要作的決策一定遠比單身者複雜得多，之前的投資——在本例中，就是已婚的身分——限制了選擇範圍；而在商業世界中，伊士曼柯達就是一個必須帶著過去錯誤，想法子繼續存活的例子，[18]在1970年代初期，柯達的管理階層預言溴化銀照相術即將被電子照相術等技術取代，被自己的預言嚇壞了的管理階層，由於無力冷靜思考，而使今日柯達面臨的所有問題，都可追溯至當初已作或該做而未做的決策；政府的預算編列也是一個說明這項原則的例子，一般人都知道，前一年的預算額度是政府本年度預算編列的最大影響因素。[19]因此，今日的決策往往是過去多年決策累積的結果。

文化差異

　　理性決策模式也未將文化差異納入考量，但在眞實世界中，阿拉伯人的決策方式不見得會和加拿大人相同。文化背景會影響決策者對問題的篩選、分析的深度、對理性與邏輯的重視程度、也會影響組織決策的制定方式，是由經理人獨斷，還是會匯集團體的意見，因此，我們應當正視文化背景的影響。[20]

　　文化本身在時間觀念、對理性的重視程度、對人們解決問題能力的信念、與是否偏好群策群力的決策方式上，都有差異。時間觀念的差異，可以幫助我們瞭解爲何埃及的經理人在決策時，遠比他的美國同行來得步調緩且從容不迫；北美的經理人可能在重要決策上仰賴直覺，但由於理性在西方世界被賦予極高價值，所以經理人會刻意將決策過程包裝成理性的方式，但若到伊朗等不那麼強調理性的國家去的話，就不需要刻意作出理性表現；有些文化強調有問題就得解決的人定勝天觀念（如美國），而有些文化則重視如何接受現有情況（如印尼、泰國），由於重視問題解決的美國經理人普遍相信他們能夠也應該將情境改變至符合自身利益，因此他們會比泰國或印尼的經理人更早看到問題，或把問題看得更重；由於日本人重視服從與合作的價值，因此日本經理人在決策上比美國經理人更重視團體取向，日本企業的總裁在作重要決策前，會先搜集大量資訊，然後據以達成共識，作出團體決策。

決策的道德問題

決策過程中，道德考量絕不可少。在之前的討論中，我們已提及道德發展的個人差異，在這裡就以個人架構決策的三種方式與這些方式對經理人的啟示作為本章結論。

個人在道德決策上可採用二大不同準則，[21]第一是功利主義準則（utilitarian criterion），也就是只根據結果來制定決策，功利主義的目標在於提供最多數人最大利益，商業方面的決策向來受功利主義甚深影響，對效率、生產力與高利潤的追求，都與功利主義的目標相吻合。舉例來說，為使利益最大化，在資遣15%員工的同時，企業主管仍可振振有詞辯駁道，這是為追求最多數人最大利益的不得已考量。

第二個道德準則是對權利（rights）的重視，源自人權法案等歷史性文件對人民基本權利的登高一呼，也深深影響個人在決策時，要尊重並保護諸如隱私權、言論自由等個人的基本權利，舉例來說，在言論自由的前提下，向媒體或政府舉報組織不法行為的個人應當受到保護。

第三個道德準則是對公義（justice）的重視，這使個人在制定規則時應保持不偏不倚的態度，使成本與利益能得到公平的分配，這種觀點最為工會成員所擁護，在公義準則之下，同工應該同酬，即使績效有別時亦然，而年資應為資遣員工決策的重要決定因素。

這三大準則各有利弊，功利主義的觀點可提升效率與生產力，但也會導致對個人基本人權的忽視，特別是組織內的少數族群；而重視權利的觀點，能保護個人免於傷害，並保障個人的自由與隱私，但過度強調權利的環境往往會阻礙生產力與效率；對公正的重視，可以保障無權弱勢族群的利益，但津貼與補助可能會降低冒險、創新與生產的能力。

對決策者——尤其是身在營利性質組織的決策者來說，功利主義的思考方式會較有安全感，在以組織與股東利益為依歸的名目下，可使許多值得質疑的行動看來合情合理，但對商業決策者的批評者則主張，這種觀點應該有所改變。社會大眾對個人權利與社會公義的日漸關切，暗示著經理人應該重新以非功利性的觀點，重建道德標準。這對今日的經理人來說，是貨真價實的挑戰，因為以人權與公義為基礎的決策準則，遠比功利主義的準則有更大的灰色地帶，而且也會影響效率與獲利。這就是為什麼現在有越來越多經理人發現自己會因調漲售價、販賣對消費者健康有不明影響的產品、關閉工廠、大量裁員、將生產線移往海外以降低成本等過去在功利主義的保護傘下能合理化的行動遭受批評，這也許就是因為功利主義已不再是決策唯一準則的緣故吧！

對經理人的啟示

　　每個人都會在行動前思考，以找出行動的理由，因此，對人類決策方式的理解，可以幫助我們更有能力解釋、預測別人的行為。

　　在某些決策情境下，人們能依循理性決策模式的原則。但對多數情況下的多數人來說，例外的發生頻率總是比較多。幾乎沒有什麼重要決策夠簡單、夠明確而能直接套用理性決策模式的基本假設，因此每個人都只追尋能令他們滿意的解決方案，而非追尋最佳方案，也在決策過程中滲入偏差與偏見，並傾聽直覺的聲音。

　　既然這就是組織內決策制定的真實情形，經理人該如何增進決策品質呢？我們提供五大建議。

　　第一，分析情境。針對所處國家的文化、組織考核獎勵的準則，適當調整個人的決策風格，舉例來說，如果你所處的國家不那麼看重理性，那麼根據理性決策模式行事，或作出一副理性貌，根本就是多此一舉。同樣地，組織在風險、團體等方面的態度也會有所不同，因此組織文化也是個人在調整決策風格時，該參考的方向。

　　第二，保持對偏差的覺察力。每個人在做決策時都難免有偏差，如果個人知道偏差對個人判斷力之影響何在的話，就可以開始改變決策方式以減輕偏差所造成的影響。

　　第三，結合理性分析與直覺。這兩者絕非相互衝突的決策取向，能善用二者之長的人，能增進決策的效率，管理經驗豐富者往往能有效地以直覺來駕馭理性分析。

　　第四，不要預設自己的決策風格在每個工作上都吃得開。組織間的差異同樣存在於組織內不同工作之間，如果能視工作需求調整決策風格的話，更有助於決策者的效率與威望。舉例來說，指揮型的決策風格，在需要快速行動的工作上，與人共事的效率較高；另一方面，分析型的決策風格，較適宜擔任會計師、行銷研究員、財務分析師的管理工作。

　　第五，善用激發創意的技巧。藉由尋覓新的問題解決方案，能提升決策的整體品質。簡單如自我提醒等方式，都能有效激發創意。除此之外，屬性列表與水平式思考也是值得一試的技術。

第三篇　組織內的團體

第7章

團體行為要義

團體成員的行為遠比成員各自獨立的行為總和來得複雜，個人在團體內的行為，往往和單獨一人時明顯不同。本章將介紹團體的基本觀念，並且說明對團體的理解為何能幫助我們瞭解更大格局的組織行為現象。

團體的定義與種類

團體（group）指兩個或兩個以上的個人，彼此互相影響、互相依賴，為了完成特定的目標而結合。團體可分成正式（formal）與非正式（informal）團體兩種。正式團體是指在組織結構的界定下，有明確的工作指派之工作團體。相對之下，非正式團體則指既無正式結構，也不是由組織決定的各種聯盟。這些非正式團體，都是在工作環境中自然形成，基於社交接觸的需求而結合的。

我們也可以把團體劃分成指揮、任務、利益，以及友誼團體。指揮與任務團體受控於組織，然而利益與友誼團體則屬非正式的聯盟。

指揮團體（command group）決定於組織結構，由一群部屬和一位直屬上司組成。例如，一位國小校長和手下的十二位老師，即形成一個指揮團體；郵局的一位審核主管和手下的五位稽查員也是。

任務團體（task group）同樣決定於組織，是為了完成某項工作任務而集結在一起。不過，任務團體的成員組成，可以跨越組織結構中原有的指揮關係。例如，當某位學生犯了嚴重的校規，可以由校長、教務長、訓導長、軍訓教官及學生的導師等人形成一任務團體，來開會處置。應注意的是，所有的指揮團體都是任務團體，但任務團體卻不一定是指揮團體。

彼此均關心某特定事物的一群人，會形成利益團體（interest group）。為了更改休假時間表，或為了聲援一名被公司解僱的同事，或為爭取更好的福利，這些原因都會使一群員工結合成利益團體。

團體的形成通常起源於成員們有些共同的特性。這種結合稱為聯誼團體（friendship group）。這種聯誼多半是工作情境之外的社會性聯誼，例如，影迷聯誼、校友聯誼、愛國聯盟等。

非正式團體的形成，使員工的社交需求得以滿足。由於工作地點接近，或因工作性質使彼此常有往來，我們發現有些員工會一起去打高爾夫球，一起上下班，一起午餐。我們必須注意這些形式的互動關係，即使是非正式的關係，因為這對員工的行為與績效，有相當深遠的影響。

沒有任何一項理由本身即足以解釋為何人們需要加入團體，由於多數人都同時身屬一個以上團體，因此不同團體明顯地能提供成員不同利益，表7-1 摘錄人們加入團體的常見理由。

團體的基本概念

以下對團體基本概念的介紹，將使讀者瞭解，團體並非毫無組織的烏合之眾，而是有架構且能塑造成員行為的單位。

角色

Laura Campbell是Marks & Spencer（英國最大零售商）的

表 7-1

....

為何人們要加入團體

理由	利益
安全保障	加入團體能減輕個人「被孤立」的不安全感，身為團體成員能使人覺得較強而有力、不那麼自我懷疑、面對威脅也較有抗拒能力。
階級地位	成為別人眼中重要團體的一員，能帶來名聲與地位。
自尊	除了能彰顯成員與外圍人物的不同地位之外，團體還能讓成員感受到自我價值，會員的身分也能提昇成員的價值感。
親和需求	團體也能填補會員的社交需求，加入團體可讓個人享受定期與人互動的快樂，對很多人來說，工作上的互動是填補他們對親和需求的主要來源。
權力	個人辦不到的事，通常可藉由團體行動達成，這就是多數權力。
達成目標	有時候就是得要好幾個人才足以成事，需要匯集眾人的才能、知識、或權利來完成工作。在這種情形下，管理全賴正式團體的運作。

採購人員，她的工作使她必須身兼多重角色，也就是說必須投身於好幾種因社會位置而異的行為模式。舉例來說，Laura的角色包括了Marks & Spencer的員工、總公司採購部門的成員、成本節約小組的一員、多元化委員會的顧問；下班後，她該扮演的角色並沒有減少：妻子、母親、衛理公會教徒、勞工黨黨員、女兒學校的家長委員、聖安德魯教會的合唱團團員、舍瑞女子足球聯盟

的一員。這些角色中的多數都能相互協調，但某些角色則難免造成衝突，舉例來說，前陣子Laura有個升遷機會，但條件是得從倫敦調往曼徹斯特工作，她的丈夫與女兒都不願離開倫敦，她工作上的角色能與身為人妻、人母的角色取得平衡嗎？

我們每個人都和Laura一樣，必須身兼多重角色，行為模式也必須依角色不同而有所調整。角色的概念能幫助我們解釋，為什麼Laura在週末足球賽的行為，會與她參加成本節約小組會議時的行為不同。這都是因為，不同的團體對Laura設定的身分與期望也會有所不同。

如果每個人都只選擇一個角色來扮演，至死不渝的話，那麼角色行為的概念會相當容易理解。但不幸的是，我們每個人都必須扮演多重的角色，無論是否在工作崗位上皆然。不同的團體對個人有不同的角色要求，如果我們能知道某人正扮演的角色的話，那麼就更能瞭解個人在不同情境下的行為。

以數十年來的角色研究結果為基礎，我們可以作出以下的結論：[1]（1）人們扮演多重角色；（2）人們從身邊激發靈感的人事物──朋友、書籍、電影、電視──學到該扮演什麼角色，舉例來說，許多執業律師都以Perry Mason或《洛城法網》影集的演員為角色典範；（3）當察覺到情境的明確變化時，人們擁有迅速切換角色的能力；（4）當某個角色的要求並不適宜另一個角色時，人們會感受到角色衝突，舉例來說，越來越多的人，在試圖尋求工作與家庭角色的平衡時，同樣經歷到Laura所承受的壓力。

對經理人來說，角色的相關知識之價值何在？在與員工交涉時，先想想他們目前在團體中所認同的角色，與這角色所期望的行為模式會很有幫助。這樣的觀點也能幫助經理人更準確地預測員工行為，並指出一條處理情況的最佳方向。

規範

你是否已注意到，高爾夫球手從不在對手發球時講話，而員工也幾乎不會在公開場合發言批評上司？這就是規範（norms）的影響，規範指的是，團體成員所共有的可接受之行為的標準。[2]

所有的團體都有自己的規範，團體規範的項目從得體的服裝款式、什麼時候可以瞎摸打混、該跟哪個團體成員一起用餐、到上班與下班後的交友範圍，可以說是無所不包。然而，流傳最廣的規範——也是經理人最關切的——通常與績效表現有關。工作團體通常會提供成員包括工作努力程度、完成工作的方式、該付出多少、合適的溝通管道等明確提示。一旦得到團體的同意與接受，規範就成為能以最少外在控制而影響團體成員行為的手段，事實上，工作能力與動機俱強的員工，為了團體規範不鼓勵成員的優異表現，而只有中平表現的例子並不罕見。

規範的重點之一是，團體會施壓使成員行為與團體標準一致，如果團體中有人破壞規範，可以期望的是，其他成員將會以行動更正或甚至處罰破壞規範的人，這是直接從霍桑研究結果得出的論點。

霍桑研究

行為科學家普遍承認，直到1930年代的初期，「規範」才被認為對行為有相當重要的影響力。這歸功於哈佛心理學家Elton Mayo於1927至1932年間，[3]在西部電氣公司所從事的霍桑研究。該研究在結論中指出了四點：員工的行為與情緒有密切的關係；團體的影響力會顯著地左右員工的行為：團體的標準對於員工個人的產出有很大的影響力；及金錢對員工個人產出的影響力，比不上團體的標準、情緒及安全感。接下來讓我們簡介霍桑研究的過程，及闡述這些發現對於解釋團體行為的重要性。

霍桑研究（Hawthorne study）人員首先檢視實體環境與生產力之間的關係。照明度、室溫及其他工作條件，被選為實體環境的代表變數。結果發現其間並無相關性。

　　研究人員先在各個工作團體中，進行照明度實驗。一方面調整照明度的強度，一方面記錄員工的產出量。研究結果參差不齊，但找不出任何明確的關係式。研究人員接著改變研究方式，選定了兩個條件類似的工作團體做為控制組與實驗組：使控制組的照明度維持不變；而實驗組的照明度則會增強或減弱。再一次的結果還是使研究人員感到滿頭霧水。當實驗組的照明度增強之後，他們發現兩組的產出量均告上升。但是令人訝異的是，當實驗組的照明度減弱時，兩組的生產力還是持續上升。事實上，實驗組的生產力，只在照明度弱到一如月光時，才會有降低的現象。Mayo及其同僚於是下結論說，照明度對於生產力的影響力微乎其微，但是他們無法解釋他們所看到的情形。

　　照明度實驗之後，研究人員接著在繼電器測試部門，做另一組實驗。研究人員將一群女作業員隔離開來，以便能更詳細的觀察其工作行為。這群女作業員跟部門裏其他的作業員做同樣的工作，唯一的區別是，有一個研究助理專門觀察這一小群女作業員的所有工作行為，並做詳細的紀錄，包括她們的產出量、瑕疵率、工作條件，以及任何發生過的情形。經過二年半之後，這個作業小組的產出量和員工的士氣都有穩定的成長。病事假的數目，只達到測試部門平均值的三分之一。很顯然，這個作業小組的績效，是受到她們是一個「特殊」作業小組的影響。小組中的女作業員認為自己在實驗組是件好玩的事情，認為她們是群優秀的員工，並且管理當局也很關心她們的工作情形。

　　第三個實驗，是在電話線測試部門內進行，實驗情形跟繼電器測試部門類似，不過這次觀察的是男性作業員。此外，基於金錢可以提高生產力的假定，另外再設計一套獎金辦法。這個實驗最重要的發現是，員工並未提高個人的產出量。反而，員工的產出量變成受到團體規範的約束，此一規範訂出每個人適當的產出量。不但產出量受到限制，而且員工還有故意誤報工作產出量的情形出現。這到底是怎麼一回事呢？

經過調查之後，才知道團體之所以壓低其生產力，及平衡各人的產出量，是爲了保護團體自己。員工擔心提高產出量之後，公司會把單位工資率降低，而且因生產力提高可能造成某些人會被解僱，或產出量較少的人會被解僱。因此，團體訂出了一個適當的產出量標準——既不會太高也不至於太低。他們彼此互相幫助，以確保大家的產出量都差不多相等。

該團體所建立起來的規範，包括許多「不要……」的默契。例如，不要因貪心而使自己的產出量太多，不要因偷懶而使自己的產出量太少，以及不要成爲背叛同事的害群之馬等等。

該團體如何促使成員遵守其規範呢？使用的方法包括諷刺、責罵、嘲笑，以及肢體上的限制。當某個成員的所做所爲違反團體利益時，還會受到其他人的排斥。

霍桑研究對團體行爲的瞭解，有相當重要的貢獻，特別是讓我們瞭解到團體規範的地位。

從眾性與亞許研究（conformity and Asch studies）

身爲團體的一份子，爲尋求團體的長期接受，所以人們會服從團體規範。有許多證據指出，團體會在成員身上施加壓力，使成員的態度與行爲符合團體定出的標準，亞許的經典研究說明了團體的影響力。[4]

亞許將教室裡的人分爲七至八人的小組，並要求他們比較實驗者手中的兩張卡片，亞許使用的卡片正如圖7-1所示，其中一張

圖 7-1

雅許研究使用的卡片範例

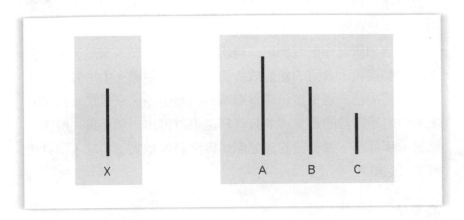

上只有一條線，而另一張上有三條長度不等的直線，第二張卡片上有一條直線的長度與第一張卡片上的那條線相等，受試者被要求大聲說出長度相等的直線編號。正如圖7-1所示，第二張卡片上的三條線其實長度差異非常明顯，一般人在正常情況下的犯錯機率應低於1％。但如果團體中其他人都給了錯誤的答案呢？從眾的壓力會使不知情的受試者改變自己的答案，以配合其他人嗎？這就是亞許想知道的事情。因此，他在分組時動了一點手腳，使不知情的受試者總是在最後宣布答案的一個。

實驗一開始就先進行好幾組配對測驗，所有的受試者在這個階段都給予正確答案，但從第三組測驗開始，為首作答的受試者報出一個明顯錯誤的答案（例如，宣稱圖7-1的直線C與直線X等長），第二個受試者答案也一樣，接下來的都是如此，不知情的受試者心知正確答案應該是B，可是其他人的答案都是C，這時不知情的受試者面臨了以下的抉擇：該明白宣示自己所看的與他人不同嗎？還是為求與其他團體成員一致，而報出一個大錯特錯的答案？

　　Asch重複許多次同樣的實驗，結果有35％的人會順從團體的一致看法。也就是說，儘管他們知道答案不正確，但在團體的壓力下，也就將錯就錯，隨波逐流了。

　　從這個研究中，我們可以得出什麼結論呢？答案是，因為存在著團體規範，會逼迫團體成員們順從此一規範。由於我們希望能被團體接納，避免自己成為顯著的異端份子，所以捨棄自己的主見而附應團體的意見。並且我們還可以得出一個更為一般化的結論，那就是，當個體的意見顯然與團體其他人不同時，他會受到眾人的壓力。

凝聚力

　　團體的凝聚力各有不同，凝聚力意指團體成員間互相吸引、激發留在團體意願的程度。舉例來說，某些工作團體因為成員相處時間長、因團體人數少而互動密切、或因曾遭外界威脅而團結一致，因此產生極強的凝聚力，由於凝聚力與團體生產力密切相關，因而導致其重要性。[5]

　　研究一致指出，凝聚力與生產力的關係，仰賴團體內部建立的績效方面的規範。團體的凝聚力越強，成員就越奉行團體目標不渝。如果團體規範的要求高（例如要求成員高度付出、高度工作品質、與團體外成員高度合作），凝聚力高的團體產能也會比較高；但如果凝聚力高，而團體規範的要求低，產能較低；反過來如果凝聚力低，但團體規範的要求高，則產能會增加，但仍低於凝聚力與團體規範要求皆高的團體；若凝聚力與團體規範的要求二者皆低的話，對產能則幾乎不生效應，上述結論摘錄於圖7-2。

　　經理人該如何提昇團體凝聚力？以下建議不妨一試：（1）減少團體人數；（2）鼓勵團體的一致性目標；（3）增加團體成員

圖 7-2

凝聚力與產能的關係

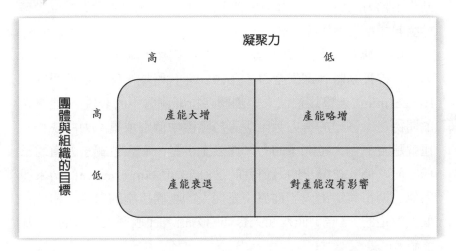

的相處時間；（4）提高團體的地位與加入團體的難度；（5）激
發與其他團體的競爭；（6）應以團體，而非以個人為獎勵對象，
（7）創造使團體與外界隔離的物理環境。[6]

團體規模

　　團體的規模大小會影響團體的整體行為嗎？答案是肯定的，[7]
有證據指出，人數較少的團體，完成工作的速度會比人數多的團
體來得快。但若論問題解決方面的表現，大型團體得到的評價會
比小團體高。純粹將上述結論化為數字是躁進了點，但我們還是
可以先提供某些參考數字：一般說來，大團體──人數超過十二
人以上者──有利於獲取資源，因此在調查事情真相上，大型團
體的效率較高；另一方面，小團體在同等資源下產能較高，七人
左右的團體通常在行動上效率較佳。

社會懈怠（social loafing）是與團體大小相關的最重要發現，社會懈怠意指個人在與他人共同做事時，往往會比單獨做事時少出點力的傾向，這個現象嚴重挑戰——「團體生產力應至少等於團體成員個別生產力總和」的想法。

關於團體的最常見刻板印象是：團隊精神會激勵個人的努力，並提升團體的總生產力。在1920年代晚期，德國心理學家，Ringelmann，曾比較個人與團體在拉繩測驗中的表現。[8]他原先的期待是，團體的努力應至少等於團體中個別成員努力的總和。也就是說三個人拉繩子的力，應該至少是一個人拉繩子力道的三倍，而八個人拉繩子的力道就該是8倍。但Ringelmann的結果卻與他的期待有所出入，他發現三個人的團體所施的力道，約只有個人力道的2.5倍，而八個人合作的力道，卻連個人力道的4倍都不到。

後人以類似任務重複Ringelmann實驗的結果，也都支持這位德國心理學家的發現[9]——團體人數的增加與個人表現成反比。人數多也許能製造出總產能高的假相（例如四個人一起做事應該會比一至二個人做得多），但追根究柢來看，其實每個團體成員的產能反而降低。

為什麼會有社會懈怠現象？也許是因為對其他成員並未盡力的懷疑所使然，看到別人懶惰不做事，為求公平，也會把自己的責任範圍縮點水；另一個解釋則訴諸責任分散，反正結果成敗不會只算在某個人頭上，個人努力與團體表現間的關係就開始模糊不清起來，在這種情形下，反正還有那麼多人在做事，何不混水摸魚。換句話說，一旦個人認為自己的貢獻沒有客觀的評估標準的話，就會導致效率的減低。

團體組成

　　多數團體活動都需要多項技能與知識，在這個前提之下，我們可以合理推測團體的組成應該是異質性的，由彼此不相似的個人所組成的團體，在能力與資訊上都比較多元化，而且應該會比同質性團體會更有效率。研究結果也多半支持這種論點。[10]

　　當團體在性別、人格、意見、能力、技能、觀點等元素為異質組成時，團體可能也較具備有效完成任務所需的特質。[11]雖然這樣的團體會有較重的衝突性包袱，也較無法順利消融成員間的歧見，但實證研究結果多半支持異質性團體遠較同質性團體有效率的結論。

　　由種族或國籍而生的多元性會有影響嗎？證據指出，這些多元化的元素，至少在短期內會干擾團體程序。[12]文化的多元性似乎是提供多元化觀點的寶貴資產，但文化異質團體成員在學習共事與問題解決方面會有困難，然而這些困難會隨時間而逐漸煙消雲散。雖然文化異質團體在初成立時的表現，可能比不上同時間成立的文化同質團體，但表現上的差異在三個月後就不復存在。很明顯地，多元化團體需要一段額外的時間，來克服歧見與不同的問題解決取向所造成的阻礙。

階級地位

　　階級地位意指團體內名望的分級與位階，包括由團體正式賦予（或組織所設立）的頭銜（如「世界舉重冠軍」或「最佳人緣獎」），一般人也很熟悉組織在賦予高級位階時附帶的那一套——鋪有厚厚地毯的大辦公室、令人印象深刻的頭銜、高薪、額外的福利、優先安排喜歡的工作等等。無論管理階層承認階級的存在與否，總之，組織裡就是有一大堆不是人人可享的繁文褥節，而這些繁文褥節帶來的就是地位的象徵。

在更多時候，我們是以一種非正式的方式來處理階級地位。地位可以不藉由正式的方式取得，例如學歷、年齡、性別、技能、經歷都可能帶有地位的意含，只要是團體內其他成員視爲階級象徵的事物，都有階級地位上的價值，而且這種非正式的階級地位，其影響力不見得比正式頒發的階級地位少。

William F. Whyte在他經典的餐廳研究中，指出了階級地位的重要性。[13]Whyte假設道，一般人較習慣由上級指揮命令下級的工作方式。他發現如果行動是由低階員工發號施令的話，就會導致正式與非正式的階級系統間的衝突。舉例來說，他發現女侍會把顧客的點菜單交給廚師，這原是一個由低階員工要求高階的廚師聽令行動的例子，但廚師會先把點菜單掛在另一個鋁籤上，就能夠產生一種緩衝效果，使廚師在準備就緒後再開始依令行事。

Whyte還注意到另一個現象，廚房負責出菜的人必須催促主廚作菜，這又是一個技術階層低的人要求技術階層高的人依令行事的例子，如果同時有好幾個等著出菜的人不斷要求主廚「動作快一點」的話，就會引發衝突。然而Whyte觀察到，有一個負責出菜的人幾乎沒有任何困難，他的作法是，把點菜單交給主廚，然後告訴他「如果菜好了，再叫我一聲」，這就把原本以下令上的情勢整個逆轉過來了。Whyte分析他的作法，發現他在程序上的改變，使兩人間的互動較貼近階級上的共識，並且導致工作關係與效率方面的實質改善。

使員工相信地位階層的公平性是很重要的。員工若感到不公平，會產生心理不平衡而採取各種行動來加以矯正。

在第4章所提到的公平概念也可應用在地位問題上。個體會期望所得的報酬能對應其所投入的成本。舉例而言，假如在醫院裏，莎莉與柏蒂一起角逐護士長的職位，而且莎莉不論在資歷與其他方面的條件都優於柏蒂，則柏蒂會視莎莉的獲選為公平的。但假如只因為柏蒂是院長的兒媳婦而獲選，莎莉就會覺得不公平。

伴隨著正式職位所擁有的表徵，也是維持公平的重要元素。假如我們認為對某個體所屬層級的知覺與組織所給他的配備之間存在著不公平性，我們就會感到一種地位的不一致性。這些不一致的例子包括：上司賺的錢比部屬少；低階人員的辦公室位置比高階人員的好；或分公司經理所擁有的鄉村俱樂部會員資格，副總裁卻未能享有。公司員工都希望所得到的東西能符合其地位。

雖然我們承認一般而言團體內的成員對地位標準有相同的看法，並因此而對成員間的地位有一致的排序，但當個體往來各團體之間時，若覺得各團體有不同的地位標準或是由不同背景的人所組成，則會發現自己陷入衝突中。作為衡量地位的標準而言，商人的標準可能是收入、總財產或公司的大小；政府官僚的標準可能是所屬機構的大小；學術人員的標準可能是所收到的贊助金額或論文出版量；藍領階級的標準可能是年資、工作的分派，或是打保齡球的分數。對個人來說，跨團體的表現往往不如當初有效率；如果團體為情勢所逼，必須互賴或合併的話，光是試圖化解舊有階級意識的努力，就很可能引發衝突。我們將在下一章談到，源自異質性的衝突，會是管理階層要從組織不同部門中挑選成員組成團隊時的燙手山芋。

團體決策

「三個臭皮匠，勝過一個諸葛亮」，向來是北美與其他許多國家廣為接受的信念，影響所及，使今日的組織決策幾乎全賴團體、團隊或委員會方得以成立。本節將回顧團體的決策過程，首先要比較團體決策與個人決策的效力。

個人與團體

個人決策以速度見長，一個人不需要開會，也不需要花時間討論各種選項，如果決策有時效上的急迫性，個人會較佔優勢。個人決策也有責任歸屬明確的優點，每個人都知道決策是誰定的，該找誰為決策結果負責，而團體決策的責任歸屬就非常不明確。個人決策的第三個優點是，前後決策的立場會比較一致，而團體決策可能會因為內部團體的權力鬥爭而自相矛盾，美國國會的決策就是一個很好的例子，由於成員組成的不同與特定議題上的影響力各異，不同會期的決策可能會有180度的大轉彎，在這一點上，個人決策雖然也無法保證永遠前後一致，但至少反覆無常的情況比團體決策好多了。

接下來檢視團體決策的優點，團體能產生較完整的資訊與知識，較多的人數使團體能在決策的過程中投注較多資源，除此之外，團體也將異質性引入決策過程中，藉由提供日漸多元化的觀點，可以產生更多的解決問題取向與方案選項。有證據指出，團體的表現幾乎永遠勝過最佳的個人，因此團體能產生高品質的決策。最後，團體決策能提高解決方案的接受度，許多決策的失敗是在於最後定案無法被大眾接受，但參與團體決策的成員會較熱心支持決策結果，同時也會鼓吹別人去接受。

哪種決策作法比較好──個人還是團體？標準答案是：「看情況決定。」有些時候個人決策是最好的方式，有證據指出在決策重要性不高，且決策的成功與否不需要員工認同的時候，個人決策效果較好；同樣地，在個人擁有足夠資訊，且決策結果會得到員工認同（即使員工未被諮詢意見）的話，也是該由個人制定決策的時機。

整體來說，該由個人或團體作決策？主要取決於決策追求的是有用還是效率。在有用性上，團體決策的表現較佳，能產生較多的方案選項、較有創意、正確度較高，而且決策品質也比個人的決策品質好。但個人決策會有較佳效率，因為團體必須耗費較多時間與資源來制定解決方案。

團體迷思與團體極化

OB研究人員相當關切團體決策的兩項副產品：團體迷思（groupthink）與團體極化（groupshift）。

團體迷思

一般人都有過在會議、課堂、或其他非正式性團體中，想站出來發言，但最後還是決定打退堂鼓的經驗。理由之一也許是因為害羞，但另一方面，也許這就是團體迷思的犧牲品。團體迷思（groupthink）是一種起源於團體成員對一致性的過度迷戀，而使共識規範凌駕於方案的落實評估之上，並使另類、少數的、或不受歡迎的觀點無法被充分表達的現象，也是由團體壓力所導致的心智效率、面對現實、道德判斷等能力的退化。

如何判斷團體開始出現團體迷思的症狀？通常有以下四大特徵：（1）團體成員會為自身對假設的抗拒找藉口合理化；（2）成員會對持懷疑態度者施壓，要求他們支持大多數人所偏好的選項；（3）當團體共識浮出檯面時，抱持懷疑論點的人會閉口不談他們的疑慮，甚至想法子讓自己認為這些疑慮無關緊要；（4）團體會將成員的沉默視為對多數人的「同意」票。

上述的症狀會帶來以下的決策缺陷：對問題的不完整評估、資訊搜集不足、選擇性處理資訊、方案選項有限、對選項的不完整評估、無法事先評估所偏好選項的風險、不願重新評估一開始就被拒絕的選項。

對美國政府機關內部的決策研究,已經發現由團體迷思所導致的決策缺陷證據,這些決策缺失包括了:1941年日本入侵珍珠港、1950年代的韓戰、1960年代的豬玀灣慘敗、越戰的漸進策略、1970年代晚期失敗的伊朗人質援救行動、執意發射挑戰者號的決策。

團体迷思是所有团体都無法避免的嗎?有證據指出可以避免。[16]學者也提出導致团体迷思是否將浮出檯面的五個變項:团体的凝聚力、領導者的行為、與外界隔絕的程度、時間壓力、決策程序是否按部就班。帶領決策团体的經理人應將這五大變項銘記於心,以減少团体迷思的影響:第一,凝聚力在善用之下,可成為寶貴資產,這是因為凝聚力高的团体比鬆散的团体進行更多討論,也引進更多資訊;第二,經理人應力求開放的領導風格,包括鼓勵成員的參與、克制在會議一開始就高談闊論自己想法的欲望、鼓勵成員不同的意見、並且強調明智決策的重要性;第三,經理人不應放任团体自絕於外界的影響力,與世隔絕的团体往往會失去客觀性與思考觀點;第四,經理人不要刻意強調時間上的急迫性,若团体成員覺察到決策時間極為有限,會利用捷徑而難免導致錯誤或膚淺的共識;第五,經理人應鼓勵成員按部就班的進入決策過程,儘量依循前章所述的理性決策模式,可增進建設性的批評與對決策選項的完整分析。

團体極化

將团体決策與团体中的個人決策相較後,可以發現之間的確有差異。在某些情況下,团体所制定的決策會比個人所制定的來得更加謹慎小心,但在更多的情形下,決策會朝風險更大的一端靠攏。[17]

　　通常在團體中會發現，討論的過程反而使成員的立場更偏向
團體在討論前既有立場之極端的現象，保守型會更謹慎小心，而
激進派就更英勇犯難，團體內部的討論往往加強了團體的初始立
場。

　　團體極化可視為團體迷思的一個特例，團體的決策結果反映
出在討論過程中發展出來的主流決策規範，團體決策的極化方
向，取決於討論前的規範主流。

　　對於較常見的向激進極端靠攏之團體極化現象，目前大約有
幾種解釋，舉例來說，也許是討論過程使成員日漸熟識，一旦防
線徹除後，成員的表現會比較大膽；但最受歡迎的解釋是，激進
式的極化方向，源自團體造成的責任歸屬模糊不清，團體決策使
責任無法歸屬至任一個人身上，如果激進的決策失敗了，沒有哪
一個成員必須負全部責任。

　　經理人該如何善用團體極化方面的研究成果？首要之急就
是，正視團體決策原本就有：強化成員初始立場、極化方向通常
會向激進一方靠攏、團體極化方向（日趨保守或激進）是成員在
討論前傾向之函數等現象。

選取最佳的團體決策技術

　　面對面的互動，是最常見的團體決策進行方式，但之前對團
體極化的討論說明了，團體間的互動往往有自我篩選的效果，同
時使成員遭受意見一致化的壓力。腦力激盪、具名團體技術、電
子會議都是可以減少傳統式團體互動弊病的方式。

腦力激盪

　　腦力激盪（brainstorming）利用鼓勵成員提出所有可能選項

而不加以立即批評的觀念產生程序，而克服在團體互動中會阻礙創意選項發展的從眾壓力。

　　腦力激盪的典型進行方式，首先會邀請六至十二人圍桌而坐，然後由團體領導者以清晰且成員皆能理解的方式陳述問題，接下來成員在既定時間內，可天馬行空式提出任何想到的方案選項，任何人都不得加以批評，所有提案都被記錄下來，留待稍後進行討論分析，觀念的相互激盪與批評的暫時消音（即使提出的方案荒誕不經）都能鼓勵成員朝「絕對創新」的方向去思考。

　　然而，腦力激盪只是一種產生觀念的程序，以下兩種技術才是真正達成決策的方法。

具名團體技術

　　在決策的過程中，具名團體技術（nominal group technique）對討論問題與人際間溝通都有所限制。跟傳統的會議一樣，所有的成員都必須親自出席，但是在運作的時候，是彼此獨立的。此一技術含有四項步驟：

1. 任何討論進行之前，每個成員須針對問題各自以書面寫下自己的意見。
2. 經過剛剛的沉思時間後，由每個成員輪流報告自己的意見，並分別記錄在會議紀錄簿或一塊大黑板上面。所有意見尚未記錄完畢之前，不允許任何討論。
3. 接著整個團體開始討論與評估各個意見。
4. 各個成員以獨立的方式默默的給各項意見打分數。最後，得到積分最高的意見，即為最終的決策。

　　這個技術主要的優點在於，既允許召開正式的會議，又不至於限制住獨立的想法。

電子會議

　　電子會議（electronic meetings）是最新的團體決策方式，融合了具名團體技術與複雜電腦科技的優點。

　　一旦技術問題就緒，這個新的決策程序其實相當容易瞭解。會議室裡的馬蹄型桌面上放置了一排終端機，可容納約50個人同時開會。要討論的議題會先向參與者簡報，與會者可將個人意見直接鍵入螢幕，每個人的意見與投票結果會顯示在會議室內的大銀幕上。

　　匿名、誠實、速度是電子會議的三大優點，與會者可以匿名的方式鍵入他們想表達的任何意見，這個訊息隨即就會出現在每個人都看得到的大銀幕上；這種作法也讓坦誠不諱的與會者不會遭受任何形式的處罰；而由於幾乎沒有閒扯聊天的餘地，討論過程不會岔開主題，與會者也可以同時發言，而毋須爭先恐後，所以在速度上有極佳的表現。

對經理人的啟示

　　為完成工作任務，組織內的成員通常會被分派至部門、團隊、委員會、或其他形式的工作團體。除了這些正式團體之外，個人也會基於共同利益或友誼而組成非正式性的團體。對經理人來說，將員工視為團體成員的重要性在於，事實上，團體行為並非團體成員個別行為的簡單總和，團體本身就是影響成員行為的另一要素。

　　馬里蘭地方某個女性必須在母親、衛理公會教徒、民主黨員、女議員、巴爾的摩市警官等角色間取得平衡的事例，與瞭解團體行為有何關聯？這是因為，對他人角色的瞭解能提供我們對其所期待行為模式的洞察，幫助我們與他交涉。同樣地，對於工作職責所附帶之角色的瞭解，也能讓人們因為行為模式將符合期待，而使得共事更容易。換句話說，如

果一個人依期待扮演角色的話，他人也較能夠預測其行為。

規範藉由建立對錯標準來控制團體成員的行為，對特定團體之規範的瞭解，能幫助我們解釋其成員的態度與行為。經理人能控制團體規範嗎？雖然不可能全然操控，但仍有影響的空間。可以藉由對要求行為的明確陳述、定期強化所偏好的行為、將獎勵與對偏好規範的接受鍵結起來，經理人還是可以在團體規範上發揮某種程度的影響力。

經理人應該追求團體的凝聚力嗎？我們對這個問題的答案是「有條件的肯定」，所謂的條件在於一組織目標與團體相互結合的程度，經理人應試圖建立與組織目標相契合的工作團體，這種工作團體一旦成形，其高度的團體凝聚力會帶來團體績效的正面貢獻。

工作團體的社會懈怠效應，對經理人是相當有意義的啟示，當經理人運用集體工作情境來增進士氣與團隊精神的時候，他們也必須設計能辨識個人努力程度的方法。如果沒有這套方法的話，經理人就應當在團體所造成的生產力流失，與任何可能的員工滿意度提升之間作一權衡得失的比較。[18]然而，由於西方文化取向的偏差，這個結論與美國及加拿大等重視個人利益的個人文化較為一致，而不符合常以內團體目標來激勵個人的集體社會之現象。舉例來說，比較美國與中國大陸、以色列員工後發現（後二者都是集體主義的國家），中國大陸與以色列員工並沒有社會懈怠的現象，事實上，這兩個國家的人民在團體中的表現都比獨自一人工作時來得好。[19]

團體組成對管理的啟發性在於，正式團體與團體決策的運用。為提升工作團體的表現，可以藉由選取某位成員負責提供對問題與議題的另類觀點，並且對這些另類觀點在短期內對團體所造成的負面影響要保持平常心。耐心等待，在團體成員學會與差異性為伍後，團體的表現就會有所提升。

團體內階級上的不公平，會使團體活動脫離目標，而耗費在不公平的解決之上。只要有不公平的存在，員工就會降低在工作上的努力，並且想法子暗中破壞高階員工的活動，或類似的無用行為。在經理人所能控制的範圍之內，應儘量小心分配階級地位，並使其符合階級層面的公平性，因為不公平往往會造成團體的負面激勵衝擊。

最後，如果經理人採取團體決策，也應藉由鼓勵成員提供意見（特別是在討論過程中不活躍的成員）、避免在討論之初就高談經理人自身偏好的解決方案，來試圖減輕團體迷思的影響。經理人也許可以採用本章所述的腦力激盪與電子會議等技術，作為減輕從眾壓力的手段。

第**8**章

認識工作團隊

一家位於明尼蘇達的行銷調查公司，Custom Research Inc.，向來以機能性的部門為組織架構中心，但由於管理高層認為這些機能性的部門無法滿足客戶隨時都在改變的需求，因此將全公司100名員工重組成客戶團隊。[1]團隊背後的觀念是，客戶業務的所有相關項目，都在團隊內完成，而不是像從前各自交由不同部門處理。團隊的目標在於，增進溝通與工作的追蹤，進而提高生產力與客戶的滿意度。

推行團隊是Custom Research內部廣為流傳的豐功偉業，重組後不到六年，每個全職員工的收入增加了70%，而業績增加將近二倍，來自客戶的意見回饋也指出專案表現上的長足進步。調查結果顯示，公司有97%的專案表現達到或超過客戶期望，而92%的客戶認為該公司的服務水準勝過其競爭對手。

團隊盛行的理由

25年前，富豪汽車、福特汽車、通用食品將團隊引進生產程序的決策被視為新聞，因為從來沒有人聽過這種作法。今日的情勢恰好相反，不推行團隊的組織才有新聞價值。隨手翻閱任何一本商業期刊，就會讀到在通用電子、AT&T、波音、惠普、摩托羅拉、蘋果電腦、Shiseido、聯邦快遞、克萊斯勒、紳寶、3M、John Deere、德州儀器、澳洲航空、嬌生、Dayton Hudson、Shenandoah人壽、Florida Power & Light、Emerson Electric等公司中，團隊如何成為重要元素的相關報導，就連舉世聞名的聖地牙哥動物園也以跨部門的團隊，重新規劃其原生棲地（native habitat zone）。

　　我們該如何解釋現今團隊的風行？有證據指出，在需要多元技能、判斷力、經驗的任務上，團隊的表現通常會比個人爲佳。[2] 當組織爲增強競爭力而自我重新架構時，會以團隊作爲充分運用員工才能的方式。管理階層也發現團隊的靈活度與對外界變化的回應能力，比傳統部門（或其他形式的永久性分組）更高。團隊具備迅速組合、部署、重整與解散之能力。

　　但也不要小看團隊所附帶的激勵性質，第五章曾討論過員工納入計畫的激勵物角色，團隊也能促進員工在決策執行上的參與度。舉例來說，John Deere組裝線上的員工中，某些同時也是要拜訪客戶的業務團隊成員，這些員工對產品的認識比一般業務員更爲深入，與各地農戶訪談的結果，使這些領時薪的員工發展出新技能，並且更投入他們原本的工作。因此，對團隊之所以風行的另一個解釋也許是，團隊可作爲管理階層推行組織民主與提高員工工作動機的有效手段。

團隊與團體的差異

　　團體和團隊（team）並不相同，在本節中，我們將定義並澄清工作團體與工作團隊間的差異。上一章我們已將團體定義爲二個以上爲達特定目標而在一起，有互動與依賴關係的個人組合，而工作團體則是爲幫助彼此在成員各自的責任領域中好好表現，而分享資訊、制定決策並因此產生互動的團體。

　　工作團體不需要，也沒有機會投入需要共同努力的集體工作，因此工作團體的績效只是團體成員的個人貢獻之簡單總和，不會因爲共同努力而使整體績效高於個人付出總和。

工作團隊藉由協調成員的努力而產生正向的共同努力效應，個人的努力結果統合後會高於個人付出總合。圖8-1對比出工作團體與工作團隊的差異。

圖 8-1

工作團體與工作團隊的比較

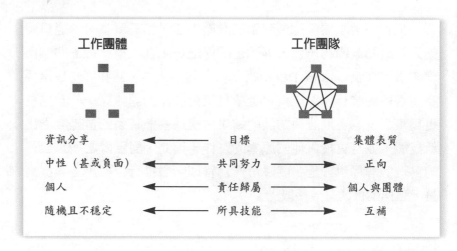

這些定義能幫助我們釐清組織近來重新架構工作程序與團隊的原因，管理階層正尋求能提升績效的共同努力方式，而團隊使組織可以在不增加付出的前提下，產生更高的收穫。但光是套用團隊這個名詞，並不會產生實質的績效提升。我們將在本章稍後提到，成功且高績效的團隊通常有幾項共同特徵。如果經理人希望藉由團隊的推行來提升組織表現的話，就要確保所組成的團隊具備這些特質。

團隊種類

團隊可依目標分類，一般組織中最常見的四種團隊分別為：問題解決團隊、自我管理團隊、多功能團隊、虛擬團隊（如圖8-2所示）。

圖 8-2

團隊的四大類型

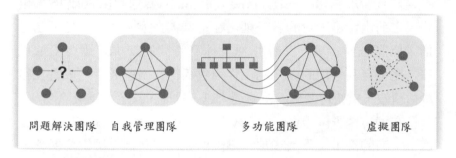

問題解決團隊　　自我管理團隊　　　　多功能團隊　　　　虛擬團隊

問題解決團隊

如果我們回頭看看二十年前，團隊剛開始風行的時候，大多團隊的形式都大同小異，主要由同一部門的5到12位領時薪的員工所組成，每星期有幾小時的聚會時間，會中討論改善品質、效率、工作環境的方法，這就是所謂的問題解決團隊（problem-solving teams）。

在問題解決團隊中，成員會分享點子或提供改善工作程序與方法的建言。然而，這些團體幾乎沒有執行建言的實權。

品管圈是1980年代最常見的問題解決團隊形式，第5章曾提過，品管圈是由8至10位員工與一位對外負責的領班組成的工作團隊，他們每星期固定聚會討論品管問題、研究問題成因、推薦解決方案、採取更正行動。

自我管理團隊

問題解決團隊在方向上已大致正確，但在邀請員工投入工作相關的討論與程序這方面，做的還不夠。這項缺陷導致實驗性的自律團隊不僅無法解決問題，同時也無法落實執行解決方案，更無法對結果負全責。

自我管理團隊（self-managed teams）通常由10到15人組成，之前由領班所負的責任則落在這群人身上。通常責任範圍包括了協調工作步調、工作指派、休息時間的安排、選擇檢驗程序。完全自我管理的團隊的工作還包括自行篩選成員、成員互相評估績效，這使得領班的位置越來越不重要，甚至可以廢除。

在通用電子位於賓州Groov市的火車引擎廠，大約有100個團隊，工廠的決策工作大多都在團隊內完成，包括安排維修保養、工作進度、批准例行性設備採購。曾有團隊花費200萬美元，但工廠經理人連眉頭也沒有皺一下。另外，克利夫蘭的L-S電鍍公司的工廠運作則完全由自我管理團隊一手包辦，包括工作進度、工作輪調、制定生產目標、建立技術薪級、解雇同事、甄選新人。工廠總經理說：「到新員工上班的第一天，我才有機會一睹其真面目。」[3]

全錄、通用汽車、Coors Brewing、百事可樂、惠普、Honey-well、M&M/Mars、安泰人壽等，這些都只是已推行自我管理團隊的少數知名廠牌，在美國，有30%的雇主已採用這種團隊形式。[4]

最新的商業期刊滿滿都是採用自我管理團隊的成功案例，德州儀器的國防團體對自我管理團隊讚不絕口，因爲自推行自我管理團隊以來，不但爲他們贏得Malcolm Baldrige國家品質獎，而同時也讓他們在減少25%人力後，仍能達成與原先相同的銷售表現。一家大型的保險與財務服務公司，Aid Association for Lutherans，宣稱自我管理團隊提高了員工的工作滿足，並且讓公司在裁員15%的情況下，四年內營業額提高了50%。在印地安那州，Fort Wayne地方的Edy's Grand Ice Cream plant減少39%的成本後，反而讓產量提高了57%，他們也將此歸諸於自我管理團隊的功勞。

　　儘管有這麼多令人印象深刻的故事，但還是得提醒一件事：對自我管理團隊的研究並非一面倒地全盤肯定其績效。[5]舉例來說，雖然這些團隊的成員通常都認爲工作滿足提高，但與傳統智慧相反地，這些高工作滿足的員工曠職率與流動率都比傳統工作結構下的員工來得高。至於這些發現是由哪些原因所致，還需要更多的研究來決定。

跨領域團隊

　　本章一開始所述的Custom Research之重新組織正是團隊概念的最新應用實例，這種跨領域團隊（cross-functional teams）由同層級、但來自不同工作領域的員工，爲共同完成任務而組成。

　　數十年來，許多組織都採用水平式、擴大領域式的團體，舉例來說，IBM在1960年代就成立了一個大型任務團體，由公司各部門的員工所組成，後來大爲成功的System 360就是這個團體的研發成果。同樣地，由各部門推舉成員所組成的委員會，也是另一個跨領域團隊的實例。

　　但一直要到1980年代晚期，跨領域工作團隊的風潮才爆發開來，所有汽車製造大廠，包括豐田、本田、日產、BMW、通用汽車、福特、克萊斯勒，都採用這種團隊形式來整合複雜的專案。舉例來說，克萊斯勒的超小型車，Neon，就是用這種跨領域團隊研發出來的，不但經費只爲其他車廠研發小型車的幾分之一，而且僅需42個月就完成工作。

我們可以用摩托羅拉的銥計畫來說明爲什麼有這麼多公司轉而採用跨領域團隊，這個計畫的目的是要研發一個內含66個衛星的大型網路，專案總經理也說：「我們從一開始就瞭解，我們無法以傳統方式來管理規模與複雜度都這麼高的專案，而又要能按時達成。[6]」在專案的前半，也就是第一年，由20個摩托羅拉專業人士組成的跨領域團隊必須每天早上開會，後來，爲納編其他公司的專業技術，團隊成員人數大增，包括波音、Raytheon、Russia's Khrunichev Enterprise、Lockheed-Martin、Scientific-Atlanta、奇異電子的專業人員都參與。

總而言之，跨領域團隊是一個讓組織內（甚至跨組織）不同領域的專才交換資訊、研發新點子、解決問題、整合複雜專案的有效率方法。當然，跨領域團隊的管理並非易事，在團隊初成立時，光是讓成員學習多元化與複雜性的運作掌握，就會花去很多時間。同樣地，來自不同背景、經歷並具備迥異觀點的團隊成員，也需要時間培養信任感與團隊精神。

虛擬團隊

前述的所有類型團隊均以面對面的方式運作，但虛擬團隊（virtual teams）則運用電腦科技將兩地相隔的成員牽向同一目標的完成，[7]這使人們無論相隔幾間辦公室或幾個大陸，都能在線上共同合作。

所有其他團隊能作的，虛擬團隊也都能作，包括分享資訊、制定決策、完成任務等等。成員可以來自同一組織，也可以讓組織成員與其他組織員工聯繫（例如，供應商與合作組織）。

　　虛擬團隊與其他面對面合作團隊的差異主要有三：（1）缺乏輔助口語或非口語式的暗示；（2）社會情境受限；（3）克服時空阻礙的能力。在面對面的對話中，一般人會用輔助口語（如語調、轉折語氣、音量）與非口語式（眼神、面部表情、手勢、其他身體語言）的提示，使溝通更清晰明白，但這種暗示在線上互動中並不可得。虛擬團隊的社交往來較少、成員間的互動也較不直接，這種互動無法複製面對面討論時常見的遷就、討價還價。特別在成員其實從未見過面之前，虛擬團隊往往會只談工作，而缺少社會——情緒資訊交流，因此虛擬團隊成員從團體互動程序所得的工作滿足，難免會比能面對面互動的團隊成員來得少，但虛擬團隊在成員相隔千里、甚至相隔數個時區的情形下仍能運作，讓原本不可能合作的對象有共事的機會。

　　德州儀器與波音這類公司，已成為虛擬團隊的愛用者。舉例來說，在德州儀器，位於印度、德州、日本的微晶片工程師，雖然相隔8,000里、12個時區，但仍能同心協力匯聚點子、設計新型晶片並合作除錯。[8]

團隊與團體的概念：向打造高績效團隊邁進

　　在前面的章節中，我們曾簡介基本的團體概念，在這裡我們以這些基本概念為基礎，檢視我們對團體運作的知識，將如何幫助我們打造更有效率、更高績效的團隊。[9]

工作團隊的規模

最佳的工作團隊通常是小型團隊，一旦成員超過10至12人，就會因無法建設性地互動與達成共識而不易成事，而且人數一多往往很難形成高績效所需的凝聚力、認同感、共同的責任感，因此，在規劃有效率的團隊之時，經理人應儘量將人數控制在12人以下，如果原本的工作單位大於這個數字，而又希望保持團隊合作的優勢，此時不妨試試將原本的團體劃分為次團隊。

成員的能力

為達績效，團隊需要三種不同型式的技能。第一，技術上的專業知識；第二，解決問題與制定決策的技能，以辨識問題、產生候選方案、評估選項、制定令人滿意的決策；第三，良好的傾聽、回饋、解決衝突等其他人際技巧。

沒有任何一個團隊能在缺乏上述技能的情形下，還能充分發揮其潛力。上述技能的適當搭配也非常重要，獨重某一技能而以其他技能的犧牲為代價，也會使團隊績效降低。但團隊並不需要在一開始就具備所有技能，可以指派一或多個成員學習團隊所缺乏的技能，這種作法也能在日後使團隊發揮全部潛力。

分配角色並鼓吹多元化

第三章曾提過人類在人格特質上的差異，也提到獲得適合個人特質之工作指派的員工，會有較好的工作績效。這個道理也適用於工作團隊職位的安排，因為團隊各有其不同需求，因此也應視人格特質與愛惡偏好來遴選成員。

高績效的團隊會賦與個別成員不同角色，舉例來說，總是球場常勝軍的籃球教練也會評估成員實力、分析優缺點、指派他們到適合的進攻防守位置、讓每個成員都能為球隊的勝利盡最大貢獻，教練們都知道常勝軍必須具備多種技能，如運球、進攻得分、遠射三分球、搶籃板球、防守等。能夠遴選適合上述關鍵角色的新人，並視新人技巧與個人偏好來安排角色的團隊，才是成功的團隊。

有一系列的研究辨識出一般人最喜愛的九種潛在團隊角色[10]（如表8-1所示），以下將簡單介紹這類角色，並深入探討如何藉此打造高績效團隊。

表 8-1

九種團隊角色

創造者─創新者：啓動創意
探索者─倡導者：支持創意
評估者─開發者：分析決策選項
推進者─組織者：提供結構
總結者─生產者：提供方向並堅持完成
控制者─監察者：檢查細節
支持者─維持者：對外奮戰
報告者─顧問者：追尋全面資訊
連結者：協調統合

資料來源：《團隊管理：實務的新取向》C. Margerison and D. McCann, *Team Management: Pratical New Approaches* (London: Mercury Books, 1990).

創造者── 創新者

創造者── 創新者（creator-innovators）必須具備想像力，而且善於啓發新觀念，這種人通常非常獨立，而且喜歡以自己的方式、自己的步調工作。

探索者——倡導者

探索者——倡導者（explorer-promoters）熱衷於拾取、捍衛新鮮點子，非常善於從創造者——創新者獲取新意，並利用各種資源來推廣新觀念，但這種人的缺點在於，他們可能沒有足夠的耐心與控制技巧來落實新觀念。

評估者——開發者

評估者——開發者（assessor-developers）擁有強力的分析技巧，最適合從事決策前各選項的評估與分析。

推進者——組織者

推進者——組織者（thruster-organizers）的專長在於設定操作程序，包括設立目標、建立方案、組織人力、建立能使工作限期完成的制度，使觀念能夠落實執行。

結論者——生產者

結論者——生產者（concluder-producers）和前述的推進者——組織者一樣關切結果，但他們的重點在於限期完成工作並保證達成客戶的託付，而且以能規律性地達到生產標準爲榮。

控制者——監察者

控制者——監察者（controller-inspectors）對規則的建立與執行，有相當高度的關切。他們非常善於檢查細節，以確定一切無誤。數字與事實是他們的最愛，包括字母的寫法都得一絲不苟，才能放行。

支持者——維護者

支持者——維護者（upholder-maintainers）對於所謂正確的做事方法有極強烈的信念，他們會爲團隊與外界奮戰，同時強力支持團隊內部的成員，他們對團隊的穩定性有極大重要性。

報告者── 顧問者

報告者──顧問者（reporter-advisers）是非常懂得不將自我觀點強加於他人之上的良好傾聽者，他們非常懂得如何促使團隊在決策前多方尋訪資訊，並提醒團隊勿陷入倉促決策的陷阱。

連結者

這個最後的角色與其他角色有極大重疊，可由前述八種角色的任一扮演者來兼任。連結者（linkers）必須嘗試去理解所有觀點，居中扮演協調與統合的角色。他們不喜極端，並且希望在所有團隊成員間建立穩定的合作關係，同時也重視其他團隊成員的不同貢獻，並試圖超越成員間的差異性來整合人力與活動。

在為情境所逼的情況下，大多數人都能扮演上述的任一角色，但通常有二至三種最受個人喜愛。經理人必須對每個人對團體所能產生的優勢有所瞭解，以此遴選人才，並針對個人偏好的風格來指派工作任務。藉由在個人偏好與團隊角色要求間建立連結，經理人同時也使團隊成員能良好共事的機率大增。發展這個架構的研究者主張，團隊的失敗源自於團隊成員才能的錯誤分配，與各領域分配的輕重不均。

認同團隊的共同目的

團隊是否具備了能激發所有成員的有意義目的？目的就是願景，遠比單一目標來得廣義。有效率的團隊通常也擁有共同的願景，為成員提供方向、動力與認同感。

蘋果電腦負責設計麥金塔的開發團隊，幾乎是以宗教性的虔誠狂熱來打造具備使用者親和力的電腦，以全面革新人們的電腦使用方式。而釷星汽車的生產團隊也為「以價格與品質取勝最佳日本汽車」的想法所驅使，共同為打造一輛這樣的美系汽車而努力。

　　成功團隊的成員往往耗費大量時間與精力在共同與個人願景的討論、塑造與建立共識上。共同願景，一旦為團隊所接受，就像是星際探險的艦長一般，能在所有情況下提供方向與指引。

建立明確目標

　　成功的團隊也必須能夠將共同的願景轉化為可測量的、切實的明確績效目標，團隊本身也從目標汲取能量。這些明確目標還能使溝通更明白有力，並使團隊將注意力集中在結果上。舉例來說，Thermos Corp.就成立了一個跨領域團隊，任務是設計與製造新式的烤肉架，團隊的成員一致同意，這種新式烤肉架的外型不能比家具遜色、功能上不要再使用有污染環境之虞的碳火種、同時還要能烹調出美味的食物，團隊也定出了明確的完成期限，也就是在不到兩年後的國家五金工具大展前，完成新產品的規劃、設計與製造。他們的確分毫不差地辦到了，Thermos電熱式烤肉架贏得四項設計大獎，也成為該公司成立以來最成功的新產品。

領導與組織結構

　　目標定義出團隊的終極目標，但高績效團隊也需要領導與結構來提供焦點與方向，舉例來說，方法上的定義與共識能擔保團隊在目標達成上，採取一致手法。

　　團隊成員對每個人的職責也要形成共識，並且讓每個人分擔同樣的工作量。除此之外，團隊也需要決定工作進度的制定方式、需要開發的技能、團體如何化解衝突、如何制定並修正決策。瞭解工作特質、並以此整合個人技能，需要領導與組織架構

的能力，但是這種功能偶爾也可由管理階層或團隊內屬於探索者
──倡導者、推進者──組織者、結論者──生產者、支持者──
維持者、連結著的角色來直接提供。

社會懈怠與責任歸屬

我們在前一章提到，個人隱身於團體中所致的社會懈怠與混
水摸魚現象，是因為團體缺乏辨識個人貢獻的制度。高績效團隊
則以個人與團隊層次各自負責的方式，來消弭這種傾向。

成功的團隊會使成員在團隊目的、目標、取向上都有明確的
個人與團體責任歸屬，每個人都清楚地知道個人與整體分別的責
任在哪裡。

適當的績效評估與獎賞制度

如何讓團隊成員有明確的個人與團體責任歸屬？就是修正傳
統個人導向式的評估與獎賞制度，使其亦能適當反映團隊績效。
個人績效評估、固定時薪、個人獎勵等，都是與高績效團隊背道
而馳的作法。因此，除了針對個人貢獻的評估與獎賞之外，管理
階層也要運用以團體為基礎的考核、利益分享、利潤分享、小團
體獎勵及其他制度，來增強團隊的努力與認同度。

個人邁向團隊成員之路

在這個點上，我們再次強調團隊的價值及日漸盛行的浪潮，
但很多人並非天生的「團隊成員」，而是顧影自憐或等待外界欣賞
其貢獻的「孤芳」；同時也有許多組織，打從成立以來就不斷倡
導個人成就，建立了一個唯有強者方能生存的競爭性工作環境，

這些組織如果開始推行團隊,該如何應付由組織一手栽培出的「我得為自己打算」的員工?我們也在第2章提過,每個國家對個人主義與集體主義重視的程度都不同,團隊在崇尚集體主義的國度相當適合,但如果員工多半來自高度個人化的社會,組織該如何將這些個人主義者收編在團隊中?某一位作者曾以下述語句形容美國的團隊角色:「美國人在成長過程中從未學習如何以團隊方式運作,在學校裡我們從未拿過團隊成績單,也從不知道跟隨哥倫布遠渡重洋、發現新大陸的航海團隊成員姓名。[11]」來自加拿大、英國、澳洲、與其他高度個人化社會的人民也有同樣限制。

挑戰

前述的論點是為了強調,工作團隊的實質障礙之一就是來自個人的阻力。由於員工的成功與否不再以個人績效來定義,為扮演好團隊成員的角色,個人須具備開放坦誠的溝通能力、面對個體差異性、化解衝突、將個人目標昇華為團隊利益,但對許多員工來說,要做到這些並不容易,甚至可說是不可能。尋找團隊成員的最大挑戰會出現在:(1)強調個人主義的國家文化;(2)最近才引進團隊概念,但一向鼓吹個人成就的組織。上述的兩種情形,都是AT&T、福特、摩托羅拉等大型美國公司之經理人所遭遇的困境,這些公司過去的成功,主要建築在唯個人表現是用、獎勵企業之星等制度所打造出的競爭式環境所致。突然推行團隊,對這類公司的舊有員工來說,簡直是晴天霹靂,某大公司的一名老臣,獨立工作的績效向來十分優異,也用以下的話來形容他加入團隊的經驗:「我這回算是得了個教訓!這是二十年來我第一次拿到負面考績。[12]」

另一方面,在員工重視集體價值的組織推行團隊,例如在日本或墨西哥,或在甫成立即採行團隊運作方式的組織推行團隊,經理人面對的挑戰就不那麼嚴苛。舉例來說，釷星汽車，原是通用汽車旗下的美國組織，但從成立之初，公司的結構就以團隊為中心，每個進釷星工作的人都知道即將面對團隊式的工作方式，而成為團隊一分子，是所有新進員工必備的能力。

塑造團隊成員

以下簡要介紹經理人將個人塑造成團隊成員的幾個途徑。

遴選

有些人已具備成為團隊成員所必須的人際技巧，因此，在雇用新的團隊成員時，經理人除了要注意候選者是否具備工作必須的專業技能，也要注意候選者是否能稱職扮演團隊所需的角色。

許多求職者，特別在個人主義薰陶下所成長的，並未具備團隊技巧。碰到這些求職者，經理人可有三種選擇：一是讓候選者接受「成為團隊一份子」的訓練，如果此法不可行或效果不佳，就只能將求職者指派到組織內不採行團隊工作方式的單位，或索性不予錄用。如果是組織想要以團隊為中心，來重新設計工作的話，可預見的是總有某些員工會抗拒而無法訓練，不幸的是，這些人最後都會成為推行團隊的受害者。

訓練

比較樂觀的說法是，在強調個人成就重要性之環境中養成的大多數，還是可以經由訓練而成為團隊的一份子。專家也提供能讓員工感受到團隊工作滿足感的練習，包括舉辦研習，幫助員工提升問題解決、溝通、談判、衝突管理、指導、團體開發等方面的技能。舉例來說，Emerson Electric 在密蘇里的特殊傳動部門，其團隊訓練課程不僅獲得650位員工的全體接受，甚至還頗受歡迎，他們請外來的諮商者傳授團隊工作的實務技巧，不到一年的時間，員工們全都對團隊合作心悅誠服。

酬賞

　　為鼓勵合作而非個人競爭，有必要改變酬償系統。舉例來說，已將1,400名員工整合為團隊的Lockheed-Martin太空發射系統公司，同時也修訂了公司的酬償制度，根據團隊績效目標的達成度，決定成員底薪的調整比例。

　　給予個人的升遷、加薪、或其他形式的表揚，都應以個人在團隊中的合作貢獻為基礎。這種作法並不是要忽略個人貢獻，而是要同時彰顯對團隊的無私貢獻。包括訓練新進者、與團隊成員分享資訊、協助化解團隊衝突、主動學習團隊所需技巧等，也是值得鼓勵的行為範例。

對經理人的啓示

　　很少有風潮能像企業界對團隊的集體推行一樣，對職場造成如此之大的影響。從獨立工作轉變為團隊合作，要求員工須具備與他人合作、分享資訊、正視個體差異、將個人利益昇華為團隊整體利益的能力。

　　高績效團隊有幾項共同特質。團體規模小；成員須具備三大類技能：技術、問題解決、決策與人際技能；賦與成員不同角色；而且有共同願景、明確目標、提供焦點與方向的領導與組織結構；藉由精心設計的評估與酬償制度，使成員在個人與團隊層次上都有明確的責任歸屬。

　　由於個人化的組織與社會向來吸引並獎賞個人成就，因此在這種環境下收編團隊成員，遠比在集體化環境來得不易。為求轉機，經理人應試圖遴選具人際技巧的個人進入團隊，提供發展團隊合作技能的訓練，並針對合作式的努力給予獎賞。

最後，千萬別忘了員工也要從團隊工作汲取內在獎賞。團隊提供了同事愛，而身為成功團隊的一份子，更是令人興奮與滿足的一件事。有機會能同時致力於個人發展與幫助團隊成員成長，對員工來說，是既滿足又具獎賞性的經驗。

第9章

溝通

人際間的衝突，導火線往往是溝通上的不良[1]，因為人在醒著時，有70％的時間花在溝通上，如閱讀、寫作、說話、傾聽，所以似乎可以合理地下結論說，團體績效最大的絆腳石，就是缺乏有效的溝通。

沒有溝通，團體就無法存在。因為只有藉著人與人之間意思（meaning）的傳達，才能夠把訊息和想法傳達給別人。但是，單單只有傳達意思還是不夠，必須意思能被別人瞭解。在一個團體當中，有一個成員只會講德語，而其他人都不懂德文，此時不管這個人的德語講得多清楚，別人還是鴨子聽雷。因此，溝通必須同時包括意思的傳達（transference）與瞭解（understanding）。

不管是多麼偉大的想法，除非能傳達並為人瞭解，否則依然是無用的。如果有完美的溝通這種事情存在的話，那麼就是說，訊息的接收者能夠完全瞭解訊息傳達者所欲表達的原意。不過完美的溝通只存在於理論上，至於在實務上，則從未能夠抵達此一境界，其中的理由，我們底下會有詳細的討論。在探討溝通上的問題之前，我們必須先簡單的討論一下溝通所執行的功能，並描述一下溝通的程序。

溝通的功能

團體或組織內部的溝通有四大功能：控制、激勵、表達情緒、資訊。[2]溝通以數種方式控制人們的行為：組織定有權力階級與要讓員工遵守的正式指導方針，例如在員工對頂頭上司溝通工作上的牢騷、遵循工作內容、抱怨公司政策方面，溝通都具備控制的功能。但非正式的溝通也同樣能夠控制行為，例如對產能過高員工的排擠行為（他這樣搞，弄得大家都被比下去了），就是一種非正式性的溝通，目的是要控制成員的行為。

藉由讓員工清楚知道該做什麼、工作優異與否、如何增強工作表現，能讓溝通也有激勵、增進工作動機的功能，我們曾在第4章介紹目標設定與增強理論時看過溝通運作的實例，形成明確目標、通往目標過程中的回饋、所求行為的增強，都能激發工作動機，同時也需要溝通才能達成。

對多數員工來說，工作團體是他們社交互動的主要來源，團體內的溝通是成員表達沮喪、滿足等情緒的基本機制。因此，溝通提供了情緒表達的管道，同時也滿足了成員的社交需求。

溝通的最後一項功能與其促進決策的角色有關，藉由傳送辨識與評估選項的資料，而能提供個人與團體決策所需的資訊。

上述四項功能的重要性是旗鼓相當的，為使團體表現更有效率，必須存在某種形式對成員的控制、激勵成員的表現、提供情緒表達的管道、並制定決策。我們在此大可假設，團體或組織內部的所有溝通都具備上述上種功能之一，甚或更多。

溝通程序

在溝通可以進行之前，必須先有意圖，然後才能轉換成訊息，之後再傳達出去。訊息由來源處（傳送者）傳給接收者，這中間需要編碼（轉換成某種符號形式）與適當的媒介（管道）及解碼，才可以將意思由一人傳至另一人而完成溝通過程。

溝通過程如圖9-1所示。這個模式含有七個部分：（1）溝通來源；（2）編碼（encoding）；（3）訊息；（4）管道

圖 9-1

溝通程序

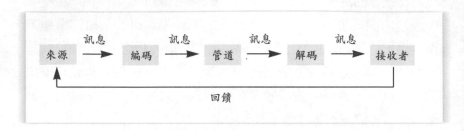

（channel）；（5）解碼（decoding）；（6）接收者；以及（7）回饋（feedback）。

來源經由對念頭的編碼而產生訊息，訊息則可視為是來源經編碼後的實體產物。包括說出的話、寫出的文字、比畫手勢時的手臂揮舞與面部表情，都是訊息。管道則是訊息流動的媒介，正式或非正式管道的使用則由來源決定，正式管道係由組織建立，傳送的訊息主要以成員的專業活動為中心，而且往往依循組織內部的權力鏈傳送；而其他形式的訊息，如個人或社交方面的訊息，則通常藉由組織內的非正式管道傳送。接收者是訊息最終到達的位置，但在訊息被接收到之前，訊息的象徵符號必須被轉譯成可為接收者所理解的形式，這個步驟就是訊息的解碼。整個溝通過程的最後一道連結就是回饋，這是對訊息轉換成功率的檢查，決定雙方是否達成理解。

溝通的方向

溝通的方向可以朝垂直或水平流動，而垂直方向的溝通可進一步細分爲向上溝通與向下溝通。

向下溝通

由團體或組織的某一階層向下流動到更低階層的溝通方向，我們稱之爲「向下溝通」，我們通常都會把經理人與屬下的溝通視爲向下溝通，這種溝通方式主要用於團體領導者或經理人指派目標、提供工作指導、通知屬下公司政策或程序、指出需要注意的問題、績效方面的回饋，但向下溝通不見得需要口頭或面對面的接觸，經理人可以用寄信到員工家中的方式，告知公司新的請病假規定，這就是一種向下溝通。

向上溝通

「向上溝通」的流動方向則是朝向團體或組織中的更高階層，這種溝通方式常見於提供高層意見回饋、向他們報告朝向目標的進度、轉達當下問題。向上溝通使經理人知道員工對工作、同事、組織整體的感受，經理人也依賴向上溝通來獲取改進方面的新點子。

向上溝通在組織中常見的範例包括，由低階的經理人向中高層主管作績效會報、意見箱、員工態度調查、申訴程序、上司下屬的會談、讓員工與上司或高層主管代表提出並討論問題的非正式性「牢騷」時段。舉例來說，聯邦快遞向來以其電腦化的向上溝通程式自豪不已，其全體員工每年都完成環境與管理階層的調查，這個程式在聯邦快遞獲得Malcolm Baldrige國家品質獎時，被審察員一致認爲是該公司重要的人力資源資產。[3]

水平溝通

同一工作團體內成員間、不同工作團體但屬同一階層的成員間、同一階層的經理人間、或任何水平位階上對等的人士間的溝通，我們稱之為「水平溝通」。如果組織內的垂直溝通很順暢的話，為什麼還需要水平溝通？答案是，水平溝通可以省時並促進工作上的相互協調。在某些情況下，水平溝通還會被正式鼓勵，但通常非正式性的水平溝通就像是電路上的短路，用以打破垂直的階層順序，並促使執行特定行動。因此，從經理人的觀點來看，水平溝通有好有壞。對正式垂直結構的死抱不放，只會阻礙資訊傳送的效率與正確性，在這種情況下，水平溝通是上司知情且支持的。但在正式性的垂直管道被破壞、或員工習於越級或繞著上司才能辦好事情、或上司對以此而生的行動或決策並不知情時，水平溝通會導致無用的衝突。

常用之溝通方式

團體成員之間如何傳遞訊息呢？基本上有三種方法，包括口語、文字，以及非語言溝通。

明顯的方式：口語溝通與文字溝通

傳遞訊息的主要方式是口語溝通。演說、正式的一對一討論和團體討論、非正式的謠言、流言，都是常見的口語溝通方式。

口語溝通的優點在於能夠迅速地傳達訊息並收到回饋。如果接收者不清楚所收到的訊息，他可以迅速地回饋給傳遞者，讓他作修正。

口語溝通最大的缺點發生在訊息傳遞必須經過許多人的時候。經過的人愈多，愈可能發生扭曲。如果你玩過「傳話」遊戲，大概就知道這個問題了。每個人都會以自己的方式詮釋訊息。當訊息傳到終點時，其內容常常與一開始的時候不一樣。在一個組織中，當決策與公報以口語的方式在權力階層間上上下下時，便有許多扭曲訊息的機會。

文字溝通包括備忘錄、信件、傳真、組織刊物、布告欄，以及任何文字或符號寫成的東西。訊息傳遞者為何選擇文字溝通？因為它是實質的，可以被保存與查證。通常傳遞者與接收者都會留下溝通記錄，且訊息可以無限地保存。如果對訊息的內容有疑問，以後可以找出來做參考。這對複雜而冗長的溝通而言是很重要的。新產品的行銷計畫通常包含了長達數月的任務，把它打做文字，執行者便可以隨時參考計畫內容。文字溝通的最後一個優點在於歷程本身。除了少數例子，像是正式演說，人們在書寫時總是比說話更小心，並且更謹慎地思考所要傳達的訊息。因此文字溝通有較佳的邏輯性、明確性，以及思考嚴謹性。

當然文字溝通也有缺點，它耗費較多時間：同樣的時間內，口試所能考的內容就比筆試多。事實上，十幾分鐘可以說完的事，用寫的可能要花上一小時。因此，用寫的可能比較精簡，但卻花較多的時間。另一個主要缺點是回饋的問題。在口語溝通中，接收者可以立即反應，並對聽到的訊息進行思考，然而文字溝通卻沒有既成的回饋機制，於是郵寄文件不保證被收到；即使收到了，也不保證接收者能完全明白其內容，除非要求接收者摘要其所瞭解的內容並寄回給傳遞者。正確的摘要便是一種回饋，可以證明的確收到訊息並被瞭解。

不太明顯的方式：非口語溝通

任何光顧過單身漢酒吧或夜總會的人，都一定知道訊息的傳達，不一定只能靠文字或語言。一瞥、一注視、一個微笑、皺一下眉頭、一個挑逗的身體擺動都能夠傳達訊息。因此對於溝通的討論，必須涵蓋非口語溝通（nonverbal communication）。非口語溝通包括身體的移動、音調或對某個字眼的強調、臉部表情，以及訊息傳送者與接收者之間身體的距離等等。

研究身體動作的學科叫做人體動作學（kinesics）。人體動作學探討姿勢、臉部表情，及身體其他部位的動作。但這是一個相當新穎的學科，多數仍屬臆測，尚未獲研究的支持。因此，儘管我們認為身體的動作，對於溝通與行為的研究，佔有一席重要的地位，但是在下結論時，必須特別留意。瞭解這一點之後，底下讓我們簡略的探討各種身體動作傳達訊息的方式。

有人認為，每一個身體動作（body movement）都有其意義，沒有任何身體動作是偶發的。例如，我們常常透過身體語言表達：「幫個忙，我很寂寞。帶我走，我不會拒絕你。別煩我，我在生氣。」並且我們在發出這些信號時，很少是有意識的。我們有什麼想法，身體語言隨著就會流露出來。我們揚眉表示不相信、搓鼻子表示困惑、雙臂胸前交叉表示想隔離自己或保護自己。我們聳肩表示不在乎、眨眼表示親密、扣手指表示不耐煩、輕拍額頭表示健忘。

儘管我們也許不同意上述身體動作所代表的意義，但是身體語言會伴隨著口語溝通，並使口語溝通更加複雜。某種身體的姿勢或動作本身並無特定的意義，但當它和口語聯結之後，會使訊息更加完整。

如果你只閱讀會議紀錄，而又不曾親身參與，也許會感受不到會議過程中的衝擊。為什麼？因為現場中的非口語溝通並沒有記錄下來。不同的語調（intonations）使相同的訊息產生不同的意義。同一句話以柔和的方式或尖銳的語調說出，給人的感受截然不同。

臉部的表情（facial expression）同樣可以傳遞訊息。一張青臉和一張微笑的臉代表著不同的意義。臉部表情再加上語調，可以表達傲慢、攻擊、害怕、害羞，或其他意思。這些是僅閱讀談話紀錄所無法接收到的。

人與人之間身體的距離（physical distance）也有其意義。至於何種距離才算適當，則視文化的規範而定。例如，在歐洲應酬時禮貌性的距離，在北美洲的國家裏可能認為是親密的表示。如果有人對你靠得很近，表示他想攻擊你或對你有興趣；如果離你很遠，那大概表示對你的說話沒興趣或不開心。

對於訊息接收者而言，溝通時注意對方的非口語訊號是很重要的。當你聆聽對方講話時，也要一併留意非口語的線索，尤其是接收到的訊息之間有矛盾情形時。上司也許會說，他歡迎你隨時跟他討論有關加薪的事情，但從非口語的線索來判斷，也許這個時候不適合討論這個問題。說話的時候，如果對方頻頻看錶，表示他想結束談話。有時候，我們嘴裡說著我們很信任對方，但是非口語上的表示卻可能給人一種「我並不信任你」的感覺。這種矛盾通常意味著非口語的暗示，比口語的內容更具正確性。

溝通網路

三人以上的團體進行溝通時，其訊息流經的管道更形重要。而團體本身的結構就決定了其溝通管道的形式。

正式小團體網路

有關團體溝通網路的研究通常在實驗室裏進行，因此研究所得的結論有點不適用於實際的情況，只適用於小團體。圖9-2所顯示的是三種較普通的小團體網路。鍊型網路是依循著正式指揮體

圖 9-2

三種常見的小團體溝通網路

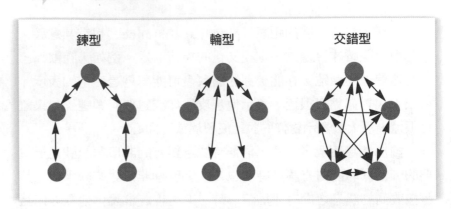

錬型　　　　　　輪型　　　　　　交錯型

系，輪型網路則是以領導爲團體溝通的核心，交錯型網路則讓所有成員都可以主動與其他人溝通，這通常最常見於其任務爲解決問題的團體，因爲所有人都可以自由發表意見。

　　每一種網路的有效性視其團體目標有所不同。[4]例如以速度爲考慮時，輪型與交錯型網路就比較有效。若以正確度爲考慮時，則選擇錬型與輪型。而輪型特別能突顯領導者。如果考慮到成員的滿足感，則交錯型最好，輪型最差。沒有任何一種網路能完全適用於所有情況。

非正式團體溝通網路

　　上面的討論僅針對正式的溝通網路，現在讓我們接著來討論非正式的溝通網路——亦即資訊如何沿著流言（grapevine or rumors）的通路散播開來。

　　關於「流言」的古典研究，在四十年前就有過一篇報導。該研究在一家製造廠商中，探討其67名管理人員之間的溝通型態。[5]

研究中所使用的基本方法是，詢問知道某項消息的接收者是如何知道該消息的，然後再一路追查下去。結果發現，雖然「流言」是一個相當重要的資訊來源，但只有10％的管理人員擔任過傳話筒，也就是把消息傳給別人（一人或以上）。例如，有一位經理人打算跳槽到另一家保險公司，結果81％的管理人員都知道這個小道消息，但只有11％的人擔任過傳話筒。

從這個研究所得出的兩項結論，也頗值得注意：第一，一般性的消息會在功能性部門（即行銷、生產）之間流通，而不是只會在部門內部流通；第二，並無證據顯示，會有一群人固定擔任傳聲筒的角色；而是不同性質的消息，會由不同類型的人擔任傳聲筒。

另有一項研究採用同樣的方法，在一家政府機構探討員工之間的流言。[6]結果也同樣發現，僅有10％的人擔任傳聲筒的角色。不過這一個研究的對象較廣泛，不僅限定於管理人員，同時也包括低層員工。但該研究發現政府間的流言流通僅限於部門內部，而不是在部門與部門之間流通。這其間的差異，被認為可能是研究樣本不同的關係，前一個研究只針對管理人員，而管理人員不慣於成為資訊的被動接受者，因此會主動向外傳訊。另一個差異是，後一個研究發現有固定的一群人擔任傳聲筒的角色。

經由流言管道流通的資訊是否準確？研究證據指出，大約75％的消息是正確的。[7]但是究竟在哪些條件之下，流言會比較活躍呢？

我們常以為流言之所以發生，是因為人們以閒聊為樂。但事實上，這種情形很少。研究指出，流言之所以發生，是做為對於下面三種情況的反應：（1）情況具重要性；（2）情況曖昧不明；（3）情況令我們焦慮。因為工作的場所常有上面三種情況存在，所以流言在組織中會相當興盛。在大規模的組織中，普遍存在著各種秘密與競爭，環繞著諸如新老闆會是誰、辦公室的遷移、工作的指派等話題，因而助長流言的流通。只有在人們對於不確定性的好奇或關心得到滿足，或焦慮感降低之後，流言才會平息下來。

從上面的討論，我們可以得到哪些結論呢？第一，流言在組織的溝通網路中，是相當重要而且值得去瞭解的部分。管理人員從流言中，可以發現有哪些情況令員工感到焦慮。所以，流言具有過濾與回饋的作用，使管理人員可以瞭解那些事件令員工重視；第二，從管理的觀點，既然只有少部分的人擔任傳話筒的角色，因此可以去分析流言的資訊內容，並預測其流向。也就是說，如果知道哪些擔任傳話筒的人重視哪種消息，我們就能提高預測與解釋流言形態的能力。

溝通障礙

在我們對溝通程序的討論中，曾經提到訊息的扭曲隨時可能發生。除此之外，還有一些障礙會影響溝通的有效性。

過濾作用

過濾作用（filtering）指資訊傳送者為了讓接收者高興一些，在傳送訊息時，故意操縱資訊。如果經理人只跟上司講一些他認為上司喜歡聽的話，這位經理人就是在「過濾資訊」。

資訊受到過濾的程度，主要決定於組織層級的數目。垂直方向的層級數目越多，資訊受到過濾的機會越大。有階級地位差異的地方，也必然有過濾作用的存在。諸如對惡訊揭曉的恐懼、對取悅上司的渴望等因素，都會使員工只向頂頭上司稟報他認為對方喜歡聽的內容，因此而扭曲了向上的溝通。

選擇性知覺

在本書前面的章節裏，我們提到過選擇性知覺。在溝通程序中，訊息接收者基於自己的需求、激勵狀態、經驗、背景及其他個人特質，會選擇性的「看」與「聽」。並且在解碼時，訊息接收者也會把自己的期望加諸在訊息上面。例如，面試主考官如果認為女性都是以家庭為重，則不論女性應徵者是不是真的很重視家庭，她在面試中所講的話，很可能都會被染上這層色彩。我們在第2章討論過，人類無法看到實相，所謂的實相只是對個人知覺的解讀。

性別風格

男女兩性使用口頭溝通的理由各異，因此，性別也是兩性間有效溝通的阻礙。

研究證據指出，男性利用談話來彰顯身分地位，而女性則是利用談話來建立連結。[8]也就是說男人所談、所聽到的是一種顯示階級地位、獨立性的語言，而女人所談與所聽到的是一種顯示連結、親密程度的語言。因此，對很多男人而言，談話主要是一種維持獨立性、保持社會階級地位的手段；但對多數女人而言，談話則是一種人們試圖追尋的親密感的談判過程，同時也是外界肯定與支持的來源。舉例來說，男性往往會抱怨女性老是在談自己的問題，而女性則批評男性根本不聽別人在說些什麼。這是因為，當男性聽到問題時，他們會以提供解決方案作為宣示自身獨立性與掌控力的渴望，但女性則視問題為促進雙方親密感的一種方式，女性將問題呈現於他人之前，為的是爭取支持與連結，而非男性的忠告。

情緒

接收者在何種狀況下接收訊息，會影響他對於訊息的理解。同樣的訊息，當你在生氣或高興的時候接收到，在感受上並不相同。極端的情緒，如節慶時的歡呼或失戀時的沮喪，最容易破壞溝通。因為在這些情況下，我們往往將理性及客觀的思考拋在腦後，代之而起的是情緒化的判斷。

語言

相同的文字，對不同的人而言，各有不同的意義。年齡、教育程度與文化背景是三個較明顯的變數，會影響到我們對於語言的使用及對字義的理解。專欄作家George F. Will 的語言，顯然不同於僅具高中文憑之職員所使用的語言。事實上，後者對Will使用的字彙，在理解上很可能會有困難。以Thomas Jefferson對法國大革命的說詞為例，Will 的評論如下：「將殘暴的迫害罪行以這種高談闊論一筆勾銷，是一種欺世之舉。[9]」

在組織裡面，員工常來自不同的背景。此外，不同的工作部門，也常會使用該行的「行話」或專業用語。在大規模的組織裡，其成員往往來自不同的地理區域——甚至不同的國家——因此在片語或字義的使用上，常常會不同。垂直層級的存在，也會造成語言上的問題。例如，管理階層的經理人都會利用誘因（incentive）和配額（quotas）這兩個名詞，但對於不同層級的經理人，對這兩個字的理解不同。對高階經理人而言，他們常說「部屬需要誘因與配額」；而對於低階經理人而言，這兩個名詞有操縱的意味，會使他們有憤慨的感覺。

重點在於，雖然你和我都使用同一種語言——中文，但是卻有著不同的使用法。如果我們能夠知道每個人對語言會添上哪些色彩，那麼溝通上的困難會減少。問題出於組織中成員們通常不知道其他人在語言上添加了哪些特殊意義。訊息傳送者常常會假定自己使用的語言與接收者相同，這當然是不正確的，因此也就造成溝通上的困難。

非語言線索

我們在前面曾提到非語言溝通是傳達訊息的一個重要的方式。但是非語言溝通在絕大多數的情形下會伴隨著口語溝通。只要兩者是一致的，就會彼此增強。如果老闆說他在生氣，而他的語調和動作也顯示他在生氣，則我們可以判斷他可能真的在生氣。當非語言線索（nonverbal cues）與口語訊息不一致，接收者會感到混淆，而影響到訊息的明確性。

跨文化溝通

即使在最佳條件下，達成有效溝通仍然相當困難，尤其是跨文化的因素更容易增加溝通上的困難。[10]

訊息的編碼與解碼是根據個人的文化背景來進行，因此文化的差異性便影響了溝通的進行。傳遞者與接收者之間的背景差異性愈大，賦予特定語言與行為的意義差異性也就愈大。來自不同文化的人對同一件事情的看法、解釋、評價也不一樣，因此會產生不同的結果。

在與來自不同文化的人進行溝通時，要如何消除知覺、解釋，以及評價上的差異性呢？以下四個原則或許會有所幫助：

1.在證實相似之前先假設差異是存在的：大多數的人會忽略

他人實際的情形而假設他們和我們是相似的。但來自不同
國家的人通常與我們是很不一樣的。因此在證實此相似之
前，先假設彼此不同，比較不容易犯錯。

2.重視事實的描述，而不要重視解釋或評價：對某人的言行
加以解釋或評價，通常是依據觀察者的文化背景來進行，
相較之下對言行的描述就比較不會如此。因此在充分以各
種文化觀點去觀察、解釋之前，最好不要預先作判斷。

3.運用同理心：在傳遞訊息之前，最好先設身處地為接收者
著想。對方的價值觀、經驗和參考架構是怎樣的呢？對方
的教育程度、成長背景是否能給你額外的線索呢？試著看
清對方的真實情況吧！

4.把自己所作的解釋當作未經驗證的假設：一旦你對一個新
的情境作出解釋或自認為你瞭解了來自另一文化的人時，
先不要確定你的解釋，而要把它當作需要進一步驗證的假
設。小心蒐集接收者的回饋，看看是否證實了你的假設。
對於重要的決策或溝通訊息，你可以經由外籍或地主國的
同事來確認你的解釋是否正確。

對經理人的啓示

既然有許多溝通上的障礙，經理人如何克服這些障礙呢？以下是一些促進溝通的方法。

利用回饋

許多溝通上的問題可以直接歸因於誤解和錯誤。如果你在溝通程序中利用「回饋」的話，這些問題就比較不可能發生。回饋可以是口語或非口語的形式（見表9-1）。

表 9-1

促進回饋技巧

下列建議可以幫助經理人員更有效地提供回饋給他人：

1. 針對特定行爲：回饋要針對特定行爲而不是籠統的現象。例如，在說「你的態度很差」的時候，其實可以改說：「小李，我很關心你的工作態度。昨天開會你遲到半小時，然後又說你沒看我們要討論的初步報告。今天你說要提早二小時下班去看牙醫。」這清楚地說明了小李被批評的原因。

2. 回饋不涉及人身：回饋必須和工作有關。不要因某個不當的行爲而做人身批評。說人家「太笨」、「無能」或其他類似的話，都是缺乏建設性的。

3. 目標取向的回饋：如果一個經理人不得不說些帶有負面意義的話時，應該確定是針對回饋對象的目的。因此必須先詢問回饋對象的目的，如果他的答案是「我只是想把一些東西從胸口弄掉」，這位經理人就什麼也不必說了。

4. 及時回饋：當行爲與對該行爲所產生的回饋在時間上間隔很短，對回饋對象而言最有意義。

5. 確定瞭解：回饋是否很清楚、完整，而讓對方能完全瞭解呢？經理人應讓回饋對象重述一遍該回饋的內容，以確定對方完全瞭解其中的意義。

6. 負面回饋必須針對回饋對象所能掌握的行爲：提醒某人其所不能控制的缺點，是沒有什麼意義的。因此負面回饋必須針對回饋對象所能處理的行爲。

如果你問訊息接收者：「你瞭解我說的話？」則對方的回答即代表是一種回饋。但是，回饋不應僅止於回答「是」或「不」。針對訊息的內容，你可以提出一些相關的問題，看接收者是否已經完全瞭解了，並且最好是由接收者以他自己的話把訊息再口述一遍。除了提問題及複誦一遍以外，回饋也可以較微妙一點。訊息接收者若能做一全盤性的評論，那麼你也可以看出對方是否已經瞭解了。此外，績效評估、薪資方面的討論，以及對升遷方面的看法，都是重要而微妙的回饋形式。

回饋當然不一定要用文字方式傳遞，做比說更為重要。例如一名行銷經理發出命令，要求部屬報告每位業務員新的單月業績標準，如果有人沒交出新報告，這也是一種回饋，這可能表示命令不夠清楚。同樣的，當你對一群人演說時，你看著聽眾的眼睛及其他非語言線索，以確定他們聽懂了沒有。這或許可以說明為什麼喜劇演員喜歡在錄影的時候有現場觀眾。因為立即的笑聲與掌聲或是安靜無聲，可以告訴演員訊息是否有效地傳出去了。

簡化語言

因為語言也是溝通上的一種障礙，因此訊息傳送者應該在表達上慎選字眼，並將訊息做另一番的整理，使訊息接收者能清楚地瞭解。

訊息傳送者必須簡化語言，並考慮訊息欲傳達的對象，使語言能夠與訊息接收者協調一致。請記住，有效的溝通除了需要接收者收到訊息之外，還要對方能完全瞭解，這樣才算達成目的。簡化語言可以增加接收者「瞭解」的程度。舉個例子來說，醫院的行政管理者跟護士及病人講話時，使用的術語必然不同。「行話」若講給圈子內的人聽，他們立刻就懂，但圈子外的人卻可能不知所云了。

主動傾聽

別人說話時，我們會聽。但我們常常不能夠傾聽。傾聽（listening）是主動地搜尋對方話中的意義，但是聽（hearing）卻是被動的（參見表9-2）。當你傾聽時，雙方同時都在

表 9-2

增進傾聽技巧

以下建議可以協助經理人成為良好的傾聽者：

1. 目光接觸：當我們用耳朵傾聽時，對方是以我們的眼神來判斷我們是否在傾聽。與說話者保持目光接觸可以讓我們集中注意力，減少分心的可能性，並對說話者具有鼓勵作用。

2. 表示肯定的點頭及適當的面部表情：一名良好的傾聽者可以用非語文信號表現出對談話內容的興趣。肯定性的點頭以及適當的面部表情，再加上目光接觸，可以告訴說話者我們正在傾聽。

3. 避免分心的動作或姿勢：表示興趣的另一個方法是避免一些讓人覺得你心不在焉的動作。包括看錶、翻書、轉筆等動作，都會讓對方覺得你感到無聊或沒興趣。

4. 提出問題：一名良好的傾聽者會分析其所聽到的問題並提出問題。這不但有助於瞭解、確保溝通，並可讓說話者知道你正在傾聽。

5. 複述：一名良好的傾聽者會以「我聽到你說……」或「你的意思是……」之類的話來複述說話者的談話內容。這不但可用來確認一個人是否在傾聽，也可控制溝通的正確性。

6. 避免打斷說話者：在作反應前必須讓說話者的思緒告一段落，而不是逕行猜測說話者的思考方向。

7. 別說太多話：大部分的人都比較喜歡談論自己的想法，而比較不願意聽別人說。很多人傾聽是為了讓別人也願意聽我們說話。雖然說話比較有趣，而沉默常令人覺得不舒服，但我們不可能在說話的時候還能傾聽。良好的溝通者應認清這個事實，別說太多話。

思考──傳送者與接受者。

為什麼許多人都是差勁的傾聽者呢？因為傾聽並不容易，並且溝通時扮演發言人的角色時較有滿足感。事實上，傾聽通常比說話還累，因為傾聽需要費腦力。跟「聽」不一樣，「主動的傾聽」需要全神貫注。一般人講話的速度大約是每分鐘一百五十字（英文），但傾聽的容量可以每分鐘超過一千字。很顯然地，這之間的時間差使得大腦因閒置而易於分心。

若能以同理心對待對方的談話，則傾聽的效果可以更為提高。所謂同理心意指把自己置身於對方的立場。因為訊息傳送者與接收者在態度、興趣、需求、期望等各方面均不同，因此若能達到同理心的境界，必然很容易就可以瞭解訊息。具有同理心的傾聽者對於訊息的內容保留自己的判斷，並且小心翼翼地傾聽對方所說的話，目的是為了完全接收對方話中的意義，不因為自己一時的判斷過早而扭曲原意。

控制情緒

認為我們總是可以完全理性的進行溝通，是種天真的想法。我們知道，人的情緒可以大大的扭曲訊息的意義。當我們情緒激動時，不僅進來的訊息會遭到我們的扭曲，而且我們同時也很難清楚而正確的表達我們想傳達的訊息。因此，在我們情緒恢復平靜之前，不要從事溝通活動。

注意非語言線索

由於行動重於言詞，因此要注意我們的動作，使之與我們的談話內容一致，並產生加強效果。我們知道非語言訊息很重要，基於此一事實，一名良好的溝通者必須注意其非語言線索，讓它們能傳遞我們想表達的訊息。

運用流言

流言是無法消滅的。因此，身為經理人所該做的是運用流言，讓它為我們效力。經理人可利用流言迅速傳遞訊息、在最後溝通前測試他人對各種決策的反應，並且在經理人身為傳話者的時候作為一種重要的回饋來源。當然，流言可能會挾帶具有破壞力的謠言，而減低正式溝通的有效性。在此種情況下，經理人應善用正式管道以傳遞員工所急欲知曉的相關正確訊息。

第10章

領導與信任

我們都同意，好領導對公司、政府，以及無以數計影響我們生活、工作與休閒的團體或組織是非常重要的。領導固然很重要，但問題的關鍵是，造就一個偉大領導者的要素是什麼？最誘人的答案可能是：眾多的跟隨者（followers）。這句話就某個程度而言是對的，但事實上則更為複雜。

什麼是領導？

領導（leadership）係指影響團體達成目標的能力，這影響力的來源可能是正式的，例如，在組織中擁有管理的職位，管理職位因伴隨著正式的權威指派，所以此領導角色是個人在組織中擁有職位的結果。但是，並非所有的領導者都是管理者，也並非所有的管理者都是領導人物，組織雖然提供給管理者某種權力，但並不保證他們能夠有效地領導他人。我們發現，源於組織之外的非正式影響力和正式影響力是一樣重要的，甚至更重要，換句話說，除了正式任命之外，領導者也可能由團體中自然產生。

與領導相關的文獻浩如煙海，但多數都令人如入五里霧中，甚或自相矛盾。以下幾頁將提供對有效領導者的深入洞察。

特質論

如果用經常出現在媒體中的隱喻來描述領導者，我們可以列出一系列的領導者特質，例如：智慧、領袖魅力、果斷、熱心、強而有力、勇敢、正直、自信等等。也就是說，有效領導者是三分之一童子軍和三分之二耶和華的總和。早期研究領導的心理學家即一直致力於尋找能區分領導者與非領導者的種種特徵。

歷史上眾所周知的領袖級人物——如邱吉爾、柴契爾夫人、馬丁路德·金、約翰·甘乃迪、曼德拉、泰德·透納、柯林·鮑威爾等人——是否具有異於常人的人格特質呢？這些人物都符合我們對領導者的定義，但他們卻各自擁有不同的性格特徵，因此，領導的特質論若要成立的話，那麼就必須找出所有領導者所共同擁有的特質爲何。

如果研究只試圖抽離這些特質的話，將使研究進入死胡同。所以，研究的目的是要找出一組能區分領導者與非領導者，或是有效領導者與無效領導者的特質，那麼這些研究可說是失敗了。也許，相信摩門教會唱詩班、奇異電子、Ted's Malibu Surf Shop、巴西國家足球隊、牛津大學的領導者，都具有一致且獨特特質之想法是太樂觀了。

然而，辨識領導特質的努力似乎稍有進展。使領導者與非領導者有別的特質有六：（1）驅力與企圖心；（2）領導與影響他人的欲望；（3）誠實與統合力；（4）自信；（5）智性；（6）與責任領域相關的深入專業知識。[1]

但由於特質論完全忽略情境因子，因此不足以解釋領導，擁有適當的特質只是提高個人成爲有效領導者的可能性，但個人也必須採取正確行動，而正確行動其實又因情境而異。因此，儘管自1980年代以來，學界對特質論似乎又重新燃起興趣，但捨特質論而就其他方向是早在1940年代就開始了。1940年代晚期至1960年代中期的領導研究強調的是，領導者偏好的行爲風格。

行為論

由於特質論的失敗，使得研究者轉而探索領導者所表現的行為，他們想知道的是，有效領導者的行為是否具有獨特性；例如，他們是否較民主而較不專制？

研究者不僅希望行為取向能對領導的本質提供明確的的答案，並且希望能得到有別於特質取向的應用價值。如果特質論成功的話，它將為團體或組織的正式領導甄選提供「正確」的人選；相對地，假如行為論可以指出領導的決定性行為的話，那麼我們就可以訓練人們成為領導者。特質論和行為論在應用上的差別在於其基本假設。如果特質論是對的，則領導者是天生的，你可能生來就具備此種特質，或者不具備。反之，如果真有可以區辨出領導者的特定行為，那麼領導者將是可以培養的——我們可以設計訓練課程，使有心成為有效領導者的人培養這些行為。這是一個令人興奮的途徑，因為它意味著領導人才的供應將不虞匱乏。

有關行為型態的研究很多，此處我們將回顧兩個廣為人知的研究：俄亥俄州立大學小組（Ohio State group）和密西根大學小組（University of Michigan group）。然後再看看如何應用這些研究所發展出來的概念，建構一個檢視與衡量領導風格的座標。

俄亥俄州立大學的研究

行為論的研究大部分肇始於1940年代後期的俄亥俄州立大學。[2]這些研究主要在尋找領導行為的獨立向度。開始時先羅列出一千多個行為，最後濃縮為兩大類別，用以解釋部屬所描述的領導行為。研究者將此兩個向度命名為主動結構和體恤。

主動結構（initiating structure）是指領導者為了達成目標，在界定或建構自己與部屬的角色時所做之行為。這些行為包括組織工作任務、工作關係，以及工作目標。高主動結構的領導者會指定團體成員從事特定的工作，要求工作者維持一定的績效水準，強調工作期限的達成。

體恤（consideration）是指領導者願意和部屬建立互相信任、尊重部屬構想，重視部屬感受的工作關係；領導者表現出關心部屬的舒適感、福利、地位和工作滿足感。高體恤的領導者會幫助部屬解決個人的問題，友善、易於親近，且對部屬一視同仁。

根據上述定義而做的許多研究都發現，高主動結構且高體恤的領導者比其他領導者（低主動結構、或低體恤或兩者都低），更能使部屬有較高的績效與工作滿足感。但是，這種高主動結構且高體恤的領導型態並不一定總是導致正向的結果。例如，高主動結構的領導行為會使從事例行性事務的工作者有較多的抱怨、曠職、流動率，以及較低的工作滿足感。其他研究則發現，高體恤的領導行為會與上司對領導者的績效評估成負相關。總而言之，俄亥俄州立大學的研究結果認為，「高體恤——高主動結構」的領導風格通常有正向的結果，但是情境因素若能納入理論中加以整合，則應能擴大其解釋範圍。因此，情境因素應一併納入理論中加以考慮。

密西根大學的研究

密西根大學調查研究中心的領導研究，大約和俄亥俄州立大學的研究時間同時開始，兩者具有相同的研究目的：研究和測量與工作績效有關的領導行為。[3]密西根團體的研究也得到兩個領導行爲的向度，分別命名爲員工導向（employee-oriented）和生產導向（production-oriented）。員工導向的領導者較注重人際關係，他們較瞭解部屬的需要，並且能接受員工間的個別差異。相反地，生產導向的領導者較強調工作技術或作業層面——他們最關心的是團體工作目標的達成，視團體成員爲達成目標的工具而已。

密西根研究者的結論強烈支持領導者的員工導向行爲，員工導向的領導行爲與高團體生產力、高工作滿足感有正相關。而生產導向的領導行爲則和低團體生產力、低工作滿足感相關。

管理座標

Blake和Mouton於1964年針對領導風格發展了一個二向度的座標圖。[4]此座標圖係以關心員工（concern for people）和關心生產（concern for production）亦即是俄亥俄州立大學的體恤與主動結構向度，或是密西根大學的員工導向與生產導向向度爲基本向度建構出領導風格，稱爲「管理座標」（managerial grid）。

圖10-1所示座標的兩個軸各有九個點，共可組合出81種可能的領導方式。此座標方格並不代表領導成敗，而是代表主控領導者處事思維的因素。

根據Blake以及Mouton的研究發現，他們認爲在（9,9）位置的領導類型，管理者的績效最好，反之，（9,1）「權威型」（authority type）或（1,9）「鄉村俱樂部型」（country-club type）績效較差。可惜的是，因爲沒有明確的證據支持（9,9）型是在所有情境中最有效的領導方式，所以在解決領導理論的困境方面，此座標只提供了一個解讀領導類型的較佳概念架構，而不代表任何實質上的新訊息[5]。

圖 10-1

管理座標

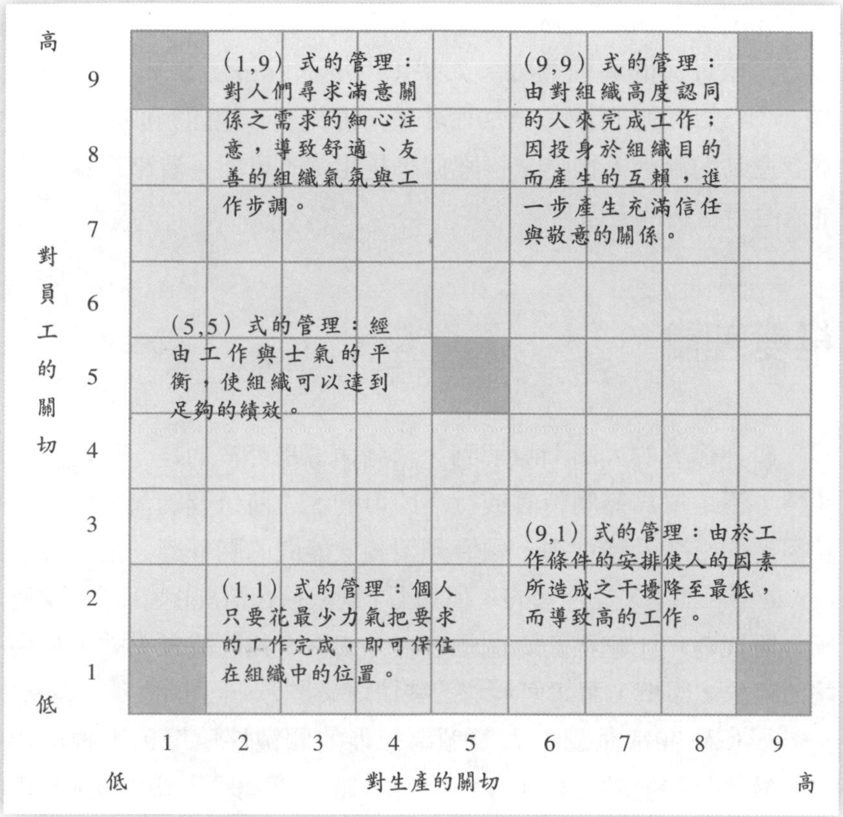

高
9 ｜ （1,9）式的管理：對人們尋求滿意關係之需求的細心注意，導致舒適、友善的組織氣氛與工作步調。 ｜ （9,9）式的管理：由對組織高度認同的人來完成工作；因投身於組織目的而產生的互賴，進一步產生充滿信任與敬意的關係。
8
7
對 6
員 5 ｜ （5,5）式的管理：經由工作與士氣的平衡，使組織可以達到足夠的績效。
工 4
的 3 ｜ （9,1）式的管理：由於工作條件的安排使人的因素所造成之干擾降至最低，而導致高的工作。
關 2 ｜ （1,1）式的管理：個人只要花最少力氣把要求的工作完成，即可保住在組織中的位置。
切 1
低

　　1　　2　　3　　4　　5　　6　　7　　8　　9
低　　　　　　　對生產的關切　　　　　　　高

資料來源：《組織發展的突破》R. R. Blake, J. S. Mouton, L. B. Barnes, and L. E. Greiner, "Breakthrough in Organization Development," *Harvard Business Review,* November-December 1964, p. 136. Copyright © 1964 by the President and Fellows of Harvard College; all rights reserved.

結語

　　上文中，我們已經介紹了以領導行為來解釋領導的研究趨勢中，最廣為人知且最重要的研究。可惜在團體績效與領導類型間，研究人員並未發現一致的相關係，因為環境不同，結果也會有所變異，所以沒有辦法得出一個通則，這是因為忽略了真正影響成敗的情境因素所致。例如，活躍於1950與1960年代的馬丁路德（Martin Luther King, Jr.）如果生在二十世紀初，他可能不會成為一位偉大的人權領袖。如果Ralph Nader生在1834而不是1934年，或生於哥斯大黎加而非康乃迪克州，他能夠成為主導消費者運動的風雲人物嗎？答案似乎是相當不可能，看來行為學派並未澄清這些情境因素。

權變理論

研究領導的人漸漸瞭解到，預測領導是否成功是一件複雜的事情，不是單靠幾個特質或行為即可的。先前研究的失敗促使情境因素的影響受到重視。領導類型和效能間的關係應該是：在情況A之下，類型X是合適的，但類型Y則較適合情況B，而類型Z應配合情況C。但如何定義情況A、B、C呢？我們說領導效能依情境而定是一回事，而如何辨認這些情境又是另一回事了。

很多研究都試圖把影響領導效能的關鍵性情境因素抽離出來，最常見的變項包括：任務類型、領導者頂頭上司的作風、團體規範、時間要求、組織文化等等。

三項權變理論吸引了學界的注意力：「費氏權變模式」（Fiedler model）、「路徑——目標模式」（path-goal model），以及「領導者參與模式」（leader-participation model）。我們將在本節中介紹這些理論，雖然沒有任何一個權變理論直接提及性別的影響，但越來越多研究探討男女兩性不同的領導作風，而由於近年躍升組織領導職位的女性快速增加，性別的議題也越趨重要，因此我們也將討論性別這項權變變項。

費氏權變模式

　　首先介紹的是費德勒（Fred Fiedler）於1967年發展的領導的權變模式（contingency model）[6]。他的模式認為團體績效係受領導者與其部屬的互動類型，與情境給領導者控制權或影響力的配合是否適當之影響。費氏發展了最不喜歡的工作夥伴（the least-preferred co-worker；簡稱LPC）量表，用以測量個人是屬於工作取向（task-oriented）或是關係取向（relationship-oriented）：他還列出三個情境指標——領導者與部屬的關係、工作結構，以及職權——他相信操弄這些指標便能與領導者的行為取向作最好的搭配。因為LPC量表是一種簡單的心理測驗，所以費氏模式就某方面來說，算是特質論的延伸。費德勒試圖抽離情境因素以超越特質論和行為論，並將性格因素與情境類型求相關，然後以此兩者的互動來預測領導效能。以上關於費氏模式的描述顯得很抽象，下面我們將具體地詳細討論。

　　費德勒認為，影響領導成敗的主要因素是個人的基本領導風格。所以他先著手於基本領導風格的認定，LPC量表的創立正可以達成此目的。LPC量表係包含十六組兩極的形容詞（例如：愉快的——不愉快的，有效率的——無效率的），要求受試者想想所有曾和他共事過的工作夥伴，並以此兩極的形容詞量表來描述其最不喜歡的工作夥伴。費德勒認為，根據受試者在量表上的作答結果，他能決定受試者的領導取向。受試者如果對最不喜歡的工作夥伴以較正面的形容詞加以描述（高LPC分數），費德勒認為受試者的主要興趣是和他的工作夥伴維持良好的人際關係；那麼，他可能是關係取向的。相反的，假如受試者是用較負面的形容詞來描述其工作夥伴（低LPC分數），則其主要興趣是工作績效，那麼，可說他是工作取向的。費德勒假設個人的領導風格是固定的，這一點是很重要的。因為如果某情境所需要的是工作取向的領導者，但是在該職位的領導者卻是關係取向的，那麼，為了達成最佳的績效水準，我們是應該改變情境亦或將此領導者予以替換呢？費德勒辯稱道，領導風格是與生俱來的，你無法改變你的領導風格去迎合不斷變化的情境。

一旦由LPC量表衡鑑出個人的領導風格之後，接下來就必須將領導者與情境作一搭配。費德勒認為可以三個權變向度界定出主要的情境因素以影響領導效能，此三個權變向度是：領導者與部屬關係（leader-member relations）、工作結構（task structure）以及職權（position power），其定義如下：

1. 領導者與部屬關係：指部屬對領導者信任、有信心和尊敬的程度。
2. 工作結構：指工作指派程序化的程度。
3. 職權：指領導者在甄選、解僱、訓練、升遷和調薪等方面影響力之大小。

費德勒認為領導者與部屬的關係越好，工作結構越清楚，職權越大，則領導者的影響力與控制力也越大。例如：一個非常有利的情境（即領導者擁有極大的控制力）係包含管理者備受部屬尊敬，部屬信任他（即良好的上司與下屬關係），工作活動——如薪水計算、支票繕寫、報告歸檔等——都有特定而明確的程序（即高度工作結構）；對部屬的獎懲有足夠的自由度（即職權大）。相反的，不利的情境係指領導者不為工作團體成員所愛戴，在此情境下，領導者的控制力相當小，如果將三個權變變數加以搭配，可得八種情境。

在獲知個人的LPC分數和衡鑑出三個權變變數之後，費氏權變模式更將其與領導績效作一連結。費德勒在研究一千兩百個以上的團體，比較八種情境下的關係取向或工作取向的領導者之後，所得的結論是：工作取向的領導者是在非常有利（very favorable）和非常不利（veryunfavorable）的情境下表現較好（見圖10-2）。因此費氏預測，在類別Ⅰ、Ⅱ、Ⅲ，或Ⅶ、Ⅷ的情境下，工作取向的領導者績效較好，而關係取向的領導者在中等有利的情境下──亦即類別Ⅳ、Ⅴ、Ⅵ──表現較好。

圖 10-2
....

Fiedler 模式

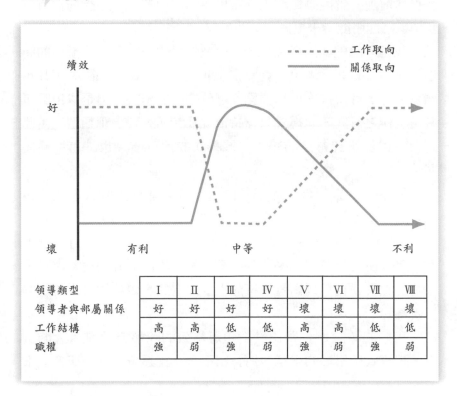

根據這些發現，你將如何應用呢？首先，你要將領導者與情境搭配起來。個人在LPC上之得分已經決定了哪一種情境最適合他，而此「情境」則由三個權變向度所構成：個人領導風格、工作結構、職權。但由於費德勒宣稱個人的領導風格是固定的，因此，只有二條途徑可以增加領導的績效。一個方法是換領導者，就像在棒球賽中，根據對方打者的特性，更換左手投球或右手投球的投手一樣，也就是說，如果團體情境十分不利，而且正由一個關係取向的經理人帶頭，管理階層也許可以藉由更換一個任務取向的經理人來改善團體績效；第二個方法是改變情境以配合領導者，例如重整任務內容或調整領導者調薪、升遷、懲誡的職權，假設某位任務取向型的領導者正處在第IV類情境中，如果職權得到增加，就能讓領導人在第III類情境中運作，這樣的領導者與情境搭配將能帶來更高的團體績效。

我們不應就此認為費德勒已經把領導績效長久以來潛在的問題解決了。研究發現：以實驗室研究法所作之研究，除了第II類情境之外，費氏模式可以預測大部分的領導績效；但是以田野研究法所作之研究，此模式只支持情境II、V、VII、VIII類型。由此可知，由於研究方法的差異，該模式的預測結果也就有所衝突了。

但是，整體而言，大部分的研究結果都支持費氏模式的預測，為了使此模式更臻於完善，添加一些其他變項，更是勢在必行。[7]況且LPC量表本身問題很多，以致在實務上應用時倍感困難，因為LPC的邏輯基礎不易瞭解，個人的LPC分數也不穩定，情境變數複雜且難以衡量，實際上要決定此三變項的大小值是非常困難的。

我們的結論是，費德勒對領導績效的瞭解方面有重大的貢獻，該模式所引發的爭議也將持續下去。雖然費德勒的研究並未獲得完全的支持，其模式也需要添加其他中介變項以利運用；但是，費德勒的研究對領導績效權變理論的發展仍具有舉足輕重之影響。

路徑──目標理論

目前最受推崇的領導理論是路徑──目標理論（path-goal theory）。此理論由Robert House發展而成，是一種權變模式，它擷取俄亥俄州領導研究的主動結構與體恤，並與動機期望理論加以整合。[8]

此理論認為，領導者的主要任務是幫助其部屬達到他們的目標，同時提供必要的指導或支持，以確保他們的目標可以和團體或組織的目標加以配合。路徑──目標一詞意涵著，具效能的領導者應該幫助部屬澄清可以達成目標的途徑，並減少路途中的障礙與危險，以利目標之達成。

根據路徑──目標理論，領導者的行為若為可接受的（acceptable），就必得是其部屬們的立即性滿足感或未來滿足感的來源。領導者行為若為具有激勵性的（motivational）就必須：促使部屬的需求滿足與績效相互連結；提供有助於績效的訓練、指導、支持和獎賞。為了檢視以上陳述的有效性，House指示了四種領導行為：指導式領導者（directive leader）：讓部屬清楚他人對他的期望，完成工作的程序，並對如何達成工作任務有明確指導。此與「主動結構」雷同。支持性領導者（supportive leader）：親切友善，並對部屬的需求表示關切。此與「體恤」相同。參與式領導者（participative leader）：作決策前，徵詢部屬的意見並接受其建議。成就取向領導者（achievement-oriented leader）：設定挑戰性的目標，以鼓勵部屬盡其所能。House假設領導者是具有彈性的，路徑──目標理論隱含著領導者會因情境之不同而表現上述各種不同的領導行為。

如圖10-3所示，路徑──目標理論提示有兩組情境變數會影響領導行為與績效的關係。一為領導者控制範圍外的環境因素（工作結構、正式的權力系統、工作團體）；另一為部屬的個人特性（內外控性、經驗、能力）。理論認為領導者的行為應該與這些權變向度互補。所以領導者的行為若與外在環境結構所提供的資源重複，或與部屬的個人特性背道而馳，那麼領導者將無效能可言。

圖 10-3
....

路徑──目標理論

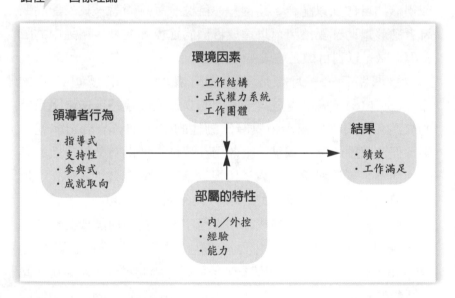

以下是一些根據路徑──目標理論導出的假設：

1.當工作結構模糊不清或深具壓力時，指導性領導可以導致部屬較大的工作滿足感。

2. 當工作結構清楚時，支持性領導可以導致部屬較高的工作績效與工作滿足感。

3. 當部屬擁有足夠的能力和經驗時，指導性領導就顯得很多餘。

4. 正式的權力系統若越清楚且僵化，則領導者越需要表現較多的支持性行為，並減少指導性行為。

5. 當工作團體內部存在著衝突時，指導性領導可以導致較高的工作滿足感。

6. 部屬若越是內控型的人，則越滿足於參與式領導。

7. 部屬若越是外控型的人，則越滿足於指導性領導。

8. 即使工作結構模糊不清，但只要努力可以獲致高績效時，成就取向的領導可以提高部屬的期望。

上述諸假設受到研究支持的情況是令人鼓舞的。[9]研究證據都支持此理論的基本邏輯：領導者若能補償員工或工作情境中所欠缺的東西，則對員工的工作績效與工作滿足感會有正面的影響。但是當工作任務很清楚，員工也有足夠的能力和經驗處理時，領導者若還浪費時間去詳加解說或給予指導，不僅累贅，也有侮辱之嫌。

那麼，路徑——目標理論的遠景如何呢？顯然的，該理論架構已獲實證性研究支持，然而，我們仍期待有更多的研究投入，發掘更多的中介變項，以便修正或擴充該理論，使其更形茁壯。

領導者參與模式

由Victor Vroom和Phillip Yetton在1973年所建構的領導者參與模式（leader-participation model）[10]是最新的權變模式之

一。此模式係將領導行為與參與決策連結在一起，又由於例行性活動與非例行性活動的工作結構不同，因此，該模式研究者建議，領導行為應該針對工作結構加以調整。Vroom和Yetton的模式是規範性的——它提供一系列必須遵行的程序法則，以便決定決策中參與的形式與份量，此模式是由七種權變向度和五種不同的領導風格所組成的決策樹（decision tree）。

Vroom和Arthur Jago最近修訂了這個模式，[11]新的模式保留了之前的五種領導風格（從領導者自行決策、與團體分享問題所在、到發展共識性決策），但將權變向度增為12項，如表10-1所示。

表 10-1

领導者參與模式修訂版本的權變向度

一、決策的重要性
二、獲取部屬對決策認同的重要性
三、領導者是否已取得良好決策所需的足夠資訊
四、問題本身的結構性
五、獨斷的決策能否獲得部屬認同
六、部屬是否已認同組織目標
七、部屬在解決方案上是否有衝突
八、部屬是否具備良好決策所需的足夠資訊
九、領導者承受時間壓力，因而可能使部屬參與受限
十、召喚不同地區部屬的成本是否合理
十一、領導者縮短決策時間的重要性
十二、將參與做為培養員工決策技巧之工具的重要性

修訂自《新的領導：組織參與的管理》V. H. Vroom and A. G. Jago, *The New Leadership: Managing Participation in Organizations* (Upper Saddle River, NJ: Prentice Hall, 1988), pp. 111-12; V. H. Vroom and P. W. Yetton, *Leadership and Decision-Making,* (University of Pittsburgh Press, 1973), p.194.

對領導者參與模式的原始與修訂版本之測試結果非常令人鼓舞，但不幸地，對一般經理人來說，這個模式過度複雜，而無法在平常運用。事實上，Vroom與Jago為此已設計了一套修訂版專用的電腦程式，引導使用者進入各決策分支。

顯然地，我們在這裡的討論無法為這個模式的複雜細密多作辯白，但重要的是，Vroom與其同僚在此提供了明確而具實證性的支持洞見，讓人知道在選取領導風格時，該考慮哪些權變變項。

視性別爲權變向度之一：兩性領導風格有別嗎？

仔細檢視文獻後，在性別與領導方面會得到兩項結論：[12] 一，兩性領導風格的相同之處，遠高過兩性間領導風格的差異；二，兩性領導風格最大的差異似乎在於：女性偏好民主式的領導風格，而指揮型的領導風格會讓男性較爲自在。

兩性領導者相似是理所當然，幾乎所有討論這項議題的研究，都將管理座標上的位置視爲領導風格的同義詞，在這種作法下，一般人常見的性別差異反而不那麼明顯。爲什麼呢？這是因爲個人與組織在職業上的篩選過程所致，就像選擇執法或土木工程爲業的人，彼此間有許多共同點一樣，會選擇管理爲業的人也往往有許多共通之處。擁有智性、信心、善於交際等領導特質的人，很容易被大眾視爲領導者，同時也往往被鼓勵投身至能讓其發揮領導能力的職業。今日這一點是兩性皆然的，而組織在雇用展現領導特質者後，也有將其安排在領導職位的傾向。結果就是，不論性別爲何，能爬上公司正式領導位置的人，彼此間的相同點遠高於彼此間的差異。

除了前述的結論之外，研究其實還是指出了兩性「天生」領導風格上的差異。女性領導者鼓勵參與、分享權力與資訊、也試圖提升部屬的自我價值，同時偏好以包容、個人魅力、專業知識、個人接觸、人際技巧來影響他人；但男性則較常使用指揮式的命令控制風格，習於仰賴職位上的正式權力爲影響力的基礎。這都與我們的第一個結論一致，但這些發現還是有條件限制：例如，從事傳統男性優勢工作的女性領導者，會降低其領導風格的民主化傾向，顯然地，此時因領導者的團體規範與陽剛的刻板作風凌駕於個人偏好之上，因此使從事這類工作的女性揚棄了自身的陰柔風格，而以較專斷的方式取而代之。

既然組織內的領導位置向來多爲男性所把持，我們可以假設兩性的差異會自然地使男性居於有利地位，但事實並非如此。在今日的組織中，靈活性、團隊精神、信任、資訊分享已逐漸取代刻板結構、個人競爭、控制、保密安全的地位。最佳的經理人要能夠傾聽、激勵、支持部屬，這些似乎都是女性較長袖善舞的領域。舉個特例來說，跨領域團隊在組織內的廣泛推行，亦同時意味著有效的經理人應該也要是談判高手，女性典型的領導風格使她們在談判上遠較男性得心應手，因爲她們比較不會把競爭與輸贏看成世界的中心，而往往能以關係的來龍去脈來看待談判一事，且試圖讓對方在自己與他人眼中都是贏家。

新特質論：奇魅型領導

本章所討論的領導理論中所指的大多是執行型領導者（transactional leader），這類領導者以澄清角色與工作要求來指導或激勵部屬達成組織目標。而另一種領導者則是鼓勵員工超越一己之利，以組織的利益爲考慮；這類領導者對其部屬的影響深度與廣度都很高。我們稱這類領導者爲轉型（transformational）

或奇魅型（charismatic）領導者。知名的領導人物像泰德‧透納、潔西‧傑克遜、泰瑞莎修女、麥克阿瑟、羅斯福等，都是屬於這類型的領導者。他們藉由本身的能力轉變其追隨者，提升他們對工作的重要感與價值感。「只要老闆一句話，赴湯蹈火，在所不辭」，這句話可以表現出奇魅型領導者所激發出來的力量。

奇魅型領導者與非奇魅型領導者在特質上有哪些差異呢？以下五點是奇魅型領導者最主要的特質：[13]

1. **自信**：他們對本身的能力與判斷力有百分之百的信心。
2. **願景**：這是個「明天會更好」的理想目標。願景與目前的實際狀況差距越大，追隨者會認為領導者的理想越超凡。
3. **堅持理想**：奇魅型領導者常被認為是信守承諾的人，且為達成理想甘冒個人風險，付出極大代價，甚至犧牲自我。
4. **行為異於常人**：奇魅型領導者常會做出新奇、反傳統、有違常規的行為。一旦成功，這些行為會引發追隨者的訝異及讚揚。
5. **被視為改革者**：奇魅型領導者被視為激進的改革者，而非現狀的守護者。

奇魅型領導者對其追隨者的態度與行為有什麼影響呢？有研究發現，比起有效但非奇魅型之領導者的追隨者而言，奇魅型領導者的追隨者較有自信、覺得工作比較有意義、對領導者比較支持、比較願意長時間工作、覺得領導者比較有活力，而且有較佳的工作表現。[14]另有一個研究顯示，與依賴傳統主動結構或體恤之執行型領導者麾下工作的部屬相比，奇魅型領導者的追隨者有較高的生產力及滿足感。[15]事實上，這兩個研究所提供的資料皆十分有限，我們需要更多的研究來澄清此一問題。不過這些現有的研究已相當令人振奮。

願景式領導

願景（vision）一詞在我們前面對奇魅型領導的討論中才剛出現過，但願景式領導並非只是一種奇魅型領導，本節將審視對願景式領導重要性的最新發現。

願景式領導（visionary leadership）意指為組織或組織單位，打造一個比現況更好，且現實性、可靠性、吸引力三者兼具之未來願景的能力。[16]適當選擇與落實願景，對組織無疑是一劑強心針，「匯聚技巧、天分、資源作為讓未來成真的有力跳板」。[17]

對不同定義的回顧發現，願景與其他形式之目標設定有以下差別：「願景具備清晰且令人注目的前景，在兼顧傳統的同時，提供創新的改進方法、並化為能讓人們理解變革的行動。願景佔據人們的情緒與能量，在適當的銜接下，願景能啟發人們對球賽等休閒活動般的狂熱，將能量與認同匯集到職場之中。」[18]

以價值為中心、可落實、具備超然意象與銜接力等能啟發人心之可能性，似乎就是願景的關鍵特質。願景必須能打造啟發人心、獨特的可能性，並且提供能使組織鶴立雞群的新秩序。無法提供清晰且對組織成員有利之未來前景的願景往往會失敗，大眾需要的是切合時代與環境，且能反映組織獨特性的願景。組織內的人們也必須相信願景是指日可達的，是具可行性的挑戰。具備清晰銜接與強烈意象的願景，是最容易為大眾所截取且接受的。

願景有哪些實例？Rupert Murdoch對未來通訊產業的願景，結合了娛樂與媒體，經由其報社，Murdoch成功地整合了廣播網、電視台、電影工作室、出版業、全球衛星。Mary Kay Ash將女性視爲販售更佳自我形象之企業家的願景，促生了她的化妝品公司。Charles Schwab近來則試圖藉由折扣價格與全面服務的結合，來重新定義金融服務商品。

　　願景式領導者展現了哪些特質？一旦願景呼之欲出，通常這類領導者都具備與其願景角色效率相關的三大特質：[19]一是對他人解釋願景的能力，領導者需要以行動與清晰的口語、文字溝通，勾勒出明確的願景；二是經由領導者自身的行爲，而非口頭說說而已，來表達願景的能力，這需要能揭示且強化願景的行爲模式；第三項技能則是將願景延伸至不同領導情境下的能力，這同時也是安排活動使願景在各種情境下落實的能力。

團隊領導

　　團隊（team）的領導有越來越重要的趨勢，然而不幸的是，許多領導者卻無力掌控。一名知名的顧問指出，「即使是最能幹的經理人也可能觸礁，因爲面對團隊時，以前頗爲靈光的命令與控制那一套不再管用，那是人地均不宜的管理技能」。[20]這位顧問並估計，「可能有15％的經理人是天生的團隊領導人，但另有15％的經理人很難成功，因爲與其人格不符（他們無法爲團隊著想而昇華其支配式的領導風格），剩下的經理人則占大多數：他們不是天生的團隊領導人，但是他們可以去學習」。[21]

　　因而，對大多數的經理人而言，現今的挑戰是學習如何成爲一個有效能的團隊領導人。他們必須學習諸如分享資訊、信任別人、放棄職權、以及瞭解何時介入等技能。有效能的領導人會知道何時該放手讓團隊自由運作，以及何時該對團隊做某種調整。新手可能在團隊成員需要更多自主性時施加太多的控制，卻又在團隊需要支援與協助時棄之不管。[22]

最近有一項研究20家重新以團隊來建構的公司之調查指出，有一些共同的職責是所有經理人必須肩負的，包括：教導、促進、處理懲戒問題、檢視團隊與個人的績效、訓練、以及溝通。[23]這些職責當中，有許多可以用在一般的經理人身上。在描述團隊領導人的職位時，較有意義的一種方式是焦注於二項優先事項：管理團隊對外的疆域與促進團隊的處理程序順遂。[24]這些優先事項又可往下細分為4種特定的角色：

第一，團隊領導人是「與外在機構的聯絡橋樑」（liaison with external constituencies）。這些外在機構包括更高層的管理當局、其他內部的團隊、顧客及供應商等等。領導人對外代表團隊，確保重要的資源不虞匱乏，澄清別人對該團隊的期望，從外界收集資訊，以及與團隊成員分享這些資訊。

第二，團隊領導人是「麻煩終結者」（trouble-shooters）。當團隊有了麻煩：需要支援時，團隊領導人會坐下來一起開會，並能協助解決問題。這很少跟技術性或作業性的議題有關。為什麼？因為團隊的成員們通常比團隊領導人懂得更多關於任務如何完成等細節。團隊領導人最可能有所貢獻的地方在於：詢問貫穿性的問題，協助團隊成員把相關的問題清出來，以及爭取到重要的資源。例如，一家航太公司的一個團隊發現自己短缺人手，其領導人於是負責向上級爭取，取得核准後，在人力資源部門的協助下順利增加人手。

第三，團隊領導人是「衝突管理者」（conflict managers）。當團隊成員們意見不合時，他們會協助處理衝突。探討的問題包括：衝突來源為何？誰介入其中？有哪些議題？有哪些解決之道？各項解決方案的優缺點為何？藉著清理上述這些問題，團隊領導人將團隊內部的衝突減至最低。

第四，團隊領導人是「教練」（coaches）。他們須澄清各種期望與角色，教導成員，提供支援，擔任啦啦隊，以及做任何可以提高團隊成員之工作績效的事。

最後省思：有時領導根本不產生影響

在本章最後，我們對「某些領導風格在各種情境都有效」的說法提出挑戰。領導或許不是永遠都是那麼重要的。很多研究資料指出，在很多情境中，不論哪種領導行為都不會產生影響。某些個人、工作和及組織變項，可以作為領導的替代物，進而消除正式領導者對部屬的態度與效能所能發揮的影響力。[25]

例如部屬的經驗、訓練、專業能力及獨立需求，都會淡化領導的影響。這些特質可以取代領導者在建立結構及降低任務模糊性的功能。同樣的，例行性、結構清楚，或本身就具有酬賞性的工作，也可以減低對領導的要求。最後，組織的一些特質，像是清楚的正式目標、嚴謹的規定與程序，或高凝聚力的工作團體，都可取代正式領導者的功能。

對於上述說法我們不必太訝異。在本書的前面幾章，我們已經介紹過一些會影響員工表現及滿足感的獨立變項。領導概念的支持者在解釋及預測行為時，太過強調領導變項的重要性，認為部屬在完成目標時必須完全仰賴領導者的指導，這不啻為太過簡化的想法。因此，在解釋組織行為時，領導只能當作是另一個獨立變項。在某些情境下，領導可以解釋員工的產能、曠職、流動率，以及滿足感；但在某些情境下，其解釋力就非常的低。

即使是奇魅型領導，也可能不是大眾及媒體所想像的那種萬靈丹。或許奇魅型領導者可以帶領團體或組織安然度過危機，但在危機結束而回到正常情況時，他們可能就不會有太好的表現了。這時候，危機狀況中所需要的強勢作風與自信行爲，就成了不利的因素。奇魅型領導者通常是冷靜、專制的，並對自己的想法有十足的把握。這些行爲可能會逼走優秀人才，並引導組織走向危險之路。

信任與領導

對今日的經理人來說，信任（或說欠缺信任）已是日漸重要的議題，本章將定義信任並提供一些建立信任的指導方針。

何謂信任？

信任（trust）是一種對方將不會經由言語、行動或決策來唱反調的正面期望，[26]這項定義最重要的兩個元素是：熟悉度（familiarity）與風險（risk）。

我們定義中所用的正面期望一詞，意指我們對對方的瞭解與熟悉程度。信任是一種基於相關但有限的經驗範例的歷史性過程，[27]信任的形成需要時間，以漸進與累進的方式建立。多數人都發現，若對對方一無所知，很難（或說根本不可能）立即產生信任。舉個極端的例子好了，在全然無知的情況下，我們做的其實是賭博而非信任。[28]但當我們日益瞭解某人，關係日漸成熟，對自身建立正面期望的能力也將越具信心。

機會性（opportunistic）一詞，意指所有信任關係中內含的風險與脆弱性。舉例來說，當我們對某人揭露親密性的資訊或仰賴他人承諾時，信任會增加個人的脆弱性。[29]就本質而言，信任提供了失望或被佔便宜的機會。[30]但信任本身並非只是純然的風險，

[31]精確說來應是「願意」承擔風險。我信任某人，我期望對方不會佔我便宜，這種承擔風險的意願是所有信任情境的共通元素。[32]

信任此一概念背後的關鍵向度為何？最新的證據指出五大向度：正直、勝任、一致性、忠實、開放（integrity, competence, consistency, loyalty, openness如圖10-4所示）。[33]

圖 10-4

信任的向度

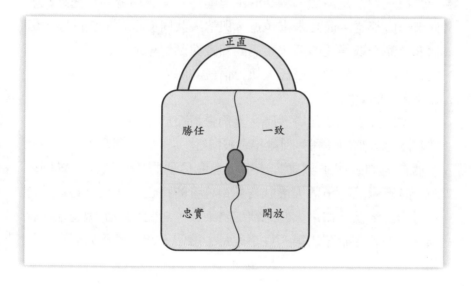

正直意指誠實無欺，這是一般人評估他人可信任程度時，五大向度中最關鍵的向度。「若無法察知對方的道德品格與基本的誠實度，信任的其他向度都毫無意義。」[34]

勝任意指個人在技術上與人際上的知識與技能。這個人知道自己在說些什麼嗎？一般人大概都不會聽或依賴一個能力不值得他人尊敬的人，我們需要相信這個人有落實承諾的技能與能力。

一致性與個人的可信度、可預測性、判斷情境的能力有關。「言行不一致會損壞信任」，[35]這個向度對經理人尤其重要。「這世上最容易被一眼看穿的⋯⋯莫過於主管的說教與他們要求部屬所作所為之間的不一致。」[36]

　　忠實意指為另一人保護、保全面子的意願，信任需要對一個不會出差錯之人的依賴。

　　信任的最後一個向度是開放，你是否會仰賴一個凡事全盤吐實的人？

　　信任似乎是與領導相關的主要屬性，「領導者的任務之一，向來一直都是，而且未來也是，與他人共同發掘並解決問題，但領導者能否取得問題解決所需的知識與創意思考，主要取決於人們對他的信任程度。信任與值得信任的感受是領導者通往知識與合作之路的調制器。」[37]

　　當跟隨著信任領導者時，他們會折服於領導者的一舉一動，並有自信他們的權利與利益不會被犧牲。[38]一般人通常不會去追隨一個在他們眼中不誠實，或很可能會佔他們便宜的人。舉例來說，誠實永遠是多數人最欣賞其領導者的特質，「誠實對領導有絕對的重要性，如果人們意欲追隨某人，無論是要上戰場還是會議室，他們想確認的第一件事就是，這個人究竟值不值得自己信賴。」[39]

信任的三大類型

　　組織關係中的信任常可分為三大類型：以威懾為基礎（deterrence-based）、以知識為基礎（knowledge-based）、以認同為基礎（identification-based）。[40]下列分析以將邁進新關係的雙方為前提，沒有過去經驗的包袱，但對彼此都有不確定感，並且深信如果進展速度太快，將會使自己受傷，同時也不確定關係究竟會延續多久。

以威懾為基礎的信任

以威懾為基礎的信任是所有關係中最脆弱的一種，只要一次違逆或不一致就會對關係造成損害，這種信任形式是基於一旦信任遭損，對日後報復的恐懼。這類關係中的個人之所以言行一致，是因為他們擔心一旦未盡義務所將遭受的可怕後果。

以威懾為基礎的信任只存在於有懲罰的可能、而且後果一目瞭然，一旦信任遭損就會有實質處罰的情況下，為維繫這種信任，與對方未來互動的可能損失必然被視為比違逆期望所導致的可能利益更重要。更重要的是，可能被傷害的一方必須願意向背叛信任的一方告知可能隨之而生的處罰（例如，如果你辜負我的信賴，就別怪我對外放些難聽的話）。

新建立的關係多半以威懾為基礎，舉例來說，你正要賣車給一位朋友的朋友，買主是你完全不認識的人，也許你會因此對這輛車的已知毛病絕口不提，這種作法不但可以保障買賣成交，還可以討個好價錢。但通常你不會隱瞞內情，而會開誠布公的列舉這台車的缺點。為什麼呢？也許就是基於對報復的恐懼，因為如果買主發覺自己上當受騙，很可能就會找你們共同的那位朋友抱怨。但若你能確定買主絕對不會向你們共同的朋友抱怨，也許就會藉這個機會來佔便宜。若是買主肯定會向朋友抱怨，而此舉也將使你的朋友看不起你這種佔他人便宜行為的話，你的誠實不過是威懾作用之下的結果。

另一個以威懾為基礎的信任範例就是，新建立的「經理人—員工」關係，身為員工，即使毫無可資信任的過去經歷，通常也得信任新來的上司。建立信任關係的連結，在於上司所擁有的權力與可能隨工作不力而來的懲罰。

以知識為基礎的信任

　　多數組織的關係枲根於以知識爲基礎的信任之上，而信任的基礎建立在長期互動所累積的行爲可預測性，也就是對某人有足夠的資訊以及瞭解，以正確預測對方的行爲。

　　以知識對基礎的信任仰賴資訊而非威懾，對另一方的瞭解與對方行爲的可預測性取代了以威懾爲基礎的信任中常見的契約、罰則、依法行事。知識會與日俱增，同時也是建立對信任與可預測性之信心的經驗函數。我們越瞭解某人，越能正確預測對方行爲。可預測性之所以能促進信任，即使可預測對方不足信任亦然，是因爲如此就可以預測對方將以何方式違背信任關係！與他人的溝通及定期互動越頻繁，就會滋長並仰賴這種信任。

　　有趣的是，以知識爲基礎的信任關係並不會被行爲的不一致所破壞。如果我們相信對方的背叛是可解釋、可瞭解的，通常我們就會接受背叛，原諒對方，並在關係上更進一步。然而，同樣的不一致可能就會造成以威懾爲基礎的信任關係之嚴重破壞。

　　在組織內部，「經理人──員工」關係多半以知識爲基礎。雙方都有足夠的共事經驗，知道可以抱持什麼期望。舉例來說，長期一致性的開放與誠實的互動，不是單一的背叛事件就能輕言永久破壞的。

以認同為基礎的信任

　　最高層次的信任建立在雙方的情感連結之上，任一方都可以成爲對方的代理人，並在人際往來中代表對方。這就是所謂以認同爲基礎的信任。由於雙方都瞭解對方的意圖、並正視對方的需求與渴望，因而產生這種信任，而相互間的瞭解之高，則讓雙方皆能代表對方行事。

　　這個層次的控制性是最少的，由於忠實度無庸置疑，因此根本不用監控對方。

　　神仙伴侶式的老夫老妻是以認同爲基礎的信任之最佳說明範例，丈夫知道什麼事是妻子眼中重要的，並預先準備，而妻子信任丈夫不需請求就會照顧到她的福祉。與日漸增的認同使雙方在思想、感受、反應上都跟對方越來越相似。

　　我們偶爾會在組織內部看到經歷長期共事而深深瞭解對方的同事之間，具有這種以認同爲基礎的信任，這種信任也是經理人在團隊中所追尋的理想關係，由於相處自在且彼此信任，使團隊成員能預測他人行動並在某人暫時缺席時照常運作。但在今日的職場中，多數大型公司都已截斷過去與長期聘用員工所建立的認同式信任關係，承諾的破碎同時也切斷了無可置疑的忠誠；今日，以認同爲基礎的信任關係，多半都已被以知識爲基礎的信任所取代。

如何建立信任

　　知道該如何建立信任關係的經理人會碰到許多實務問題，以下的摘要將能幫助你迎頭趕上哪些成功的經理人之列：[41]

　　1.**作風開放**：人們所知與不知的事情，都會造成不信任，而開放叮以帶來信心與信任。因此，提供人們資訊、確定決策準則的清晰明確、解釋決策的理由、面對問題時保持坦率態度、對相關資訊知無不言，都是保持開放的作法。

　　2.**行事公正**：在決策或行事之前，先想想會不會讓別人有不客觀、不公正的感受。該讚賞時當然不要吝惜，務必在績效考核上客觀並公正不倚，並注意按功行賞時的公平性。

　　3.**說出感受**：純粹就事論事的經理人往往被視爲冷酷、不近人情，說出心中的感受，卻能讓別人感受到經理人眞實且人性的一面，讓人們知道眞正的你，他們對你的敬意也會與日俱增。

4.**說實話**：正因爲正直是信任的首要元素，因此經理人必須具備說實話者的形象。一般人對他們不想聽的事之容忍度，遠高過發現經理人撒謊的容忍度。

5.**表現一致**：人人都要求可預測性，不信任主要來自對期望的無知。花點時間想想自己崇尚的價值與信念吧！然後以此信念引導你的決策。一旦知道了自己的中心目的，就能據此行事，而投射出贏得外界信任的一致形象。

6.**信守承諾**：信任需要的是，讓別人相信你是可依賴的對象，因此信守承諾與託付有其必要性，一旦作出承諾，就應該信守到底。

7.**保持信心**：我們都會信任謹愼而可依賴的人，如果有人因信心而向你揭露可能使他們反受傷害的資訊，那麼他們也需要確定你不會向第三者透露或背叛他們的信任。如果你在人們眼中是個無法依賴或相信的人，那麼也就代表著你不值得信任。

8.**表現勝任**：藉由展現技術或專業能力，贏得人們的欣賞與尊敬。特別是要花點心思去培養、展現溝通、談判與其他方面的人際技巧。

對經理人的啟示

領導這個主題向來不乏理論的闡述，但從整體的角度看來，領導究竟是什麼呢？我們首先要試圖辨識出所有領導理論的共通之處，並找出理論對經理人的實務價值。

在仔細的檢驗後，我們會發現「工作」與「人群」的概念——通常一般人是以更精緻，但意義相同的字眼來描述——佔了這些理論的絕大部分。「工作向度」是費德勒的專有名詞，也就是俄亥俄大學研究團體所指的「主動結構」，路徑——目標理論所用的「指導性」，密西根研究所指的「生產取向」，Blake and Mouton所述的「對生產的關切」。而「人群向度」也有「體恤」、「支持性」、「員工取向」、「關係取向」式領導等代名詞。顯然地，領導行為可畫分為兩大向度——工作與人群，但研究人員仍試圖區分這兩大向度究竟是同一個連續變化帶的兩個端點（一個向度的值高時，另一個向度的值就會低，不可能兩個向度的值同時都高），還是相互獨立（兩個向度的值可以同時皆為高或皆為低）。

我們該如何詮釋本章所列的發現？長期以來，某些特質一向都是領導有效性的可靠預測物。但具備智性、驅力、自信等特質的經理人並不能確保其部屬的高生產力與高工作滿足；也就是說，這些特質對成功領導的預測能力並不強。

早期的「工作——人群」取向（俄亥俄州立大學研究、密西根研究、管理座標理論所採用的）所能提供的發現可說是少之又少，根據這些理論所能做出最強的推論不過是一人群取向得分高的經理人能帶來員工的工作滿足。研究本身太過混淆，而無法針對員工生產力或工作取向對生產力與工作滿足的影響進行預測。

可控制變因的實驗室研究對費德勒模式的測試結果普遍支持該理論，但田野調查的結果卻指出了某些條件上的限制。因此，我們認為只有在類型II、V、VII、VIII的情境下，LPC量表才適合用來評估領導者——情境的組合，並用這項資訊進一步預測員工的生產力與工作滿足。

路徑——目標模式提供了一個解釋及預測領導有效性的架構，而且架構基礎十分穩固、具實證性。這個模式點出了一件事實——領導者的成功主要依賴領導者是否能根據環境與部屬特質，來調適自己的風格。

儘管領導者參與模式十分複雜，但為確認該模式所作的努力卻十分具有鼓舞性質。舉例來説，某項研究發現，與該模式吻合程度極高的領導者，其所帶領員工的生產力與工作滿足，都比不吻合該模式之領導者所帶領的員工來得高。就我們的目的來説，該模式最大的貢獻在於，辨識出一組在選擇領導風格前應先考慮的權變變項。

　　最後，我們討論信任在領導所扮演的角色。今日的有效經理人，必須與心目中的理想員工發展信任關係，為什麼呢？因為在組織越來越不穩定、也無法預測的今日，強力的信任連結，在期望與關係的定義上，正取代傳統官僚規則的地位。

第 **11** 章

‧‧‧‧‧‧‧‧‧‧‧‧‧‧‧‧‧‧‧‧‧‧‧‧‧‧‧‧‧‧‧‧‧‧‧‧‧‧‧

權力與政治

本章重點

權力
權力基礎
權力關係中的依賴
性騷擾
政治行為
政治觀點的重要性
印象管理

對大多數的人而言，權力是個相當污穢的字眼；談論「金錢」或談論「性」，都比談論「權力」要來得令人感到輕鬆一些。擁有權力的人會聲明自己對權力沒有什麼欲望；而想追求權力的人，會儘量避免讓人知道他正在尋求權力；至於那些很容易取得權力的人，則對獵取權力之道三緘其口。[1]

在本章，我們將說明權力決定了團體所追求的目標為何，以及團體成員如何分配團體資源。接著我們將說明擁有良好政治技巧的團體成員，如何運用其權力使資源的分配符合自己的意願。

權力的定義

權力指甲所擁有的一種能力，可以藉此對乙的行為產生影響力，使乙做出原來不會做的事。這個定義包含三項要件：（1）權力可以處於潛伏（potential）的狀態，擁有者不一定會加以施用；（2）上述的甲與乙存在著依賴（dependent）的關係；（3）假定乙對自己的行為還有某種程度的自主權（discretion）。接下來我們逐一討論這三項要件。

權力可以是存在著，但不一定要加以施用。因此，權力是一種潛伏的影響力。一個人可以擁有權力，但不一定會實際用以影響別人。

依賴關係是權力中最重要的要件。乙越依賴甲，則甲對於乙的權力會越大。只有在甲控制了乙所想要的事物時，甲對乙才有影響力。如果你想畢業，而畢業之前你必須通過某一門必修課，此時教這門課的教授對你就具有權力。同理，如果你唸大學的所有費用都須依賴家裏，此時父母親對你就具有權力。但是一旦踏出校門，找到工作有了穩定收入之後，父母親的權力就會顯著減少。我們不難聽說富有的人以立遺囑的方式控制家族成員。

　　舉個極端的例子，如果乙的工作極其死板，完全沒有他做主的餘地，顯然乙就沒有做其他事的能力了。因此，「甲使乙做原本乙不會去做的事」這句話意味著乙在決策上是有某些自主權的。舉例來說，工作說明、團體規範、組織規定章程、社區的法律與標準，都是用以限制人們選擇的手段。護士也許必須依賴上司才能獲得續聘，但儘管如此，一般護士也不會聽從上司要他進行心臟手術或從櫃檯竊取幾千美元的要求，工作說明與法律自然地限制了這些選擇的可能性。

領導與權力的比較

　　仔細比較「權力」與「領導」的話，會發現這兩種觀念存在著密切的關係。領導者為了達成目標，會以權力做為完成目標的手段。

　　那麼，這兩個名詞有何不同呢？第一點不同跟目標有關。領導者與被領導者對目標有一致的看法；但是權力只要在「依賴關係」成立之下就會存在。第二點不同跟這兩個主題的研究方向有關。關於領導的研究，著重在領導的風格，諸如領導者支援部屬應至何種程度、決策應讓部屬參與至何種程度等等。至於對權力的研究，範圍較為寬廣並將焦點集中於屈從的策略。權力的使用超越個體的層次，換句話說，權力的施用者包括個體與團體，而對方也包括個體與團體。

表 11-1

....

權力的測量基礎

> 對方擁有五種權力來源中的至少一項嗎？對下列陳述的肯定答案可以解答這個問題。
>
> ・對方可以刁難他人，而你會避免讓對方生氣（強制權）。
> ・對方能夠對人施以特別利益或獎賞，你知道和對方交換好處是有利可圖的（獎賞權）。
> ・根據對方的職位與你的工作責任來考量的話，對方有權利期待你遵守法令上的要求（法理權）。
> ・對方擁有值得令你尊敬的經驗與知識，在某些事上你會徵詢對方的意見（專家權）。
> ・你喜歡這個人，而且樂於為對方做事（參考權）。

資料來源：《向下與水平關係中不同權力來源的重要性》G. Yukl and C. M. Falbe, "Importance of Different Power Resources in Downward and Lateral Relations," *Journal of Applied Psychology,* June 1991, p.417. Copyright © 1991 by the American Psychological Association. Reprinted with permission.

權力的基礎

　　權力從何而來？個體或團體對其他個體或團體的影響力如何產生？John French與Bertram Raven提出了權力基礎的五大分類架構，[2]即強制權、獎賞權、法理權、專家權及參考權（見表11-1）。

強制權

　　根據French和Raven的定義，強制權（coercive power）源

於恐懼與害怕。個體之所以順服於強制權，係害怕不順服可能帶來處罰或其他不良的後果，恐懼可能來自施加痛苦等肉體上的制裁，或因行動受限制而生的挫折感，總之是控制生理或安全感方面的需求。

在1930年代，大盜John Dillinger走進銀行，拿著槍指著出納員的太陽穴，要求出納員拿出現鈔，後者只好乖乖的聽話。此時，他的權力基礎就是脅迫力。在生命受威脅的時候，無人不低頭。

> 在所有可獲取的權力中……用以傷害他人的權力可能是最常被使用、也最難被控制的……政府仰賴軍事與法律資源來脅迫其他國家，甚或本國的國民；商業則仰賴對經濟資源的控制；學校與大學仰賴他們否定學生正式教育的權利，而教會則以恩寵的喪失來威嚇個人。在個體層次上，個人也以肢體力量、語言、給予情緒支持與否來操練強制權。這些基礎使個人能夠以身體傷害、言語羞辱、否認對他人的愛等作為手段。[3]

在組織中，若甲有權解聘、調遷乙的工作，而且乙也重視自己工作的話，甲對乙就有強制權。同樣的，若甲有權讓乙擔任他所不喜歡做的工作，或能夠使他在工作上感到難堪受挫，則甲對乙也有強制權。

獎賞權

強制權的相反，就是獎賞權（reward power）。人們順服某些人的期望，是因為認為這會帶給他們好處。因此，若某人有權分配有價值的事物時，他就擁有獎賞權。任何對方所重視的事物皆可作為獎賞，在組織中，我們一般所謂的獎賞包括了金錢、有利的考績、升遷、指派有趣的工作、友善的同事、重要資訊、輪調到喜愛的工作、銷售地盤等等。

強制權與獎賞權其實是一體之兩面，從另一人處取消某項具正面價值之物或強加某項具負面價值之事物，就是對該人實施強制權；而給予某人某項具正面價值之物或移除某項具負面價值之事物，就是對該人實施獎賞權。就像在強制權的例子一樣，不需身為經理人，個人也能夠藉由獎賞散發影響力，友誼、接受、讚美都是組織中人人可得之獎賞的例子。個人對這類獎賞的追求有多強，就能讓給予或擁有這類獎賞的能力，轉化為對該人的權力。

法理權

在正式團體或組織中，職位或許是通往各項權力基礎最便捷的門路，這就是所謂的法理權（legitimate power），意指個人因為在組織中正式層級的地位而衍生的權力。

職位的權力包括了強制權與獎賞權，但法理權所涵蓋的範圍卻比這兩者還廣泛。特別是，它包括了組織成員對隨職位而來權力的接受。當校長、銀行總裁、陸軍上尉高談闊論之時（假設這是他們職權所賦予的權力），所有的教職員、出納、一級中尉都得聆聽並服從訓勉。

專家權

專家權（expert power）是因專業才能、特殊技能、知識而生之影響力。由於世界日漸科技取向，專才已成為最有力的影響來源。再加上工作日漸專業化的結果，使人們為達目標，對專家的依賴也越來越深。醫生因為擁有專才而取得專家權（我們大多數人不是都得聽醫生的忠告嗎？），電腦專家、稅務會計師、太陽能工程師、產業心理學家等其他領域的專家亦是如此。

參考權

　　French和Raven所辨識出的最後一種影響力類型就是參考權（referent power），參考權以個人對某位擁有所欲資源或人格特質之個人的認同爲基礎。如果某人欣賞並認同我們的話，由於這個人會想取悅我們，因此我們就能夠在這個人身上操練權力。

　　參考權由對某人的欣賞，或想要成爲某人的渴望而生，在某種程度上，其實跟個人魅力有點像。如果我們欣賞某人到了願意以對方爲榜樣來修正我們的行爲與態度的話，那麼對方就對我們有參考權。參考權的概念也可以用來解釋，爲何要付名人高達百萬美元的酬勞來促銷商品。市場調查指出像比爾·考斯比、伊麗莎白·泰勒、麥可·喬登等人，的確會影響消費者對影像處理器、香水、運動鞋的選擇。只要做點練習，你我大概也可以模仿名人推銷產品的手法，但問題是，消費大眾完全不會向你我這種平凡無奇的人認同。在組織中，如果你有手腕、佔優勢、外表令人印象深刻、深具個人魅力，你就擁有了可用來驅使他人的個人特質。

權力的關鍵：依賴關係

　　上面我們曾提過，在權力的要件中，「依賴關係」是最重要的要件，因此我們特別予以深入探討。

依賴關係的命題

依賴關係的基本命題是：「若乙越依賴於甲，則甲對於乙的權力越大。」當你所擁有的東西是別人所想要的，而且這種東西只有你有，那麼別人對你就會產生依賴，也就是說你對他就具有權力。[4]因此，依賴關係與供給來源的多寡成反比。如果某樣東西到處都有，那麼擁有這種東西，並不能使你擁有權力。例如，如果每個人都很聰明，那麼聰明並不能帶給你權力。同理，在富人群中，財富並不是權力的象徵。對照之下，正如諺語所說的：「在盲人的國度裏，獨眼者就能稱王。」如果個體能夠控制資訊、階級地位，或其他別人渴望的事物，並且加以壟斷，就足以使別人依賴他；相反的，若你的選擇越多，就越能避免別人封你的控制權。這說明了爲什麼許多公司同時跟許多家供應商買貨，而不單單依賴於一家，就是爲了避免爲人操縱；同樣的，也說明了爲什麼許多人尋求經濟上的獨立，是因爲這樣做可以減少別人對他們的控制權。

如何製造依賴關係？

當你所控制的資源具有重要性、稀少性與不可替代性時，依賴的程度就會加深。[5]

重要性

如果沒有人想要你所擁有的東西，那麼依賴關係就不存在。爲了產生依賴關係，你所擁有的東西，必須使人知覺爲相當重要。舉例來說，組織都會設法避免各種不確定性，因此若有個體或團體足以消彌組織所面臨的不確定性時，將被視爲重要的資源。例如，一份研究工業組織的調查報告指出，這些公司的行銷部門最具權力，原因是這些公司最不確定的事情，就是如何把產品銷售出去。同理,在罷工期間,公司的談判代表會增加其權力;而英特爾的工程師會比寶鹼的工程師有權力。這些推論一般而言是相當確切的。在罷工期間,不論就人事單位或整個公司而言,談判代表總會有較大的權力。以英特爾這種科技取向的組織而言,必須依賴工程師來維持產品的品質,所以工程師就很明顯的成為最具權力的團體。而就寶鹼公司而言,最重要的工作就是銷售,因此行銷人員是最具權力的團體。這些例子不僅說明了擁有減低不確定性的能力可以增加團體的重要性與權力,而且還指出不同情境中的重要事物也不同。

稀少性

前面曾提到過,如果某樣東西到處都有,那麼擁有它並不能增加權力。換句話說,東西越稀少,依賴關係會越深。這說明了為什麼低階的員工,由於擁有高階員工所沒有的重要知識,而能對後者具有權力;並且說明了為什麼低階員工會有一些不合乎常情的行為,諸如故意撕毀操作手冊、拒絕訓練新進員工或甚至不願讓別人看到他們如何執行任務、創造專門術語以避免別人瞭解他們的工作,或秘密工作使他們的活動顯得複雜而且困難。

由各種職業的待遇,也可以看出稀少性與依賴關係之間的關係。粥多僧少的行業人士,比供多於求的行業更可以在薪水方面討價還價,而得到相當吸引人的福利與補償。依美國的情形而言,要找到教英文的老師非常容易,所以他們的薪水高不到哪裏去;但是要找教電腦的老師就顯得相當困難,所以他們能爭取到很好的待遇、較輕的教學負擔與各種福利。

團體的權力：聯合

沒有權力的人會想辦法擁有權力，但是當自己一個人做不到時，就會採取聯合（coalition）的方式來壯大聲色，畢竟團結就有力量。

取得影響力最直接的途徑，就是設法成為權力持有人。因此，有權力欲望的人都會設法建立起個人的權力基礎。但是在許多情況下，這麼做往往很困難、代價太高，或甚至不可能。此時，可以結合二個或二個以上「沒有權力」的人形成團體，再來提出要求，往往會有較大的勝算。

過去，當個別員工無力爭取福利時，就聯合起來形成工會，使公司不得不加以重視。近年來，連經理人也加入工會，以爭取較高的待遇和工作的保障。

對於聯合的行為，我們可以做出哪些預測呢？第一，組織中的聯合會儘量增加其人數。但根據政治學理論，聯合會儘量縮小其規模，使規模足夠施展其權力時就停止更多會員的加入。由於「組織」不同於「議會」，議會形成決策後，係交付行政機關執行，然而組織中的決策不是只把決策做成就結束了，隨後還必須加以執行。在組織中，決策的執行與落實，至少跟決策本身同樣重要。因此，組織中的聯合會儘量招攬更多的擁護者，以支持該團體的目標，並使該團體的目標能涵蓋更多人的利益。當然，若組織的文化具有互助合作、決策權分散等特性時，聯合要擴大的成員數目較有可能；若處於專制的層級組織中，則比較不容易做得到。

在工作任務繁多而且資源之間具互賴關係的組織中，較可能產生聯合的行為；至於在各個子單位彼此獨立自主而且資源很豐富的組織中，則較少出現聯合的行為。

第三，員工實際執行的任務，也會左右聯合的形成。工作團體的任務若越具重複性，則越可能造成聯合。因為人們的工作若越屬於例行性質，則彼此的替代性就會越高，那麼為了不讓公司各個擊破，自然會形成聯合以資對抗。這說明了低技術性以及非專業性的員工最容易加入工會。當然，即使是技術性的員工，如果就業市場上供過於求，他們也會有加入工會的傾向。

權力與性騷擾

由於女性員工階級的提升，特別在非傳統式工作環境尤然，因此性騷擾的議題已漸受企業與媒體的重視。

在法律上，性騷擾的定義是，不受歡迎的得寸進尺、要求發生性關係、與其他明顯或略微含有性意味的言行。但在實務上，對構成性騷擾的要件仍有很大岐異。近些年來，組織在防治明顯性騷擾方面（包括不受歡迎的肢體接觸、明確遭拒後的持續約會要求、以革職來要脅對方接受性挑逗）頗有進展，未來會有更多輕微形式的性騷擾定義將浮上檯面，包括不友善的品頭論足、情色藝品、工作場合公開懸掛的裸女月曆、對「友善」與「騷擾」的解讀。

多數研究都確認，權力的概念是深入瞭解性騷擾的核心。[6]這種說法在騷擾來自上司、同事、部屬的情況下，是可以成立的。上司──員工的辦公室戀情就是不平等權力關係的最佳範例，因為在其中，上司的職位同時附帶了強制權與獎賞權，上司有權指派工作、評估考績、提供加薪與升遷方面的建議、甚至包括決定某位員工的去留，這些決策就是上司的權力來源；而由於員工也需要有利的考績、加薪等事物，很明顯地，上司擁有員工所珍視之資源的控制權。此外值得注意的是，有些占據高位的個人會認為對部屬的性騷擾不過是對低階個人的命令權之延伸。由於權力上的不平等，起於上司的性騷擾對被騷擾者會造成莫大困擾，在沒有證人的情況下，整件事只會變成一齣各說各話的鬧劇，就算有其他人也遭上司騷擾，他們會挺身而出嗎？由於上司掌控資源，就算有其他人被騷擾，也許他們會基於被資遣的恐懼而無法仗義直言。

同事雖然沒有職位所賦予的權力，但他們仍可運用影響力來騷擾同僚。事實上，雖然同事的性騷擾嚴重程度往往比上司所為還輕，但同事藉由對資訊、合作、支持的把持或提供，卻是組織中最常見的性騷擾來源。舉例來說，特別在強調團隊合作的今日，多數工作都必須仰賴來自同事的互動與支持才會有亮麗表現，藉由把持工作所需資訊，同事就可以施展其權力。

來自部屬的性騷擾，雖說沒有來自上司的性騷擾那麼受人矚目，但的確也會發生。組織內權力地位較高的人，仍然有可能受到權力地位低者的性騷擾。通常部屬會以傳統反映個人弱勢的性別刻板印象來貶低上司（例如視女性為無助、被動；視男性為無能、膽小），為什麼部屬要這麼做呢？通常是為了從高階者獲取權力，或減少權力上的差距。

性騷擾的主題與權力息息相關，也就是個人對另一人的控制或威脅。當然，這種行為不但錯誤而且不合法。但如果能分析性騷擾中的權力本質，就越能瞭解性騷擾是如何出現在組織中各個角落的。

政治行爲：權力的運用

　　一旦人們聚合成團體，權力就在其中運作。每個人都汲汲營造自己在團體中的地位，以便施展影響力，獲取獎賞，以及自己前程的發展。當組織中的員工把他們的權力付諸行動時，我們稱他們正在從事政治行爲。哪些政治技巧高的人，可以把他們的權力基礎做最有效的利用。

政治行爲的定義

　　組織中的政治行爲有許許多多的定義。這些定義在本質上，都強調使用權力去影響組織中的決策，或強調員工追逐私利而組織並不認可的行爲。[7]本書將組織中的「政治行爲」（political behavior）定義爲──「那些並非員工本身職責所在、且必須從事的活動，但這些活動卻能影響或可能影響組織利害事物的分配情形」。[8]

　　此一定義涵蓋了人們談論到政治行爲時，所蘊含的關鍵要素。政治行爲並非工作上的要求，而是起源於當事人基於某種企圖，想使用他的權力基礎。此外，上述定義也指出，當事人會藉著權力基礎去影響和決策有關的目標、準則或進行的方式，以左右各種有形無形資源或象徵的分配。因此，各種政治行爲諸如保留重要資訊不讓決策者知曉、散佈謠言、透露機密資訊給外界大衆媒體、賣人情，或爲某人某事而展開遊說活動等，都包含在本書所下的定義中。

正視政治行爲的理由

　　輕忽組織中的政治行爲，就等於置眞實情形於不顧，是一種天眞的想法。如果所有的組織或組織中的正式團體都是支持性的、和諧的、信賴的、團結的或合作的，那當然很理想。但是這種想法就等於是說，員工的工作行爲總是會跟組織的利益一致。事實上，認識政治行爲之後，將可以解釋許多顯得不太合理的行爲，例如爲什麼員工會隱瞞資訊、扭曲績效數字使自己的表現顯得好一些、掩飾自己的失敗、限制工作上的產出、試圖建立起地盤等。

助長政治行爲的因素

近年來的研究與觀察，已經找出許多似乎跟政治行爲相關的因素。這些因素當中，有些屬於個體的特質，有些則是組織文化或內在環境所造成的結果。

個體的因素

在個體的層次上，研究人員已找出某些性格特徵、需求、及其他個體因素，很可能跟政治行爲有關。具有權威傾向的人、高度冒險傾向的人及外控的人，較常有政治行爲。渴望權力，自主性、安全感或地位的人，也較常有政治行爲。[9]

組織的因素

助長政治行爲的因素當中，組織的因素比個體的因素重要。爲什麼？因爲大部分的組織都有許多員工具有上面提過的個人特徵，但是出現在這些組織中的政治行爲卻有很大的差異。

儘管個體的差異會影響到政治行爲的多寡，但是研究證據卻強烈地指出，某些情況或某些組織文化，更會助長政治行爲。具有下列特徵的組織文化——不信任員工、角色模糊、績效評估制度不明朗、獎賞分配屬於零和（zero-sum）性質、決策民主化、高度的績效壓力、只求自保的管理高層——將增加政治行爲出現的機會。[10]

組織內部的氣氛越是不信任員工，則政治行為越多，而且越可能是不正當的政治行為。

角色模糊不清意指員工的工作行為並未做明確的規範。此時，員工施展政治行為的範圍與運作，所受的限制就比較少。由於政治行為並未規範於個人的正式角色中，因此，角色越模糊，個人從事政治行為而不被察覺的可能性就越高。

績效評估很難做到客觀公平。組織越是採用主觀的準則來評估、越是強調單一評估標準、評估的期間越長，則員工越可能有政治行為。主觀的評估準則會產生模糊感；而使用單一評估標準，會鼓勵員工儘量往該方面去表現，而忽略了其他重要的工作職責；評估的期間拉得越長，員工越不必為其政治行為負責。

組織文化在獎賞分配方面，越強調零和的話（也就是甲有乙就沒有，或甲多乙就少），越會鼓勵員工採取政治行為。零和取向視酬賞為一塊固定的大餅，甲吃了乙就沒得吃，有贏家就會有輸家。如果5個員工的年度總加薪額度為20,000美元，那麼加薪超過4,000美元的人就等於是取走了他人的加薪額度，這種作法無疑地是鼓勵員工把同事比下去，並隨時察看他人的所作所為。

在過去的二十五年當中，促使組織不那麼專制化，是北美洲普遍的趨勢。學術界建議經理人應採取民主式的領導風格，允許部屬參與更多的決策權。然而，這些建議並不一定是經理人所樂於接受的。許多經理人經過長年的辛勤工作與競爭，才爬到具有影響力的位置，此時叫他們去跟部屬分享決策權，那麼以前的辛苦豈非白費。結果是，經理人很可能把各種必須參與的委員會、研討會、及團體會議，做為演練與操縱權力的競技場。

員工感受到越多要求表現良好的壓力，就越有可能投入政治權謀。要求個人對成敗完全負責，就是在他們身上施加更大的面子壓力。任何一個知道自己職業生涯的全部只是被下一季銷售額或下個月工廠生產量報表所操控的人，都會有極高的動機去採取能使他們有利的必要措施。

最後，如果員工總是看到高層者投入於政治權謀，並因此獲得獎賞的話，就會形成一股玩弄權謀的風氣。高級管理階層的權謀操作，無異於是暗示此種行為的可接受性，而成為組織中低階者操弄政治權謀的護身符。

印象管理

我們知道人們對他人的看法與評價相當在意。例如北美地區的人在減肥食品、健身中心、化妝品及整形手術上花費了大量金錢，其目的不外乎使自己更具吸引力。對組織中的人而言，獲得他人的肯定應該是較有利的。例如在應徵工作時有較大的幫助，而在得到工作後也可以得到較高的評價、較優渥的薪資，及較迅速的升遷；在政治場合中也比較容易取得有利的資源。

意圖控制他人對自己的印象而產生的行為，稱為「印象管理」（impression management）。直到最近，組織行為的研究者才注意到這個問題。[11]這一節我們將評述印象管理技巧，並確認這些技巧在組織中是否有效。

技巧

有關印象管理行為的焦點大部分集中在個體用以操弄有關自身資訊的七種語言性的自我行為表現。[12]以下將分別予以簡單的定義並舉例說明。

1. 自我描述（self-description）：這是指個體有關自己個人特質、能力、情緒、意見及私人生活的陳述。例如，應徵人員回答主試者「雖然我有閱讀障礙，我仍然取得哈佛大學的企管碩士學位。」

2. 從眾（conformity）：同意他人的意見以獲得肯定。例如，經理告訴老闆：「您對於西區分部的重組計畫完全正確，我完全同意您的看法。」

3. 辯解（accounts）：對不利的情況找些藉口加以解釋或辯護，使這些情況看起來沒那麼糟。例如，業務經理對老闆說：「我們沒辦法準時讓廣告上報，不過沒關係，反正也不會有太多人注意這些廣告。」

4. 道歉（apologies）：承認對負面事件所應負的責任，同時尋求原諒。例如，員工對老闆說：「很抱歉，我在報告中出了錯，請原諒我。」

5. 自誇（acclaiming）：對有利的事件加以解釋，以增加對自己的正面評價。例如，某業務員告訴同事：「自從我來了以後，我們的業績成長了三倍。」

6. 諂媚（flattery）：恭維他人的長處以使自己受歡迎。例如，受訓的新進業務員對同儕說：「你應付顧客的抱怨真有一套，我大概永遠辦不到。」

7. 恩惠（favors）：做些對他人有好處的事以獲得肯定。例如，售貨員對顧客說：「我有兩張今晚的電影票，可是沒辦法去看。送你吧！就當作是對於您肯花時間與我討論的感謝。」

必須注意的是，經過印象管理所形成的並不一定是假象（當然有時候會是假象），舉例來說，在你的市場中廣告可能真的毫無影響，你也可能真的是使部門業績成長三倍的主要關鍵。但是虛假的印象管理可能必須付出極高的代價，假象被揭穿後可能會失去他人的信任，就像「狼來了」的故事一樣。因此要注意不要讓別人認爲我們不誠實或在操縱他們。

是不是在某些情境中我們比較會去塑造假象或相信假象呢？答案是肯定的。這種情況容易發生在不確定或模糊的情境中。在這種情境中，我們無法得到足夠的資訊去揭穿騙局，而說謊所冒的危險也不大。

效能

僅有少數的研究檢驗印象管理的效果，這些研究又限定於探討印象管理與成功的求職面談之間的關係，這便形成了一個特殊的研究領域。因爲應徵工作的人總想表現出自己最好的一面，而我們也有相當客觀的工具可以測量（書面評鑑及聘任與否的建議記錄）。

結果顯示印象管理似乎是有效的。[13]例如在某個研究中，主試者認爲運用印象管理技巧的人在面談中表現較佳，他們似乎也比較傾向於僱用這些人擔任客戶服務代表。研究者在考慮過應徵者的可信度後認爲，這純粹是印象管理所造成的影響，也就是說，應徵者的資格並不造成影響。[14]不過也有人認爲，這是因爲應徵的工作是客戶服務人員，而這項工作必須與大眾接觸，因此自我表現（self-presentation）可能是工作必備的技巧，至於大學學歷、成績、經驗等資格就不那麼重要了。不論如何，印象管理技巧在面談中似乎是有效的。

政治行爲的道德性

在討論政治的最後，我們以政治行爲的道德指導方針來做總結。雖然我們很難區辨政治行爲是否合乎道德，但還是有些問題值得深思。[15]

圖 11-1
....

政治行為合乎道德嗎？

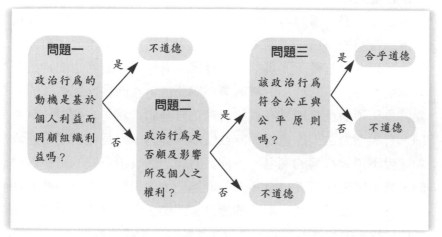

修訂自《組織政治倫理學》G. F. Cavanagh, D. Moberg, and M. Valasquez, "The Ethics of Organizational Politics," *Academy of Management Review,* July 1981, p.368. Reprinted by permission.

　　圖11-1是引導政治道德行為的決策樹狀結構圖，個人必須面對的第一個問題，是個人利益與組織利益的分別，與組織目標一致的政治行為才是道德式行為。舉例來說，為打壓產品設計小組的表現，而散播新產品安全堪虞的謠言，就是一種不道德的行為。但是，部門主管向部門採購經理略施小惠，使重要合約能儘速處理的行為，就不該被指為不道德。

　　第二個問題與對方的權利有關，如果上段所述的部門主管在午餐時間進入傳達室，基於「探知這個傢伙的隱私，好有把柄催他快點搞定合約」的理由，私自拆閱採購經理的信件，這就是不道德的行為，因為這種作法侵犯了採購經理的隱私權。

　　最後一個問題則與該政治動作是否合乎公平與正義有關，一個浮報寵臣考績、低報眼中釘績效的部門主管，用所得的考績分數為前者大幅調薪，而後者什麼也沒有，這位主管的作為就造成了後者遭遇的不公平。

不幸的是，圖11-1所述問題的答案往往被人拿來作為合理化不道德行為的藉口，舉例來說，權力人士往往非常善於以組織利益為名目，來解釋所從事的自利行為。同樣地，他們也能夠振振有詞地將不公平的行為解釋成公平與公正。我們在此要強調的重點就是，不道德者總是有辦法合理化自身的行為。有權力、有手腕、有說服力之人的道德操守往往最為脆弱，因為他們總是能成功擺脫不道德行為的惡名。下回面對與組織政治有關的道德兩難時，請誠實地回答圖11-1所列的問題吧！如果你有極強的權力基礎，就該正視權力使人腐化的能力。記得，由於無權者通常缺乏能據以自肥的政治區辨力，所以才比較容易依道德行事。

對經理人的啓示

擁有權力可以幫助我們在團體或組織中成功地完成任務。身為經理人員，想要增加權力就必須讓他人對你產生高度依賴。想要增加對老闆的權力，你可以發展他所需要的知識或技能，並且讓他覺得這是無可替代的。不過權力是雙向的，並不是只有你一個人在建立權力來源，其他人，特別是你的部屬，也會想辦法讓你對他們產生依賴。因此，這是場連續性的戰鬥。你企圖增加他人對你的依賴時，你也同時必須降低自己對他人的依賴。當然，和你一起工作的人也在做同樣的事。

有效的經理人必須接受組織的政治面。根據政治架構來偵測行為，可以比較有效地預測他人的行動，並且運用這些資訊形成政治策略，為自己與工作單位爭取利益。

第12章

衝突與協商

在人類思想中，除了神與愛之外，有關「衝突」的主題占據了大部分。近年來，「衝突」已成為研習組織行為的學生之興趣與研究主題。更有證據顯示，這些興趣其來有自：因為衝突的類型與強度確實會影響團體的行為。

衝突的定義

有關衝突的定義並不缺乏，雖然其含義相當分歧，但仍有幾個共同點貫串其中。首先是，衝突必須被當事者知覺到（perceived）才算數，所以衝突存在與否是「知覺」的問題。如果沒有人察覺到，那麼衝突就算不存在了。當然，被知覺到的衝突可能並不是真實的；相反地，有許多算是衝突的情境，由於沒有被當事者知覺到，就被認為是沒有衝突。另一個定義衝突的共同點是，衝突包含對立性（opposition）、匱乏性（scarcity），以及阻撓性（blockage）等概念。亦即衝突的存在必須至少包含對立的兩方，其興趣或目標是互不相容的，同時，資源（如金錢、工作、地位、權力等）是有限的，而資源的匱乏性會導致阻撓性行為。當其中一方阻撓另一方達到目標時，衝突的情境便產生了。

對衝突定義的歧見，主要有兩點：（1）衝突是否應該專指有意圖的行為，亦即阻撓行為的產生是早就決定好的行動意向，或是在情境中臨時起意的行為；（2）衝突是否專指公開的行為，亦即必須有公然抗爭或爭鬥訊號出現，才可確定衝突的存在嗎？

簡而言之，衝突的定義為：「衝突是一個過程，在這過程中，甲藉由某些阻撓性行為，致力於抵制乙之企圖，結果使得乙在達成其目標或增進其利益方面遭受挫折。」

衝突觀念的演變

對於衝突在團體或組織中所扮演的角色為何，有三種不同的
看法：第一種看法認為，衝突是應該避免的，因為它代表團體的
機能出了問題，此稱為傳統的觀點（traditional view）；第二種
看法，即人群關係的觀點（human relations view），認為衝突是
團體中自然而不可避免的現象，不但不是有害的，反而對促進團
體績效有正面的功能；第三種是最近的看法，認為衝突不但有正
面的功能，而且對促進團體績效是不可或缺的，我們稱之為互動
的觀點（interactionist view）。以下將進一步說明此三種觀點。[1]

傳統的觀點

早期研究衝突的角度係假設所有的衝突都是不好的。衝突一
詞通常含有負面的意涵，又和暴力、破壞、非理性等字眼為同義
詞，因此更加深其負面的印象。所以，根據定義，衝突被視為具
有破壞性且必須極力避免的。

傳統的觀點在1930年代至1940年代之間甚為流行。從霍桑研
究的結果中發現，衝突的發生乃由於團體內溝通不良，成員間缺
乏坦誠與信任，管理人員沒有針對員工的需求與期待作適當的回
應的不良結果。

此觀點對人們產生衝突行為的解釋提供了簡潔的角度。既然
認為所有的衝突都是應該避免的，所以只要把注意力集中在衝突
的起因，同時糾正之，便可增進團體和組織的績效。雖然目前已
有許多研究提出強而有力的證據駁斥減低衝突可導致高績效的看

法，但是，仍有很多人使用此過時的模式來看待衝突。

人群關係的觀點

此觀點的立場認為，衝突是所有團體和組織中自然發生的現象。衝突既然是不可避免的，不如去接受它。人群關係學派的學者還對衝突的存在加以合理化，認為衝突是不可隨便消除的，因為很多時候，它甚至對團體績效有所助益。人群關係的觀點在1940後期至1970年代中期支配著有關衝突的理論。

互動的觀點

目前對衝突最盛行的看法是互動的觀點。人群關係學派接受衝突的存在，而互動論學派則鼓勵衝突的存在。因為互動論認為，一個平靜、和諧、合作的團體可能變得靜止、冷漠，且對改革與創新無動於衷。此論鼓勵團體的領導者應試圖維持團體在最小的衝突水準之上，以便能夠保持團體的活力、自我反省力，以及創造力。

本章將採互動的觀點來討論衝突。顯然的，將衝突視為全好或全壞的，都是不當且不智之舉。事實上，衝突的好壞完全依其類型而定，因此，將衝突分為良性的（functional）和惡性的（dysfunctional）兩種是必須的。

良性衝突與惡性衝突

互動的觀點並不認為所有的衝突都是好的。有些衝突可以支持團體目標和增進團體績效，這些即是良性的（functional）、具建設性（constructive）的衝突。相反的，有些衝突則妨礙了團體績效，那麼，它們就是惡性的（dysfunctional），或是破壞性（destructive）的衝突。

　　既然衝突對團體是有價值的，但是，又如何去辨別一個衝突是良性的或惡性的呢？不幸的是，良性衝突與惡性衝突的分界，至今仍不清楚，至於何種程度的衝突水準方可接受且尚無定論。此外，某些對團體目標可能產生有利的衝突類型或強度，在另一個團體或同一團體的另一個時間，則可能是有害的。

　　一般較常用的區分標準是團體績效。因為團體存在的目的在於目標的達成，因此，定義衝突的良性與否，應該著眼於團體而非個人。當然，衝突對團體和個人的影響是相互關聯的，所以，個人知覺衝突存在的方式勢必對團體有很大的影響。若衝突對個人與團體的影響不同時，我們將著眼於團體而非個人。因此，在評鑑衝突對團體行為的影響究竟是有利或是有害時，則不考慮個人對衝突的看法為何。也許某個團體成員視某衝突為有害的，並且對其結果極不滿意，但是，如果此衝突對團體目標的達成有利，就我們的觀點而言，此即為良性衝突。

衝突的過程

　　衝突的過程可以分為四個階段：（1）潛在對立（potential opposition）階段；（2）認知與個人介入（cognition and personalization）階段；（3）行為（behavior）階段；（4）結果（outcomes）階段。此過程將圖示於圖12-1。

階段一：潛在對立

　　衝突的第一個階段是指可能產生衝突的要件。這些要件並不

圖 12-1

衝突的過程

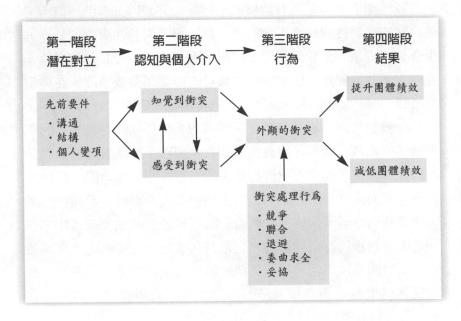

一定導致衝突的發生，但卻是衝突發生的必要條件。這些要件（也可以說是衝突的來源）可以歸納爲三類：（1）溝通（communication）；（2）結構（structure）；（3）個人變項（personal variables）。[2]

溝通

由溝通引發的衝突主要來自語意表達困難、誤解，以及溝通管道中的干擾。有關這方面的討論，在本書第9章中已有詳細的討論。

一般人常以爲溝通不良乃衝突的起因。「如果我們能夠好好地溝通，就可以消弭彼此的歧異。」這種論調並非不合理，問題是我們必須有足夠多的時間可以花在溝通上。但是，溝通不良並非是所有衝突的起因，因為有許多證據顯示，溝通有時候也會延宕合作的意願而導致誤會的產生。

有一些研究顯示，語意的誤解、訊息交換的不足，以及溝通管道中的干擾，都會妨礙溝通，而形成衝突的潛在要件。研究也顯示，語意的誤解係來自背景訓練的不同，選擇性的知覺，以及對他人的缺乏瞭解。更令人驚訝的研究結果是：太多或太少的溝通，都會導致衝突的發生。良性溝通的增加有其臨界點，過度溝通將增加引發衝突的潛在性，資訊的太多或太少都會成為衝突的基礎。還有，溝通管道的選擇也可能刺激對方，成員間資訊流通的過濾作用與溝通管道的分歧也會導致衝突的發生。

結構

在本文中所指的結構包括：團體的大小、分派給團體成員的工作之例行化、專業化、標準化程度、團體的異質性、領導風格、酬賞制度、團體間互賴的程度。研究顯示，團體的規模與專業化程度，是引發衝突的因子。團體越大，活動越專業化，衝突的可能性就越高。年資與衝突則往往成反比，成員年紀越輕，流動率越高的團體，其潛在衝突也愈大。

有一些研究證據顯示，領導風格越獨裁——亦即太嚴苛，對成員的行為不斷監視並加以控制——衝突的潛在性越大，但證據並不太強。太重視參與也引發較多的衝突，研究證據顯示，高參與與高衝突是正相關的，因為鼓勵參與同時要鼓勵個別差別。在酬賞系統方面，如果採用的方式是一個人之所得為另一個人之所失時，則較易產生衝突。最後，一個團體若相當依賴另一個團體（相對於兩個互相獨立的團體），或者是一個團體之所得正為另一個團體之所失，則衝突對立的可能性越大。

個人變項

　　個人變項包括個人的價值系統，以及可以突顯個人特性和個別差異的性格。研究證據顯示，某些性格型態，例如高權威性、高獨斷性、低自尊等特性，容易引發衝突。而在研究社會衝突時，最重要也最被忽視的變項是個人價值系統的差異。價值觀的差異，最適合用來說明下列諸問題。例如，偏見的產生，團體中意見的不同，個人認為所得的酬賞與對團體的貢獻不成比例，評鑑一本書的好壞等。約翰不喜歡黑人，丹娜認為約翰的立場是無知的表現；員工認為他應得的年薪是30,000美元，而老闆認為他只值24,000美元；安娜認為有趣的書，潔妮弗可能認為很無聊，這種種問題都是價值判斷的問題。所以，價值系統的差異是引發衝突最重要的來源之一。

階段二：認知與個人介入

　　如果階段一所提的各項要件產生了挫折，其所引發的衝突就會在階段二顯現出來，那些要件只有在當事的一方或雙方感受到、知覺到時，才可能引發衝突。就如在衝突的定義中所提及的，知覺是必要的。也就是說，至少要有一方知覺到衝突要件的存在。但是，知覺到衝突並不表示個人已介入其中。例如：「甲可能察覺到和乙有嚴重的意見不合，但這並不影響甲對乙的感受，也不會令甲感到緊張或焦慮」。這就是「感受」（felt）的層次，當一個人有情緒介入時，會顯得焦慮、緊張、挫折感，或充滿敵意。

階段三：行為

　　當一個人做出阻撓他人達其目標與獲取利益的行動時，即進入了衝突的第三階段。此行動必須是有意的，知道可以阻撓對方，這樣，衝突才呼之欲出。

外顯的衝突涵蓋了所有的行為種類——從細微的、間接的，和被高度控制的協談，到直接的、攻擊的、暴力的，和失去控制的抗爭。舉例說明，小如學生在課堂上舉手質問老師，大到罷工、暴亂以及戰爭等，都算是衝突的外顯行為。

階段三也是大多數衝突處理方式開始出現的時候，一旦衝突表面化，當事的雙方即會發展處理衝突的方法。這些方法並不排除第二階段的各種處理衝突的方法，但是這階段所發展的方法，大多是用來處理看得見的衝突，而不是作為預防衝突之用。一般常見的衝突處理方法有五種：競爭、統合、退避、順應、妥協。[3]

競爭

一個人只追求達到自己的目標和獲取利益，而不顧慮衝突對對方的影響時，此行為即為競爭或為支配。在正式團體或組織中，非贏即輸的生存競爭，常會導致居上位者利用職權支配他人。而與人發生衝突的個人，為了贏得勝利，也會善加利用自己的權力基礎。

統合

衝突的雙方都希望滿足對方的需求時，便會合作而尋求兩者皆有利的結果，在統合的情況下，雙方都著眼於問題的解決，澄清彼此的異同，而不是順應對方的觀點。參與者會考慮所有的可能方案，彼此觀念的異同點也會越來越清楚。由於解決方案對雙方都有利，所以統合被認為是一種雙方皆贏的衝突解決法。婚姻輔導中常用的方法即為一例。行為科學家，他們強調坦誠、信任、真誠，以及自然的關係，也算是鼓勵以統合的方式來解決衝突。

退避

一個人可能承認衝突的存在，但卻採取退縮或壓抑的方式，此即稱為退避（avoidance）。漠不關心的態度或希望逃避外顯的爭論都會導致退縮行為。與他人保持距離，劃清界限，固守領域，也算是退縮行為，如果無法採取退縮行為，那就壓抑自己和他人的不同之處。當團體成員要和他人互動時，由於工作上的相互依賴，採取壓抑要比退縮來得好。

順應

一個人希望滿足對方時，可能會將對方的利益擺在自己的利益之上。為了維持彼此的關係，某一方願意自我犧牲，我們稱此種行為為順應。例如，當夫妻意見不同時，常會有把配偶的利益置於自己利益之上的順應行為產生。

妥協

當衝突的雙方都必須放棄某些東西時，則會因為分享利益而導致妥協的結果。在妥協時，沒有明顯的贏家或輸家，而是對利益結果予以定量分配。如果利益無法分割，則其中一方必須做些具有替代價值的讓步。妥協的特性是，雙方都必須付出某些代價，同時也有些許獲益。例如，工會與管理當局為了和解而簽訂合約，即是一種妥協的例子。

國家文化對衝突行為的衝擊

我們處理衝突的方式，通常在某個程度上，受到我們生長的文化之影響。舉例來說，美國人向來以開放、直接、競爭性強著稱，這些特質正是一個相對上對不確定性的迴避得分低，而生活數量得分高之社會的產物。

如我們在第2章提過的，對不確定性的迴避得分低之國家的人民，面對不確定性的威脅之時，較有安全感，同時也較不受影響。因此，這些國家的組織也通常比較開放、有彈性；生活數量得分高的國家強調的是獨斷獨行的作風。由這兩項特質所綜合出的文化環境就會塑造出開放、直接、競爭性強的社會，同時也會使偏好這類處理衝突作風的個人被視為有競爭性、樂於合作的對象。

當然，這個前提其實暗示了，對不確定性的迴避與生活數量／品質這兩項特質的得分，會是不同國家偏好的衝突解決方式的良好預測物。舉例來說，北歐斯堪地那維亞半島上的國家——生活品質得分高——可能會強調退讓或順應式行為的重要性，同樣的邏輯也可套在日本、希臘等其他對不確定性迴避得分較高的國家，這些國家往往以正式規定或雇用保證等方式，來減少衝突並鼓勵合作。

階段四：結果

外顯的衝突行為和衝突處理方式交互作用之後，會產生某些結果。如圖12-1的模式所示，這些結果可能是良性的，亦即衝突會促進團體的績效。相反的，團體績效也可能受到阻礙，這種結果即為惡性的。

良性結果

衝突如何增進團體績效呢？很難想像，公然的攻擊或暴力行為竟然會是建設性的，但是有些證據確實顯示，少量或適量的衝突能增進團體的效率，以下我們將舉出研究實例加以說明。

建設性的衝突可以增進決策品質，激發創造力與創新發明，鼓勵成員的興趣與好奇心，衝突也是挖掘問題和情緒宣洩的良好媒介，同時提供一個自我評量與改變的機會。研究證據也顯示，在作決策時，衝突可以提供所有的觀點，尤其是那些異乎尋常或由少數人持有之觀點，均一一呈現，而提升了決策的品質。衝突可以矯正「團體迷思」（groupthink）的弊端，使團體能免於基本假設脆弱、考慮欠詳盡的決策。衝突會對現狀提出挑戰，進而產生新觀念，促進對團體目標與活動的再評價，增加團體革新的可能性。

Sears、Roebuck 與通用汽車是受害於缺乏良性衝突的最佳企業實例，[4]這些公司在1970年代至1980年代間所發生的困難，多半可追溯至良性衝突的缺乏，他們所雇用、升遷的都是「yes man」好好先生，以從不質疑公司行動的方式來表達對組織的忠誠，裡面的經理人大多數都是在抗拒變革的美國中西部成長的保守式盎格魯薩克遜白種男性，喜歡沉緬於過去的豐功偉業甚於迎向挑戰，除此之外，這兩家公司也把他們的高層主管供奉在宏偉的芝加哥底特律總部，不想聽的話絕不入耳，自成一個與外界經銷商及汽車產業隔絕的小天地。

很多研究都支持衝突的良性結果。有一研究比較了四個美國總統內閣的六個重大決策，結果發現：衝突能夠減少團體迷思對政策決定的過度影響。此外，總統顧問團間的一致性往往與較差的決策品質相關，而建設性衝突與批判性思考所形成的氛圍，會促發高品質的決策。[5]

衝突不只可以增進決策品質，而且可以提升團體的生產力。有研究證據顯示：當團體在一起分析決策時，高衝突團體成員的生產力比低衝突團體成員的生產力，每人平均高出73％。[6]另外也有研究指出：當團體是由不同利益的成員們組成時，其解決問題的能力要比同質性成員組成的團體要好。[7]這些研究都暗示著，團體內的衝突可能是優勢，而非傳統觀點所認為的劣勢。

惡性結果

衝突會對團體與組織的績效產生破壞性結果的事實已為大家所熟知。因為失去控制的對立狀態會衍生不滿情緒，不但無法紓解緊張氣氛，反而導致團體瓦解，許多文獻都描述了惡性衝突如何降低團體的效能。其中，最令人不悅的結果是，衝突阻礙了溝通，降低團體凝聚力，把成員間的爭鬥置於團體目標之上，更極端的是，衝突可能導致團體功能停頓，甚至威脅到團體的生存。

要討論這個問題應該先回到前面的話題，什麼是良性衝突，什麼又是惡性衝突。有關衝突的研究尚未釐清哪些情境中的衝突較具建設性而非破壞性。但是，我們至少可以提出兩點假設來區辨建設性與破壞性衝突：第一，極端強烈的衝突，如外顯的爭鬥或暴力，很少是良性的衝突。良性的衝突通常是在中度激烈水準以下，而且對立狀態是在控制之下；第二，團體活動的類型是影響衝突功能性的重要因素。我們假設，團體的決策越沒有計畫性，越具創造性，則其內部的衝突越有可能是建設性的。一個常需要新主意來解決問題的團體（如研究小組、廣告，或其他專業性活動），由衝突中獲得的益處要比需要按部就班的團體（如汽車生產線）來得多。

協商

協商（negotiation）滲透團體與組織每一成員的所有互動，勞動階層與管理階層間的討價還價就是個明顯的例子，較不明顯的例子則包括了經理人與部屬、同僚、頂頭上司間、業務員與客戶間、採購人員與供應商間的討價還價；還有更不明顯的，例如員工答應稍後會回覆某位同事的電話，是為了想交換某些過去或未來的利益。特別在今日以團隊為基礎的組織中，越來越多成員發現自己必須與無法施展職權在對方身上的同事、或甚至與分屬不同主管的同事一起工作，此時協商技巧就變得非常重要。

就我們的目的來說，我們將協商定義為雙方以上的人員交換貨物或服務，並試圖取得交換比例共識的過程；[8]此外，我們會在文中交替使用協商與討價還價（bargaining）兩個詞彙。

討價還價的策略

協商大致有兩種方法：分配式討價還價（distributive bargaining）與統合式討價還價（integrative bargaining）。[9]表12-1就是這兩種討價還價方式的比較。

表 12-1

分配式與統合式討價還價

協商過程的特徵	分配式討價還價	統合式討價還價
可得資源總額的分配	固定的	可變的
主要動機	我贏，你輸	我贏，你也贏
主要利益	與對方對立	雙方漸趨一致
關係焦點	短期的	長期的

修訂自《協商》R. J. Lewicki and J. A. Litterer, *Negotiation,* 1985, p.280. Copyrightc R. J. Lewicki and J. A. Litterer, 1985. Reprinted by permission of Richard D. Irwin, Inc.

分配式討價還價

報上刊登了一則賣二手車的廣告，剛好就是你夢寐以求的那一型，出門看過車後，你已下定決心非到手不可，但原車主開的價比你願意付出的高一些，接下來買賣雙方開始就價格進行協商，這樣的協商過程就是所謂的分配式討價還價，其最大特色就是「零和」（zero-sum），也就是說任何一方若有所得，必定會造成另一方的損失。在上述的二手車買賣範例中，你能從買主開的價削一分錢，就是爲自己的荷包省下一分，但相對地，買主從協商過程所獲的，必定導致你荷包的失血。因此，分配式討價還價的重點就是，對一塊大餅該如何分贓的協商。

也許最常見的分配式討價還價實例就是勞工與管理階層間關於薪水的協商，通常，上談判桌的勞工代表已經都決定了，能從管理階層要到越多錢越好，然而勞工代表每多要到一分錢，就會使管理成本增加，所以雙方在協商過程間都會錙銖必較，並將對方視爲應擊敗的敵人。

圖12-2勾勒出分配式的討價還價策略，以甲乙雙方代表協商過程中的兩方，各方都有一個他們希望到達的目標點（target point），同時也有一個標出可接受最低結果的抗拒點（resistance point），在抗拒點以下，因所致安排將無法接受，因此協商就會破裂。但雙方抗拒點間的區域就是和解範圍（settlement range），只要雙方的願望範圍（aspiration range）有所交集，就

圖 12-2
....
討價還價的區間

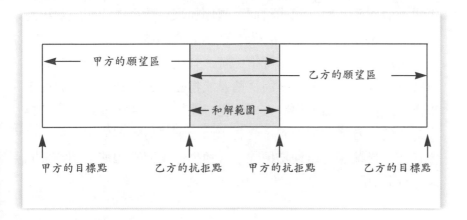

會產生能滿足雙方願望的和解範圍。

在分配式討價還價中，每一方都試圖讓對方同意，或儘可能貼近己方的特定目標點，例如試圖說服對方，他們的目標點多麼不可行，並極力鼓吹儘量靠近己方目標點的和解方案；爭論到己方的目標點完全公平，而對方的則否；試圖讓對方想要表現慷慨而接受離己方目標點較近的結果。

統合式討價還價

一家女用運動服裝製造商的業務代表，剛拿到一家成衣零售商的訂單，金額是美金15,000元。在她打電話通知公司的信用部門後，才知道由於對方曾有拖延付款的不良記錄，所以不能以信用方式付款。第二天，她和公司的信用部經理見面討論這個問題，由於她並不希望失去這筆生意，當然信用部經理也不希望上門的生意飛了，但信用部經理卻有避免呆帳的重要考量，雙方開放心胸開始檢視可能選項，在詳細的會談後，他們得到了一個雙方都滿意的解決方案：信用部經理同意這筆銷售，但成衣商必須提供銀行保證書，保證60天內若成衣商無法付款，公司還是能取得這筆款項。

上述業務代表與信用部經理的協商過程，就是統合式討價還價的一個例子。與分配式討價還價比起來，統合式的問題解決前提是，一定有一個以上的和解方案能創造雙贏局面。

在所有條件相等的情況下，統合式討價還價遠比分配式討價還價受歡迎。為什麼呢？因為前者能建立起長期關係，並促進未來合作的可能。這種協商方式使雙方連結在一起，並且讓談判桌上的任何一方都認為得到了勝利；而分配式討價還價中，最後總要有一方是輸家，這種結果除了導致仇恨，同時也使人們共事的歧見日漸加深。

但是，為什麼統合式討價還價在組織內部似乎並不多見呢？答案是，因為這種協商方式有其條件限制，包括協商雙方必須開放心胸分享資訊、對己方關切點坦誠直言、雙方對彼此的需求保持敏感度、有能力彼此信任、雙方都有意願保持彈性。但由於許多組織文化與組織間的關係並不具備開放、信賴、彈性等特質，這也就難怪多數的協商都是那種「為求勝利不惜一切代價」的典型。

協商中的議題

我們在此以對決策三大議題的回顧，來總結對協商的討論：（1）決策偏差；（2）人格特質所扮演的角色；（3）文化差異對協商風格的影響。

阻礙有效協商的決策偏差

我們每個人都曾有協商結果不如預期的經驗，為什麼呢？因為我們都有對可幫助我們由協商獲取最大利益的機會視若無睹的傾向。下列清單列出常讓我們對機會視若無睹的七種決策偏差。[10]

1. 非理性的積重難返（irrational escalation of commitment）。即使理性分析並不推薦，一般人還是會採用過去所選擇的行動方式，這類方向錯誤的堅持只會造成時間、精力、金錢的浪費，時間與金錢既已投注，就是無法挽回的成本，不應該在選擇未來行動時納入考慮。

2. 固定大餅的迷思（the mythical fixed pie）。討價還價者會假設他們的所得，必然來自對方的犧牲。但在統合式討價還價中，這種前提是不成立的，因為總會有能導致雙贏局面的解決方案，零和遊戲意味著排除了多元勝利的可能性。

3. 錨定與調整（anchoring and adjustments）。一般人通常都有以不相干資訊來錨定決策的傾向，例如一開始喊出的價碼。有很多因素都會影響人們進入協商過程的起始立場，有效的協商者不會讓初始的錨定點影響能取得的資訊與評估情境的分析深刻度，同時也不會在協商過程的初期，就把對方一開始喊出的條件看得太重。

4. 解讀協商（framing negotiation）。一般人都很容易被資訊所呈現的方式所影響，以勞資合約協商為例，假設員工目前的時薪是15美元，而工會要求加4美元，資方大約能接受的最後結果是17美元。但勞方的感受則視他們如何解讀而定，看他們認為是多賺了2美元（以目前的薪資為比較標準），還是少賺了2美元（以工會所爭取的薪資為比較標準），就會引發不同的反應。

5. 資訊的可得性（availability of information）。協商通常過度仰賴容易取得的資訊，而忽略其他相關性較強的資料。一般人常常接觸的事件，通常也比較容易被記得，這就是因為在記憶中容易取得的緣故，我們也通常較能憶起或想像生動的事件。能被輕易喚起的資訊，無論是基於熟悉或生動，往往會被誤以為是較可靠的資訊，但事實並非如此。有效的協商者必須學會如何分辨資訊本身的情緒熟悉度與可靠相關性的差別。

6. 贏家的詛咒（the winner's curse）。某位朋友向地區經銷商買下了一輛全新的豪華跑車，定價是美金42,300元，但他估計經銷商的成本應該是35,000美元左右，於是我的朋友就開價38,000美元，心中盤算可以讓對方抬高至41,000美元。但出人意料的是，經銷商接受了他的喊價，兩小時後，他已經開著新車在回家的路上了。但當晚他徹夜難眠，即使已比他原先預估的價錢少了整整3,000美元，他仍在擔心自己是不是太大方了，很顯然的，他正承受著「贏家的詛咒」之折磨，在協商結束後常發生的一種懊惱之感。對手輕易地就接受己方的條件，己方就開始擔心是不是付太多了。這種協商後的反應並不罕見，在多數協商中，總有一方（通常是賣家）擁有較充足的資訊，但一般人在協商中卻往往會視對方消極被動，並且忽視預測對方決策的重要性。這種令人不快的「詛咒」，可以藉由事先蒐集資訊並設身處地以對方立場設想來消除。

7. 過度自信（overconfidence）。前述的偏差結合在一起，會使人們對自身判斷力的信心大為膨脹。擁有某種信念與期待的個人，往往就會對與自身信念相牴觸的資訊視而不見。過度自信減少了和解的誘因。考慮一下專家的意見，並尋求中立者對己方立場的客觀評估，就是減少這種傾向的方式。

人格特質在協商中的角色

如果我們知道協商對手的人格特質，是不是就能預測對方的協商策略呢？若這個問題的答案為肯定，可能會讓很多人歡喜雀躍。舉例來說，我們可以假設偏好冒險之人大概就是那種永不讓步、氣勢凌人的協商者。但事實可能會令我們大吃一驚，因為並沒有證據支持這種假設。[11]

對人格——協商關係的整體評估發現，人格特質對協商過程或協商結果都沒有明顯的影響。這個結論相當重要，它暗示了我們應將注意力集中在議題與每次協商的情境因素上，而不要多問對方的性格。

協商的文化差異

雖然個人人格似乎與協商風格沒有明顯的直接關係，但文化背景卻有關，很明顯地，不同國家文化的協商風格有極大差異。[12]

法國人喜歡衝突，在思考與行爲上的對立，往往能爲個人帶來極大的名聲與肯定，結果導致法國人的協商過程得花很多時間，而且他們並不在意對手是否對自己抱持好感。[13]中國人的協商也很耗時，但理由與法國人並不相同，他們相信協商是永不休止的過程，你以爲細節都已搞定，而且已與這位中國主管達成最後協議了，這時他笑了一笑，於是，整個過程又得重頭再來一遍，中國人和日本人一樣，協商是爲了建立關係以求共同合作，而不是爲了把每件事都確立下來。[14]全世界都知道美國人是超級沒耐性、而且希望搏得對方好感，來自其他國家的聰明協商者，會在協商過程中利用這些特質，並且建立以協商結果爲前提的友誼。

協商的文化背景顯然會影響協商前所做準備的種類與多寡、工作與關係孰重、所採用的策略、甚至包括進行協商的地點，爲進一步解釋這些差異，我們來看看兩項比較文化在商業協商上影響力的研究。

第一個研究的比較對象是北美、阿拉伯、俄國，[15]所探討的因子包括協商風格、回應對手訴求的方式、讓步的作法、處理協商期限的手法。北美洲的人通常仰賴事實與理性爲說服對方的工具，以客觀事實回應對方訴求，在協商初期就先做點小讓步以建立關係並換取對方的互惠，非常重視最後期限。阿拉伯人則試圖以感情說服對方，並以主觀感受回應對方的訴求，從頭到尾不斷讓步，對另一方的讓步也會禮尙往來，期限在他們眼中並非大事，可隨意更改。俄國人則總是以先入爲主的概念立論，幾乎不會讓步，對手的讓步會被視爲弱點，更別談什麼禮尙往來，俄國人是最不把期限看在眼中的民族。

第二個研究的比較對象則是北美洲人、日本人、巴西人在半小時的協商過程中，所展現的語言性或非語言性協商技巧，[16]研究指出了某些相當有趣的差異。舉例來說，巴西人說「不」的平均次數是83次，而日本人與北美洲人則各別是5次與8次。日本人在三十分鐘的協商過程中，平均有5次超過10秒鐘的沉默，北美洲人的平均是3.5次，但巴西人則一次也沒有。日本人與北美洲人打斷對方說話的次數大致相當，但巴西人打斷對方的次數卻是他們的2.5到3倍之多。最後，日本人與北美洲人在整個協商過程中，除了握手之外，幾乎沒有其他的肢體接觸，但巴西人每半個小時，觸碰對方的次數幾乎有5次。

對經理人的啓示

衝突管理

多數人都會作這種假設──衝突會降低團體和組織的表現。本章卻指出，這種信念往往是錯誤的。衝突對團體或單位運作的影響，可能為建設性，亦可能極具破壞力，太多或太少都會阻礙績效。所謂的適當衝突，是指能避免停滯不前、激發創造力、釋放張力、播下變革種子，但又不會有破壞性的衝突。

我們能給面臨過多且必須減少衝突的經理人什麼意見嗎？天下沒有解決衝突的萬靈丹！個人必須針對情境來選擇適合的解決技巧，以下是可行的幾點方針：[17]

競爭（competition）適用於極需迅速、決斷行動的情境；必須採取不受歡迎行動之重要議題（如裁減成本、落實不受歡迎的規定、紀律）時；議題與組織利益攸關，而你深知自己的想法正確時；對付某些利用非競爭手段而獲利的人時。

統合（collaboration）適用於需以統合性方法解決無法妥協的重要事項時；以學習為目的時；想汲取不同觀點的洞察力時；希望從各自的訴求中理出共識時；想克服會干擾關係的感受時。

迴避（avoidance）適用於議題相當瑣碎而且有其他重要事情待辦時；發現毫無機會滿足自己需求時；可能導致的破壞性遠高於解決方案所能導致的利益時；希望讓大家都平靜下來重新思考時；蒐集資訊比立即的決策更重要時；有人更具解決衝突能力時；議題可能離題或可能引發更多議題時。

順應（adjustment）適用於發現自己有錯，而希望換個角度來傾聽、學習、並顯示自己的理性面時；議題對別人來說比對自己還重要，這麼做可以滿足他人需求並維持合作關係時；想建立後續議題的社會信用時；想要減少失敗可能導致的損失時；和諧與穩定至上時；可以容許員工自錯誤中學習時。

妥協（compromise）適用於目標非常重要，但不值得以獨斷手法可能引發的破壞力來換取時；實力相當的對手願意在互斥性的目標給予承諾時；在複雜議題上暫求和解時；在時間壓力下希望先獲得權宜之計時；統合或競爭的作法失敗時。

增進協商技巧

以下的技巧將能幫助你提升協商能力：[18]

研究對手——儘可能取得對方利益與目標方面的資訊，對方希望滿足的群眾是哪一類？對方會採用哪些策略？這方面的知識能幫助你更理解對方的行為，預測對方對己方開出條件的反應，並以對方的利益來架構解決方案。

以正面提議開始——研究顯示，讓步往往會引發對方的互惠，並且帶來協議的達成，因此，以正面提議開啟協商，也許可先作點小小讓步，然後換來對方的讓步。

就事論事，不要在人格上大作文章——協商的議題本身，而非對手的人格特質本身，才是你該關心的重點。協商開始棘手時，千萬要克制攻擊對手的傾向，因為你所不能苟同的是對方的想法或立場，而非對方的人格，把人的因素從問題抽離開來，不要把差異與人扯在一起。

淡化初始條件的強度——協商的初始條件只是起點，這是每個人都必須有的初始立場，通常這些立場都比較極端也比較理想化，沒錯，這就是這些條件的特色。

強調雙贏的解決方案——在支持性的環境下，應該尋求統合式的解決方案，以對方的利益為出發點來架構選項，並尋求可讓雙方都宣稱勝利的解決方案。

創造開放且相互信任的環境——有技巧的協商者，同時也是好的傾聽者，懂得問問題、言之有物、不採防衛立場、避免激怒對方的用詞（例如，慷慨的優惠、公道價、合理的安排）。換句話說，他們懂得為達統合式和解，就應該創造開放且相互信任的環境。

第四篇　組織系統

第13章

組織結構要義

本章的主題是，組織的不同結構，及結構本身對員工態度與行為的影響。我們會提出組織結構元素的定義，介紹六種結構設計方案，辨識各種決定結構設計適用情境的權變因素，最後，以不同組織結構對員工行為的效應作結。

何謂組織結構

組織結構定義了組織內分配、分組、協調工作任務的正式方式，舉例來說，嬌生向來都把活動分組爲以產品爲中心的半自主式公司，並給予這些公司經理人相當的決策自由度。

經理人在設計組織結構時應該正視六大關鍵元素，包括分工專業化、部門劃分、指揮鏈、控制幅度、集權化與分權化、形式化。[1]表13-1將這六大元素明列爲六大關鍵問題的解答方向，以下的章節將詳細介紹這六大結構元素。

表 13-1
....
經理人設計適當組織結構前應先回答的六大關鍵問題

關鍵問題	解答方向
1.任務該被分割到什麼程度？	分工專業化
2.工作歸類的基礎？	部門劃分
3.個人與團體該向誰報告？	命令鏈
4.經理人能有效指揮的人數？	控制幅度
5.決策權力從何而來？	集權化與去集權化
6.規範對員工與經理人的約束力有多大？	形式化

分工專業化

二十世紀初，亨利福特因為以生產線製造汽車而致富成名，他讓每個員工都只做同一項重複性的工作，舉例來說，某個人的工作內容為安裝右前輪，而另一個人負責固定右前車門。藉由這種將工作劃分為可再三重複執行的小型標準化程序的作法，福特所雇用的員工不需具備製造汽車的全部技能，就能夠達成10秒鐘生產一部車的生產率。

福特的例子說明了，只要允許員工專業化，就能使工作進行的效率大為提高。今日我們使用了分工專業化（work specialization）或分工（division of labor）等詞彙來描述組織內將任務分割為工作的做法。

分工專業化的重點在於，取代過去一人獨立完成的作法，將工作分割成步驟，每個步驟由專人負責。總而言之，個人專精於工作活動的部分，而非全體。

在1940年代晚期之前，工業化國家的製造業工作多半已達極高的分工專業化，而且管理階層視此為最有效運用員工技能的方法。在大部分組織中，總有些工作需要熟練的技巧，而某些工作則可交給未經訓練的員工執行，如果所有員工都必須操作組織製造過程所有步驟的話，無論其負責項目的難度高低，都得具備同樣的技能，這將會使多數人的工作都遠低於其能力水平，只有負責最需技巧、最複雜工作的人，方能得到有效發揮。此外，由於個人薪資反映其技術水準，因此技術工人會比非技術性工人薪水更高，公司付高薪請高級技術員工來做簡單工作，無疑是浪費組織資源。

經理人也正在尋找分工專業化的其他有效辦法，工人執行特定工作的能力會隨著重複次數增加而提高，不再花那麼多時間在工作變化、工具準備之上，再說，從組織的觀點來看，專業化的訓練效率也比較好，召募並訓練執行單一重複性工作的員工，比起讓他們樣樣都會，是比較容易也是比較節省成本的作法。在精密度與複雜度都高的工作上，更是如此。舉例來說，如果讓一個人負責造一整架飛機，Cessna大概一整年連一架Citation噴射機都生產不出來。最後，由於分工專業化鼓勵新程序與機器的發明，的確提升了效率與產量。

在二十世紀前半，經理人將分工專業化視爲提升生產力的無限資源。在某個臨界點之前，這種想法是對的，因爲專業化普及的程度還不夠廣，所以我們可以看到引進專業化概念的企業都能有效提高生產力；但在1960年代之前，就已經有證據指出，分工專業化的良好設想已被過度運用，某些工作由於分工專業化造成怠惰、疲憊、壓力、低生產力、低品質、高曠職率、高流動率等人力浪費（如圖13-1所示），而且某些情況下，生產力反而可以藉由工作活動範圍的擴大化（而非窄化）來提升，除此之外，有些

圖 13-1

分工專業化的經濟性與不經濟性

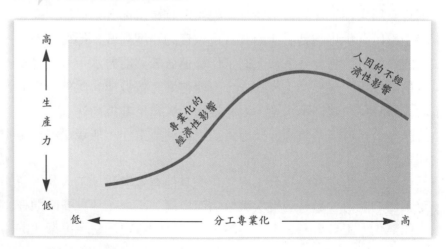

公司也發現，藉由提供員工多項工作活動、允許員工完成整項工作、將具備多重技術的員工安排在團隊中，都可以使員工的生產力與工作滿足大增。

今日，多數經理人雖不認為分工專業化已被時代淘汰，但也不認為分工專業化是提升生產力的無窮資源，多數經理人都能正視分工專業化在某些工作上所能提供的經濟價值，也知道過度濫用的弊病。舉例來說，麥當勞可以藉由分工專業化有效地製造並銷售漢堡，而多數醫療機構也大量採用分工專業化的概念；但另一方面，釷星汽車卻以擴張工作範圍、降低專業化為成功之道。

部門劃分

一旦經由分工專業化成功地劃分了工作，接下來就是歸類這些工作，使彼此間能互相協調。部門劃分可以作為工作歸類的基礎。

最常用的歸類方法是功能別部門劃分，例如工廠可分為工程、會計、製造、人事、採購等部門，當然，功能別部門劃分可以用在各種類型的組織，功能的不同其實只是反映組織目標與活動的差異。舉例來說，醫院內部可劃分為研究、護理、會計等部門，這種歸類法的主要利益，來自將專業人員聚集在同一地所導致的效率。功能別部門劃分藉由將具備共通技能與類似傾向的個人安排在同一單位，而達到經濟規模。

也可以採行產品別部門劃分，舉例來說，Sun Petroleum Products的三大生產領域（燃料、潤滑油與蠟、化學藥劑）分別由專業副總裁領軍，統籌產品線上大小事宜，每位副總裁各自轄有製造與行銷小組。這種歸類法的主要優點在於，由於特定產品的相關活動在同一經理人管轄之下，產品表現的責任歸屬非常明確。如果組織的活動與服務的相關性，比與產品的相關性高的話，自然就應該以服務作為部門劃分的基礎。舉例來說，會計事務所可以劃分為稅務、管理諮詢、查帳等部門，每個部門在產品或服務經理的指揮下，提供同性質的服務。

地域別部門劃分的例子如：銷售業務可以劃分為東、西、南、北四區，每一區其實就是一個以地理性為中心的部門。如果組織的客戶來源遍及各地，這種部門劃分形式會非常有價值。

在上紐約區的雷諾金屬鋁管廠，他們採用流程別部門劃分：澆鑄、壓模、吹管、拋光、檢查包裝運送，每個部門只負責鋁管製造流程的一部分──金屬送進大型鍋爐澆熔、送往壓模部門、擠壓成鋁管、送往銑床、伸展成各種大小形狀、送去拋光（清理切割）、最後抵達負責檢查包裝運送的部門。由於每個過程所需技巧不一，這也是一種以同質性分類工作活動的方法。

最後要介紹的是客戶別部門劃分，以組織所訴求的客戶類別為分類基礎。舉例來說，辦公室用品廠商的銷售對象可以劃分為零售商、大盤商、政府機關；而大型法律事務所則可以依服務對象為個人或企業，來劃分部門。客戶別部門劃分的首要前提是，每個部門的客戶都有共通的問題與需求，由專家統籌處理是最適當的作法。

大型組織可能會用到前述的所有部門劃分方式。舉例來說，日本某大電器公司同時採行功能別與流程別部門劃分，而銷售業務也依地域劃分為七大部門，每個部門再依客戶種類次分為四。但是，最近十年似乎有兩大趨勢日漸成型：一是客戶別部門劃分的日漸風行，許多組織為求貼近顧客需求並及時因應顧客需求的變遷，開始採用以客戶為部門劃分基礎的作法；二是建立跨越傳統部門界線的團隊，以補純以功能劃分部門之不足。第8章中曾提過，因為任務漸趨複雜，完成任務所需的技能也越趨多元，管理階層已開始轉向建立跨領域的團隊。

指揮鏈

在1970年代，指揮鏈（chain of command）的概念是組織設計的礎石，但在今日如你我所見，它的重要性已降低不少，儘管如此，指揮鏈的概念，仍然值得當代經理人在設計組織結構時玩味再三。

指揮鏈其實就是從組織高層延續至最基層的職權脈絡，明確指出誰該向誰報告、負責，也就是員工常問的「我有問題該找誰？」或「我該向誰負責？」

要討論指揮鏈，就不能不討論另外兩個互補的概念：職權（authority）與單一指揮（unity of command）。職權意指管理性職位所附帶，可發號施令並期待命令將被服從的權利，組織為達成協調，會在指揮鏈中賦予每個管理職位一個對等的位置，經理人也被賦予與其責任相稱的職權。單一指揮原則（unity-of-command principle）規定每個人應該只有一個該直接負責的頂頭上司，這項原則有助於職權脈絡的存續，如果這個單一性遭到破壞，員工可能就如多頭馬車，得為不同上司疲於奔命，甚至得應付相互衝突的指令。

時代會變，組織設計的基本原則亦然，指揮鏈、職權、命令的一貫性等原則，在今日由於電腦科技的進展與員工授權的大勢所趨，已不再那麼重要。現代的低階員工在幾秒內能取得的資訊，二十年前可能只有高階經理人才有權取得。同樣地，電腦網路的盛行，也使組織內部的員工，無論身在何處都可以與其他人溝通，而無需經由正式管道。除此之外，因為原本掌握在經理人手中的決策權力逐漸下放給基層員工，職權與指揮鏈的概念之重要性也日漸衰微，再加上自我管理式團隊與跨領域團隊的日漸風行，新的組織設計也納入多頭上司的編制，這一切都與單一指揮的概念漸行漸遠。當然，還是有組織認為，唯有貫徹單一指揮，才能發揮最高生產力，但這類組織已經越來越少了。

控制幅度

　　經理人可以有效指揮多少人？控制幅度（span of control）之所以重要，是因為這個概念是決定組織層級與經理人數目之關鍵。在所有條件相等的情況下，控制幅度越寬，組織效率就越高，我們將進一步說明這個論點。

　　假設有兩個組織，其最基層的員工數目都是4,100人，如圖13-2所示，其中之一的控制幅度為4人，而另一控制幅度為8人的話，控制幅度較大的組織可以省下兩個層級與800名經理人。假設經理人平均年薪是50,000美元，控制幅度較寬的組織每年可以省下4,000萬美元的管理級薪資支出。顯然地，控制幅度越寬，代表

圖 13-2

控制幅度的比較

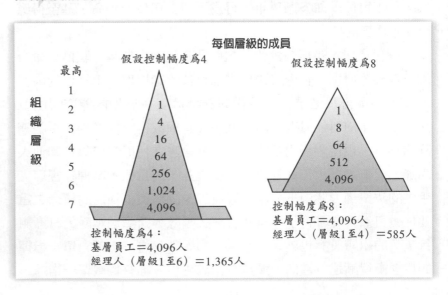

成本的運用越有效率，但在某些點上，由於員工無法從上司得到必須的領導與支持，過寬的控制幅度反而會降低效率。

窄化控制幅度仍有其擁護者，將控制幅度維持在5到6人之間，能使經理人近距離地掌控全局，但控制幅度狹窄有三大缺點：（1）管理層級較多，提高成本；（2）使組織內的垂直溝通變得複雜，層級的增加會減緩決策速度，並使高級主管高處不勝寒；（3）來自上層的明顯監督，會降低員工的自主性。

近年來，增寬控制幅度仍是大勢所趨的作法，同時也與組織降低成本、裁減經常支出、加快決策速度、增加彈性、貼近顧客、員工授權等作為一致；然而，為確保控制幅度的增寬不會使績效降低，組織得花大筆成本在員工訓練之上。唯有員工對工作範圍知之甚詳，或有問題即能向同事尋求協助，經理人才有辦法因應較寬的控制幅度。

集權化與分權化

某些組織全由高級經理人作決策，低階經理人只負責執行高級經理人的命令。另一個極端作法則是，所有決策都下推至「離行動最近」的經理人。前者就是高度集權化的例子，而後者正是分權化的例子。

集權化一詞意指決策集中於組織中一點的程度，概念本身只包括正式職權（也就是個人職位所附帶的權利）。通常，如果高級主管在制定組織重大決策毫不或極少徵詢低階人員意見的話，這個組織就可歸類為集權化的組織。相對地，低階人員在決策過程中提供越多，這個組織就越分權化。

集權化特色明顯的組織與分權化的組織，是截然不同的組織動物，在分權化的組織中，解決問題的行動較迅速，較多人貢獻決策意見，員工不會有任決策者宰割的感受。

管理階層爲求提高組織的彈性與回應性，也引發了一波去集中化決策的趨勢。一般大型公司中，低階經理人較之高級經理人離行動更近，也擁有更豐富的問題相關細節知識。Sears和J.C. Penney等大型零售商都授予他們的分店經理相當高的商品選擇權，以提高與當地其他商店的競爭力。同樣地，Montreal銀行也把加拿大1,164家分行組成236個「社區」，將地域上相近的分行歸爲同組，每個社區都有社區區域經理，[2]區域經理辦公室在離每家分行車程僅約二十分鐘之處，區域經理對社區問題的反應速度與瞭解程度，也比遠在Montreal的高階主管來得好。IBM的歐洲主席，Renato Riverso，同樣也把歐洲大陸劃分爲200個自律性事業單位，各有各的利益方案、員工分紅、客戶範圍。「我們過去總是像軍隊一樣，由高層管理」，Riverso說道：「現在，我們正嘗試創造有自我驅動能力的實體。[3]」

形式化

　　形式化（formalization）是指組織中的工作標準化之程度。如果工作高度形式化，工作人員就不必去考慮該做些什麼、何時該做完，以及該如何去做。我們可以預期工作人員一直以同樣的方式工作並得到同樣的結果。在高度形式化的情況下，有明確的工作說明、許多的組織規則，以及清楚的工作流程。形式化程度較低時，工作行爲較無計畫性，工作人員進行工作時有較大的自由度。由於個體的工作自由度恰與組織對工作所作的規劃程度成負相關，標準化越高則個體越不需要考慮工作該如何進行。標準化不僅減少員工考慮其他行爲的可能性，甚至使員工不需考慮其他選擇。

　　在組織間或組織內，形式化的程度存在著很大的差異。舉例而言，某些工作是眾所周知形式化程度很低的。像大學教科書的業務代表，只要打電話給教這一科目的教授，告訴他們有新書出版就行了，工作的自由度相當大。他們沒有固定的銷售點，所有的工作規範不過是在每週的會議上報告其銷售狀況，並對相關事項提出建議。但是在同一出版社的行政與編輯人員則是另一種極端。他們每天按時上班，而且在上班的時候，必須遵循管理部門所制定的工作流程。

常見的組織設計

以下介紹三種較常見的組織設計方式：簡單結構、科層體制、矩陣結構。

簡單結構

小零售店、五金工具商的電器製造廠、新成立的親職諮詢辦公室、全部駕駛罷工中的航空公司，上述四項有何共通之處？它們可能都採用簡單結構（simple structure）。

簡單結構的特色在於「沒有」而非「具有」，而且絕不精緻。[4]部門劃分程度低、寬控制幅度、缺乏形式化都是其特色，簡單結構是一種扁平組織，通常只有二或三個垂直層級，員工組織鬆散，決策權集中於一人身上，最常用於業主身兼經理人的小型企業；但由於中央集權，因此也是危機處理偏好的結構。

簡單結構的優勢在於其簡單性：迅速、彈性、成本低廉、責任歸屬明確，而主要缺點是，只有小型組織適合採用，簡單結構的缺乏形式化與高中央集權所導致的資訊過度累積於高層，使得簡單結構在組織壯大後有捉襟見肘之感。當規模擴張後，決策速度開始變慢，如果唯一的主管還執意全盤作主，決策甚至會停

擺；這已被證實是多數小型企業失敗的主因。組織雇用的員工達
50或100人左右後，身兼經理人的業主很難綜攬所有大小事務，
結構若不向精緻化調整，會使公司失去動力，最後導致倒閉。由
於事無大小全繫於一人之手，簡單結構的另一缺點就是風險，小
如心臟病發作就能摧毀組織的資訊與決策中心。

科層體制

標準化是所有科層體制（bureaucracy）的關鍵概念，想想我
們平常來往的銀行、百貨公司、國稅局、衛生所、消防隊，這些
組織全部仰賴標準化的工作流程來協調控制一切。

科層體制的特色就是經由專業化、形式化規範、任務別部門
劃分、集權化的職權、狹窄的控制幅度、循指揮鏈的決策所達成
的高度例行性操作任務。

科層體制的主要優勢在於，以高效率方式執行高度標準化的
活動。將具備類似專長者安排在同一功能性部門能帶來經濟規
模、減少人事與設備的重複支出、員工也能與相似的同儕共事。
此外，在科層體制下，即使較不具才幹的中階與低階經理人也能
勝任愉快，這也可以減少用人成本，規則與法令取代了管理階層
的指令。標準化且高度形式化的組織，能使決策權集中繫於一
處，因此，除了資深主管之外，不需要有創意、有經驗的決策
者。

科層體制的主要缺點之一就是，專業化會導致下屬單位的衝
突，使功能性單位的目標凌駕於組織的整體目標之上。另一個科
層體制的主要缺點，我們在和這類組織成員打交道時都曾經歷
過：對規章的過分執著。只要有一點點與規章不符合，就完全沒
有轉寰的餘地，科層體制下的員工只會處理已有先例、規範明確
的業務。

科層體制在1950與1960年代風頭正健，在那個時候，幾乎全世界的主要企業，如IBM、奇異、Volkswagen、松下、Royal Dutch Shell 都採行科層體制結構。雖然科層體制在今日已經過時（主要原因是因為因應變革的速度緩慢），但主要的大型組織仍然保有基本的科層體制特色，特別是專業化與高度的形式化，只是將控制幅度加寬、職權分權化、功能性部門為團隊所取代。另外一個風潮則是，將科層體制打散成較小型的全功能迷你官僚，人數在150到250之間，有獨立的任務與利益方案。據估計，約有15%的組織向這個方向改進，[5]舉例來說，伊士曼柯達已將100個生產單位轉型成為獨立公司。

矩陣結構

矩陣結構（matrix structure）是另一個常見的組織設計，許多廣告公司、航空公司、研發實驗室、建設公司、醫院、政府機關、大學、管理諮詢公司、娛樂公司都採取這種設計。基本上，矩陣是功能與產品兩種部門劃分方式的結合。

功能別部門劃分的優點在於集中專長類似的人才，由於專才資源匯集在一處，可為各種產品所引用，因此可使所需聘用的專家人數減至最少，而主要的缺點就是不易協調各項專案的期限與預算。另一方面，產品別部門劃分的優缺點正巧相反，其優點在於期限與預算方面容易協調，而且產品相關工作的責任歸屬非常明確，但工作與成本都有重複浪費之嫌，矩陣結構就是為了結合兩者優點，並避免缺點所設計的。

矩陣結構的最明顯特徵是違反單一指揮原則。矩陣內的員工都有兩名上司，一位是功能性部門的經理，另一位則是產品經理，因此，矩陣具有雙重指揮鏈。

表13-2所示為某所商業管理學院採用的矩陣形式，包括會

表 13-2

某商業管理學院所採用的矩陣結構

學系＼課程	大學部	碩士班	博士班	研究	行政發展	社區服務
會計						
行政研究						
財務						
資訊與決策						
科學						
行銷						
組織行為						
定量方法						

計、行政研究、行銷等科系為功能性單位，此外，特殊課程（可視為產品）則跨越各種功能。在這種方式下，矩陣結構成員必須兼負來自功能性部門與產品小組的雙重任務。舉例來說，負責大學部課程的會計教授，必須同時向大學部課程主管與會計系主任作報告。

　　矩陣的優點在於可增進多元、複雜、互賴性組織活動間的協調能力。隨著組織擴大，資訊處理容量開始超載。在科層體制中，複雜度會導致漸趨形式化；矩陣內部不同專家間頻繁的直接接觸，使溝通更順暢更有彈性，讓資訊在組織中散佈，更快達到負責處理資訊之人的手中。此外，矩陣也能減少科層體制的流弊，複式職權脈絡使部門成員不會只經營部門內的小天地，而將組織整體目標置於腦後。

矩陣還有另一個好處，就是促進專家的適才任用。如果具有高度專精技能的個人被安插在某個功能性部門或產品小組，這些人的天分就只能用之一隅，也往往無法完全發揮。矩陣藉由提供組織最佳資源與資源的有效率調度方式，而達經濟規模。

矩陣的缺點則是可能衍生的混淆、權力鬥爭、個人壓力。在擺脫單一指揮的限制後，隨之而生的曖昧不清會導致衝突。舉例來說，誰該向誰報告會開始不明確，產品經理人難免開始為爭奪最佳專業人才而起衝突。混淆與曖昧往往正是權力鬥爭之因，在科層體制中，誰能制定遊戲規則，就擁有攫取權力的機會，一旦規則的權力爭霸戰開打，功能性部門與產品小組的經理人的權力鬥爭也隨之開始。對希求安定與明確的個人而言，這種工作環境往往帶來極大壓力。要向多位上司報告工作進度，也會導致角色上的衝突，而不明確的期望也會帶來角色的曖昧不明，科層體制原本因可預測性而帶來的安定，反而被不安全感與壓力所取代。

新式選擇方案

近年來，許多組織的資深經理人都在設計新式結構選項，希望藉此提升公司的競爭力。本節將介紹三種新式結構設計：團隊結構、虛擬組織、無分界的組織。

團隊結構

第8章曾提過，團隊已成為最常用來組織工作活動的手法。以團隊為協調中心的組織，所採用的正是團隊結構。團隊結構的主要特色是破除部門藩籬，將決策權分散至工作團隊的層次之上。

團隊結構（team structure）在小型公司中即可代表組織整

體。舉例來說，Imedia，一家位於紐澤西的30人行銷公司，完全以團隊為編制核心，由團隊負責絕大多數的營運事項與客戶服務。[6]

此外，特別在較大組織中，團隊結構被用來彌補典型科層體制的不足，使組織能夠同時兼具科層體制凡事標準化的效率，與團隊所能提供的靈活彈性。

虛擬組織

能租為什麼要買？這句問話正是虛擬組織的核心精神，所謂虛擬組織（virtual organization）是，主要商業功能皆外包的小型核心組織，就結構來說，虛擬組織是高度集權化，但幾乎毫無部門劃分的組織。

耐吉、銳跑、Liz Claiborne、Dell電腦正是營業額高達百萬，但卻沒有自己製造部門的上千家公司之數例。舉例來說，Dell電腦沒有廠房，他們只是將購自其他公司的零件組裝成電腦。National Steel Corp.則簽約把郵務外包，AT&T的信用卡處理也是外包，Mobil Corp.也將其精煉廠的維修工作交由其他公司處理。

這是怎麼回事？為了追求最大靈活度，這些虛擬組織建立的是能讓他們外包製造、物流、行銷等企業功能的關係網路。管理階層認為，將這些功能外包可以達到更高的品質，價格也比較便宜。

比起擁有許多垂直管理層級、掌控權來自所有權的傳統科層體制，虛擬組織所造成的對比非常強烈。前者的組織中，研究由自家包辦，公司旗下的廠房負責生產，公司雇用員工來處理業務與行銷事宜。為支持這些層級的存在，管理階層還得雇用會計、人事資源專家、律師等額外人員。然而，虛擬組織把多數這類功能都外包，只專注於自己能做到最好的事情上。

　　圖13-3說明虛擬組織的管理階層，如何將企業主要功能外包的情形；一小群主管構成了組織的核心，他們的工作就是指揮所有內部的作業，並協調承包製造、物流等功能的廠商之關係。圖13-3的虛線就是代表與外包廠商的關係，通常這種關係受合約所管轄。基本上，虛擬結構的經理人花許多時間協調並掌控外界關係，而且通常藉由電腦網路來聯繫。

圖 13-3
....
虛擬組織的結構

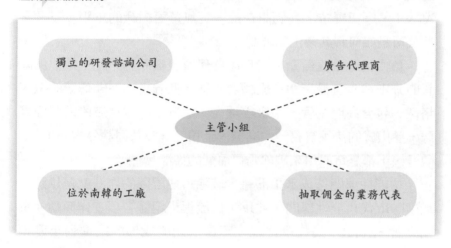

　　虛擬組織的主要優點是其彈性。舉例來說，它可以讓資本不多，但具創新能力的人——例如早期的Dell電腦與創辦人Michael Dell——能成功地與IBM等大公司競爭；但這種結構的主要缺點則是，管理階層對企業的關鍵部分之控制性降低。

無藩籬的組織

奇異的總裁，Jack Welch，在描述他對奇異的期許時，提出了「無藩籬的組織」(boundaryless organization) 一詞，Welch希望讓公司成為「價值六百億美元的家庭雜貨舖」，[7]也就是說，要在像奇異這種大規模的公司中，破除充斥於內部的垂直及水平藩籬，以及阻擋在公司與客戶及供應商間的外界屏障。無藩籬的組織希望能消弭指揮鏈，限制控制幅度，並以授權團隊取代部門。

雖然奇異尚未達成無藩籬的理想狀態，而且可能永遠都無法達成，但的確已有明顯改善。類似情況的公司還包括了惠普、AT&T、摩托羅拉。我們將在此一窺無藩籬組織的風貌，以及某些公司是如何將其轉化為現實。

藉由消除垂直藩籬，管理階層使層級編制扁平化，地位與階級的分別消弭至最輕微，組織看來就像個貯倉，而非傳統的金字塔型，包含高層主管、中級經理人、領班、操作員工的跨層級團隊，參與式的決策實務，由同儕、上司、下屬共同評分的360°績效考核，都是奇異用來破除垂直藩籬的作法。

功能性部門造成水平藩籬，破除這些屏障的作法就是以跨領域團隊取代功能性部門，並以工作流程來組織各項工作活動。舉例來說，AT&T某些單位現在不再依功能或部門來編列年度預算，而是以諸如全球通訊網路維護此類工作流程來編列預算。管理階層破除水平藩籬的另一種作法是，水平式調任，或將不同功能區域的員工輪調，這種作法也使專才轉型為通才。

無藩籬組織發揮到極致時，甚至能破除外界的屏障與地域所造成的隔閡。全球化、策略聯盟、客戶與組織的連結、遠距工作，都是能減少外界屏障的實務作法。舉例來說，NEC、波音、蘋果電腦等公司都各自與數十家公司有策略聯盟或合夥關係，來

自不同組織的員工在聯合方案之下共事，使得組織間的差異日漸
模糊。

結構差異的起源

　　前面敘述的各種組織結構間差異極大，從高度結構化、標準
化的科層體制，到鬆散、變形蟲式的無藩籬組織，都是組織結構
的一種。圖13-4將前述的結構以兩種極端模式呈現：機械式結構

圖 13-4

機械式結構與有機式結構

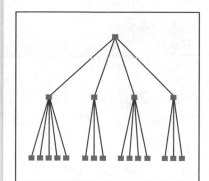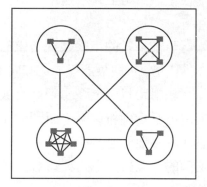

機械式結構	有機式結構
・水平方向高度分化	・水平方向低度分化
・層級關係固定	・合作式的工作關係（包括垂直與水平方向）
・責任固定	・責任可視環境調整
・高度形式化	・低度形式化
・正式溝通管道	・非正式溝通
・集權式的決策	・去集權化的決策

（mechanistic structure）、有機式結構（organic structure）。我們可以把那些極度部門劃分、高形式化、有限制的資訊網路（以向下溝通為主的）、低階成員的低決策參與度之科層體制，當作機械式結構的同義詞。而有機式結構則是另一種極端，這種結構看起來與無藩籬組織非常類似，編制扁平化、採用跨層級與跨領域團隊、形式化程序低、資訊網路緻密（水平、向上、向下溝通）、高決策參與度是這種結構的特點。

什麼因素可以決定組織的結構該歸類為機械式或有機式結構呢？將這兩種模式謹記在心，我們開始討論這個問題。[8]

策略

組織結構是一種幫助管理階層達成目標的方法，因為目標來自於組織的整體策略，所以只有在結構與策略關係非常密切的情況下才合理，更明白點，就是結構應該唯策略是尊，如果管理階層在組織策略上有所變革，結構也應隨著修訂，以調適並支持變革。

目前多數的策略架構著重於三大策略向度——創新、節省成本、模仿——與最能達成這些向度的結構設計。[9]

組織可以引進多少新產品或新服務？並不是與往昔不同的策略就可稱為創新策略，所謂的「創新策略」必須有意義、有獨特性才行。顯然地，不是所有公司都追求創新，對3M來說，創新是必須的，但對保守的英國零售商Marks & Spencer來說，創新並不那麼值得追求。

追求節省成本策略的組織，通常都勒緊成本、克制不必要的創新或行銷開支、並折價求售基本系列的產品，這就是Wal-Mart與雜貨賣場所追求的策略。

採取模仿策略的組織，通常試圖汲取上述兩種策略的精華，他們希望降低風險、使獲利機會達到最大，其策略就是在創新者的想法通過市場測試後，盡快推出類似新產品或進攻類似的新市場；簡言之，就是截取成功的創新想法，然後抄襲。剽竊設計師最新式樣的成衣或產品製造商，就是採取模仿策略，甚至包括IBM或Caterpillar這種有名公司，也常常在他們競爭對手的創意通過市場檢驗後，才推出更好的產品來進攻市場。

策略與結構有何關係？創新者需要有機式結構的靈活與彈性，而機械式結構的效率與穩定，正是想節約成本的人所追求的選擇。模仿者結合兩種結構，他們使用機械性結構來緊密控制並降低既有活動成本，同時採用有機式的次單位來發展新事業。

組織規模

許多證據支持組織規模會影響結構的說法。[10]舉例來說，員工超過2,000人的大型組織，比起小型組織來說，通常分工專業化的程度較高、部門劃分較細、垂直層級較多、規章也比較繁複，但之間的關係並不是線性的。事實上，規模對結構的影響性不再那麼重要，也就是隨組織的版圖擴張後，規模的影響力會減弱。為什麼？基本上，擁有2,000名員工的組織結構已經很機械式了，再多加500名員工也不會有太多影響，但換個角度來說，在原先只有300名員工的組織中，增加500名員工將會使組織明顯向機械式結構偏移。

技術

技術（technology）一詞意指組織如何將輸入轉化為輸出。每個組織至少都有一種將財務、人力、物質資源轉化為產品或服務的技術。舉例來說，當年的福特汽車，以生產線程序作為製造產品的優勢；大學可能有多種提供課程的技術，包括過去盛行的正式演講、個案分析、實務演練、程序教學法等等。本節將介紹組織結構與技術間的關係。

　　許多研究都以結構與技術間的關係爲主題，由於這些研究的細節十分繁瑣，所以我們直接介紹研究結果。[11]最常見的主題之一是技術的例行程度（degree of routineness），我們可以用這個專有名詞來描述技術本身是偏向例行性或非例行性的活動。例行性活動的特色是自動化、標準化的操作；而非例行性的活動則是可自訂的，包括古董像具修復、皮鞋訂做、基因研究都屬於這類活動。

　　技術與結構有何關係？雖然它們之間的關係並不強烈，但我們發現例行性工作往往與垂直層級較多、部門劃分較細的結構有關。事實上，技術與形式化間的關係較明顯，研究顯示例行性通常與規章、工作說明等形式化的文件有關係。

環境的不確定性

　　組織環境由組織外圍的機構或力量所構成，可能對組織績效有所影響，因此環境也被視爲決定結構的關鍵因素。

　　爲什麼組織結構會受環境影響？原因就在於環境的不確定性。有些組織面對的是靜態環境，而有些組織則面對動態環境。對經理人來說，靜態環境比動態環境的不確定性來得少。既然不確定性對組織效率會造成威脅，管理階層就只好盡力消弭不確定性，而調整組織結構正是降低環境不確定性的方法之一。[12]

　　實質證據指出，環境的不確定程度與不同的結構安排有關。基本上，環境越動態、越具不確定性，結構上就越需要彈性，而有機式結構正能提高組織運作效率。反過來說，在穩定且可預測的環境中，則可採用機械式結構。

組織結構與員工行為

本章開宗明義即已提出，組織結構對成員會造成深遠的影響，本節就是要評估可能的影響。回顧組織結構與員工績效、工作滿足間關係的證據後，我們可以得到非常清晰的結論——凡事不能一視同仁！不是每個人都喜歡有機式結構的自由與彈性，有些人要在標準化且定義明確的機械式結構中，才能發揮最高的生產力並得到最高的工作滿足。因此，關於組織設計對員工行為影響的討論都非常強調個體差異的重要，為申論此點，以下將檢視員工在分工專業化、控制幅度、集權化等向度上的偏好。[13]

多數證據指出，分工專業化有助於提高員工生產力，但其代價為工作滿足的降低。然而，這種論調忽略了個體差異與工作類型的因素。

如前所述，分工專業化並非提高生產力的無盡泉源，當分工專業化過細，使員工重複過量同樣工作時，問題才會浮出檯面，並使生產力下降。由於員工教育程度揭高，對工作的內在獎勵需求也會增高，因此，近年來分工專業化，似乎有比往年更快到達飽和點的趨勢。

無疑地，現代人對過度專業化的工作之容忍度，遠比父母輩或祖父母那一代來得低，但若要就此認定絕不會有人喜歡重複的例行工作，似乎是言之過早。有些人就是偏好不需動腦、例行性高的穩定工作，對這些人來說，分工專業化正是工作滿足的來源。當然，最實際的問題還是在於，這類偏好單一例行工作的族群，究竟只占全部工作人口的2％還是52％。假設一般人在選擇工作時，有一種自我篩選過程在暗中運作的話，我們大可作此結論，認為高度分工專業化所衍生的負面行為，在由具高度個人成長需求與多元化者占多數的專業性工作上，比較容易浮出檯面。

研究指出，我們可能可以安心地認為，沒有證據支持控制幅度與員工績效間的關係。直覺上，一般人都會認為較寬的控制幅度，由於天高皇帝遠，再加上提供較多個人開創機會，能提高員工績效；但研究結果並不支持這種論點，而且，也沒有辦法指出何種控制幅度最能提升員工績效或工作滿足。當然，原因可能還是得歸諸於個體差異，有些人喜歡單打獨鬥，而有些人希望能隨時有上司可供諮詢，這樣比較有安全感。第10章曾介紹過的領導權變理論，讓我們知道如果要探討控制幅度對員工績效與工作滿足的影響的話，就還得要再加上員工經歷、能力、工作結構等因素，才能解釋影響作用之處。但是，某些證據指出，經理人轄內的員工人數，與經理人自身的工作滿足有正相關。

我們的確發現，有強烈證據支持集權化與工作滿足間的關係。大致上，集權化程度較低的組織會有較多的參與式決策，而有證據指出，參與式決策與工作滿足間的正向關係。但在此處，仍要再度提醒個體差異的重要性。分權化與工作滿足的正相關，在自我評價低的員工身上特別明顯，因為這些人通常對自身能力較無信心，因此會把能參與決策看得較重，但是他們不需為決策結果負全部責任。

我們的結論是：為使員工績效與工作滿足最大化，應將經歷、人格、工作內容等個體差異納入考量。

對經理人的啟示

　　組織的內部結構能幫助我們解釋並預測員工行為；也就是說，除了個體與團體因素之外，工作環境的結構也會對員工態度與行為造成明確影響。

　　憑什麼認為結構會影響態度與行為？要看組織結構能對「我該做什麼事情？」、「我該怎麼做？」、「我該向誰報告？」、「有問題該找誰？」這類問題作多明確的回答，結構上的明確性會塑造員工態度，並促使他們的績效更上層樓。

　　當然，結構本身的限制與控制性，也會侷限員工的表現。舉例來說，高度形式化、分工專業化、恪守指揮鏈、職權受限、控制幅度狹窄的組織結構，會導致員工自主性的缺乏。在這類控制嚴密的組織中，行為變通的範圍有限。相對地，分工專業化有限、形式化程度低、控制幅度寬的組織結構，能提供員工較大範圍的自由，因此行為的多元性也就較高。

第14章

技術與工作設計

多數組織的技術正在全面變遷。本章的焦點在於技術的操作與資訊如何影響管理與工作流程，技術對員工淘汰的效應，經理人如何設計工作與工作進度，使員工績效達到最高。

工作場所的技術

前章在討論結構差異時，已提過技術一詞，並將其定義為組織將輸入轉化為輸出的方法。近年來，經濟學家、經理人、諮商者、商業分析者等多用這個名詞來描述運用精密電子電腦生產輸出的機器與設備。

對工作場所新技術的討論主要是，如何在轉化輸入為輸出的過程中，以機器取代人工。這種以資本取代勞力的過程，從1800年代中期工業革命開始，基本上從未停止過。舉例來說，電力的使用使紡織業開始引進電動紡織機，而電動紡織機的產量與成本都比人工操作的紡織機來得經濟實惠。但是在20世紀的最後四分之一，電腦化的機器設備開始成為重塑工作場所的主要動力。舉例來說，自動櫃員機取代了成千上萬的銀行出納員；福特的Tauruses新車系，有98%的熔接點是由機器人，而非真人來操作；汽車隨車配備電腦，只要幾秒鐘就能診斷出過去的技師得花上好幾小時才找得出來的問題；IBM在德州奧斯汀的廠房，不需要任何員工協助，就能自行生產筆記型電腦，從零件送達IBM廠方，到最後成品的包裝，全部流程都已自動化。

本書關心的重點是員工行為，但在今日，若不加入對工作場所的技術變遷，與其對員工職業生涯之衝擊的討論，便稱不上完整。本節將介紹與技術及工作相關的四大議題：（1）全面品質管理與不斷改善流程（total quality management and continuous improvement processes）；（2）再造（reengineering）；（3）彈性的製造系統（flexible manufacturing systems）；（4）員工淘汰（worker obsolescence）。

全面品質管理與不斷改善流程

我們曾在第1章將全面品質管理（total quality management, TQM）描述爲一種藉由不斷改善所有組織流程，以求顧客滿意的管理哲學。許多組織的經理人，特別在北美洲，都因爲接受低於完美的績效水準而遭受批評。然而，TQM的訴求點就是「光是好，還不夠好！」我們可以把這個重點以更戲劇化的方式來表達：假設我們將99.9％的零缺失率設定爲卓越標準，那麼，在這個標準下，美國郵政每小時會遺失2,000封信件，而美國的醫師每週會犯500項手術流程上的錯誤，而芝加哥的O'Hare機場每天會有兩架飛機失事！[1]

TQM方案追求流程上不斷的改善，使變異性持續降低，變異性的消除意味著產品與服務一致性的提升，隨之而來的就是低成本與高品質。例如，伊利諾州的Advanced Filtration Systems Inc.在四年內將顧客回報的產品不良率由26.5‰降至零，在這四年間，每個月的生產單位增爲原來3倍，而雇用員工數減少了20％。

追求不斷改善的理念與傳統美式管理取向有所牴觸，後者視工作專案爲一條有起點、有終點的直線。舉例來說，美國經理人向來都把裁減成本視爲短期方案，例如在到達原先設定的裁減成本20％目標後，就對大夥宣稱：「呼，可以鬆口氣了，不用再節約成本了。」但日本經理人卻將裁減成本視爲永無終點的過程，對改善的不斷追求，就像是一場永無終點線的長程競賽。

在成千上萬的組織引進TQM與不斷改善流程的理念後，員工會受到什麼影響？他們再也不能安於過去的成功，而且由於工作環境不允許對現狀的自滿，某些人會感受到與日俱增的壓力；一場永無終點的競賽是不會有贏家的，而且會不斷地製造張力，這種張力對某些組織來說有正面效應（還記得第12章的良性衝突嗎？），但對永無止境地追求流程改善所帶來的壓力，對某些員工來說會造成焦慮與壓力反應。對員工而言，也許最有意義的是，管理階層會將他們視為改善意見的主要來源，因此也使員工納入方案成為TQM的一部分。插手於流程改善的授權工作團隊，也因此被推行TQM的組織廣為採用。

再造工作流程

第1章曾提過再造的觀念，並將再造描述為「回歸原點，重新思索」的精神。「再造」一詞源自電子產品之設計與更新版本的流程，後由Michael Hammer運用於組織之上，他看到一般企業只是用電腦來加速處理過時的流程，而不懂得運用電腦設計更佳流程時，恍然大悟，知道再造的概念也可以套用在商業上。因此，就組織來說，再造意指──將管理對象當作一張白紙，重新思考並設計使組織創造價值的可行流程，而不讓組織陷入舊日的窠臼。[2]

關鍵元素

再造的三大關鍵元素分別是組織的獨門競爭力、評估核心流程、流程的水平重組。組織的獨門競爭力意指組織所能勝過競爭者的表現種類，例如較佳的倉儲地點、高效率的物流系統、高品質的產品、知識豐富的業務人員、優越的技術支持；Dell電腦就是以高品質硬體、完整售後服務、技術支援、廉價，作爲與其他同業競爭者的區隔特色。獨門競爭力的重要性在於其可作爲決定組織成功與否的決策指南。

管理階層也需要評估能爲組織獨門競爭力締造附加價值的核心流程，核心流程就是將物質、資本、資訊、勞力轉化爲顧客重視的產品或服務的過程。將組織視爲由策略規劃至售後服務的一系列流程，能使管理階層決定每個流程的附加價值。因此，對流程價值的分析能釐清組織活動的附加價值高低，甚至可看出某些活動之所以存在，只是因爲「以前一直都是這樣做」而已。

再造要求管理階層重組水平流程，也就是採用跨領域及自我管理式團隊，將焦點置於流程，而非功能之上。因此，舉例來說，行銷副總裁將更名爲「尋覓並保住客戶的流程擁有者」，[3]在這個概念下，中級經理人的層級也因屬不必要而遭裁減，正如Hammer指出：「經理人毫無附加價值，顧客絕不會爲了管理方面的才幹而購買產品。就定義而言，管理就是一種間接流程，可能的話，越少越好。再造的目標之一，就是使必須的管理量減至最少。[4]」

再造 VS. TQM

再造是否只是TQM的同義詞？當然不是！雖然兩者都強調流程與顧客滿意度，[5]但除此之外，這兩者的差異可說是天南地北，證據就在其各自的目標與達到目標的手段。

TQM尋求漸進的改善；而重造追求的是績效方面的量子式飛躍。前者基本上是對已經不錯的事物加以改進，而後者是追尋天外飛來一筆式的改造，這也意味著兩者所採用的方法完全不同；TQM的規劃與執行都依賴由下而上的參與式決策，而再造通常是由高層主管所驅動。再造會建立自我管理式的工作場所，但過程卻是獨裁而非民主式的。再造的擁護者爭辯道,由於再造所導致的變革對多數人而言非常具威脅性,而不可能爲多數人所樂意接受,因此只有這種方式才行得通。一旦高層主管投入再造,員工就毫無選擇,套句Hammer最愛說的一句話:「要嘛上車,不然我們的列車就會把你輾過去。」[6]

對員工的啟示

再造在產業與商界中漸漸獲得推動的能量。最近的調查指出,[7]受訪的製造商中,有44%正在推行再造,或考慮推行再造,而受訪的公用事業與保險公司中,這個比例各爲48%與52%。

至少在某些部門已推行再造的公司包括了摩托羅拉、全錄、福特、Banc One、Banca di America e di Italia、AT&T、西門子、KPMG Peat Marwick、Hallmark、Commonwealth Life Insurance Group。舉例來說,Hallmark將新產品推向市場所需的時間,由兩年減爲只需幾個月,[8]而Commonwealth 人壽現在雇用1,100人做過去需要1,900人所做的事,但同時仍使營業額增加25%。[9]

再造的風行並不會令人訝異,在今日高度競爭的全球市場中,公司爲求存活,不得不再造其工作流程,而員工當然得「快點搭上列車」。

再造的直接結果,就是導致許多人即將失業,失業快慢存乎於組織採用新技術的步調。有些專家認爲,在可預見的未來,再造將會導致每年100萬至250萬個工作機會的消失。[10]除了數目字之外,再造在組織也造成影響程度不一的衝擊。職員性的工作,特別是中級經理人所受到的影響最大,服務業的櫃檯工作也是如此。

再造後仍保有工作的員工會發現工作已與往日大有不同,新的工作通常需要較廣泛的技能，包括與顧客、供應商更頻繁的互動，更高的挑戰性，漸增的責任，但薪資也較高。然而，員工在再造期間的日子並不好過，而這段期間約有三至五年之久，員工必須承受新工作所帶來的不確定性與焦慮，並放棄過去長期建立的工作習慣及正式的社交網路。

彈性的製造系統

看起來有點像科幻片，搖控式推車將待鑄金屬送往電腦化的機械中心，經過機器人的再三成型，機械中心會呼叫上百種工具，將這片鑄物變成某項零件，再將所有零件以每90秒一件的速率組裝為成品。不需要技師，也不會用到任何傳統式機械工具，也沒有更換工具、鋼模所導致的浪費，在管理部門一聲令下，一台機器能做出好幾百個不同零件。歡迎來到彈性製造系統的新世界！

在全球化的經濟體系中，能快速因應變革的製造業組織才擁有競爭優勢，對客戶多元化需求的反應能力，比競爭對手快的產品運送速度，都是一種競爭優勢。在顧客願意接受標準化產品的那個年代，採用固定生產線才有意義，但在今日，技術的彈性在競爭上漸趨重要。

彈性製造系統的特色在於藉由整合電腦輔助設計（CAD）、工程與製造，能以過去需藉量產才能達成的低廉成本，為客戶生產小量產品。彈性製造系統基本上否定了經濟規模法則，管理階層不用再量產成千上萬個一模一樣的商品，才能達成生產單位成本的降低。在彈性製造系統之下，管理階層想要試產新商品的時候，根本不需要移動機器，只要更改電腦程式就可以了。

有些自動化工廠在中央電腦控制下，能生產多種零缺點產品，只要下指令，就能在產品間切換。舉例來說，John Deere擁有價值15億美元的自動化廠房，以10種牽引機模型為根本，產品就可以有3,000種變化，而無需休廠等待機器的重新開機。為Panasonic代工的國家自行車工業公司，以18種競賽、休閒、越野車型為基本，搭配199種色彩設計與各種規格，可以製造11,231,862種款式的自行車，使Panasonic能以量產價格供應幾乎所有種類的自訂車款。

彈性製造系統對在其中工作的人會造成什麼影響？[11]彈性製造系統需要各式各樣的產業員工，在這類工廠工作的員工，比一般生產線上的員工，需要更多的訓練與更高的技巧，而由於員工人數較少，因此每個人必須能做更多種類的工作。舉例來說，開立冷氣位於阿肯色州的某間製造冷氣壓縮機工廠，所有員工在開始工作之前，都必須接受為期六週的訓練課程，內容包括看工程藍圖、分數與公制單位的計算、統計式的流程控制方法、電腦操作技巧、與同事打交道的問題解決方法。除了較高的技能外，在這類彈性制的工廠工作的員工通常以團隊方式運作，並且擁有相當程度的決策裁量權，這些工廠往往也採有機式結構，以與追求彈性化的目標一致，職權則下放至操作團隊的手中。

員工淘汰

技術的變遷使多數員工技能的上架壽命為之夭折，1950年代的工廠或櫃檯員工在學會一項工作後，就可以因為技能足以應付其終生工作所需而安心下來，但這種安心感將已不再。由電腦、再造、TQM、彈性製造系統所驅動的新技術，正在改變工作要求與員工所需的技能。

傳統的重複性任務，例如由生產線或技術性低的辦公室職員所執行的工作，仍將繼續以自動化方式進行。但許多工作必須升級；舉例來說，由於許多經理人與專家都以文字處理軟體來撰寫備忘錄與報告，傳統的秘書工作將會升級爲偏向行政助理的工作內容，無法肩負新角色的秘書將會被取代。

如前所述，再造使員工生產力明顯提升，工作流程的再設計，使少數員工也能達成較高產量。經過再造的工作可能需要完全不同的技巧，電腦文盲、人際技巧低落、不能自動自發工作的員工，會發現自己尚未準備好面對新技術的要求。

最後要記得，淘汰的現象不會放過管理階層，特別是只扮演高層與基層間傳聲筒的中級經理人更難倖免，而仍相信只有指揮式領導、嚴密控制、威脅洞嚇才能管理員工的經理人，要不就是改變自己，要不就只好流落街頭。新的有效經理人典範，講究的是良好的傾聽、輔導、激勵、團隊支持技巧。

工作設計

工作的任務組合方式，對員工績效與工作滿足有很直接的影響。本節將介紹任務特徵理論與工作再設計，在邁入21世紀的此刻，我們的確必須重新思考工作的意義，也許再過十年或二十年，還在從事今天我們所謂工作的人，已經少之又少了。

工作特徵理論

我們多數人都知道以下兩件事實：（1）工作是不同的；（2）總有些工作本來就比較有趣、比較有挑戰性。這兩件事實並沒有逃過組織行爲學者的法眼，工作特徵理論就是爲辨識工作特徵；特徵的不同組合；工作特徵與員工動機、滿足、績效間的關係所發展出的理論。

學者已發展出多種工作特徵理論，我們將審視最重要的三種：（1）不可或缺的工作屬性理論；（2）工作特徵模式；（3）社會資訊處理模式。

不可或缺的工作屬性理論（requisite task attributes theory）1960年代中期，[12]Arthur Turner和Paul Lawrence的研究，是工作特徵方法的開路先鋒。他們研究的發展重點是，評估工作類型對員工的工作滿足與曠職率的影響。一開始的預測是，員工應該都比較喜歡較複雜且較具挑戰性的工作，而且反映在高工作滿足與低曠職率之上。他們以六大特徵來定義工作的複雜度（complexity）：（1）變化性；（2）自主性；（3）責任；（4）知識與技能；（5）必要的社會互動；（6）選擇性的社會互動。Turner與Lawrence認為，在這些特徵上得分越高，代表工作的複雜度越高。

他們的研究結果也確認了他們的曠職率預測，從事高複雜度之工作的員工，其出勤記錄較為良好。但他們卻一直找不到工作複雜度與工作滿足的相關性，這個困難一直要到他們最後想到將員工依背景分類後，才找出解決之道。如果將來自都市與鄉村的個體差異列入考慮會發現，來自都市的員工對於低複雜度的工作有較高的工作滿足，而來自鄉村的員工則較滿意於高複雜度的工作。Turner與Lawrence的結論是，居住在較大社區的員工，通常有較廣泛的非工作類興趣，因此不會那麼投入於工作，也較不會為工作所激勵；相對地，來自小鎮的員工擁有的非工作類興趣較少，對於工作內的複雜任務接受度較高。

Turner和Lawrence的不可或缺的工作屬性理論有三大重要性：（1）理論指出員工對不同類型的工作會有不同的反應方式；（2）他們提供了評估工作的初步屬性；（3）他們注意到，必須考慮員工本身的個體差異對員工對工作反應的影響。

工作特徵模式

Turner與Lawrence的理論，爲今日工作特徵定義，工作特徵以及工作動機、績效、滿足等方面的研究工作奠定了基礎，J. Richard Hackman以及Greg Oldham的工作特徵模式（job characteristics model, JCM）即受其餘蔭。[13]

JCM試圖將所有工作以下列五大核心向度來定義：

1. 技能變化性（skill variety）：工作需要多少不同活動，而使員工必須運用多樣技能與天分的程度。
2. 任務特色（task identity）：工作內容完整與可辨識的程度。
3. 任務意義（task significance）：工作對他人生活或工作所造成的實質衝擊程度。
4. 自主性（autonomy）：工作能賦予個人安排工作進度、決定流程的自由、獨立與裁量權之程度。
5. 回饋（feedback）：工作本身的活動讓個人獲知自身表現的直接、清楚資訊的程度。

表14-1提供各特徵得分高低的工作活動範例。

工作特徵模式如圖14-1所示，前三大向度（技能變化性、任務特色、任務意義）的組合構成有意義的工作，如果某項工作具備這三點，我們可以預測在職者將認爲其爲重要、有價值、值得花時間去做的工作。具備自主性的工作則提供從事該工作者一種對工作結果的個人責任感，而提供回饋的工作，則能讓員工知道自己的工作效率如何。用激勵觀點的話來說，該模式認爲個體知道（對結果的資訊）其個人（所經驗到的責任）在某件在意的事件上（所經驗到的意義性）表現良好，能導致內在獎賞。[14]這三種

表 14-1

....

工作特徵得分高低的範例

特徵	範例
技能變化性	
高變化性	負責維修電路、組裝引擎、維修車體的車廠黑手老闆
低變化性	車廠內負責噴漆的工人
任務特色	
高特色	從設計、選材、組裝、到上光，親手完成所有工作的傢俱師
低特色	傢俱工廠內負責操作車床製造桌腳的工人
任務意義	
高意義	在醫院的加護病房內照顧病人
低意義	在醫院負責掃地
自主性	
高自主性	自行安排每日進度、獨自家訪、決定採用安裝技術種類的電話安裝員
低自主性	依例行固定程序接通來電的電話接線生
回饋	
高回饋	自行組裝並測試數據機的電子工廠員工
低回饋	負責組裝數據機，但測試交由品管人員負責的電子工廠員工

修訂自《組織行為：暸解並管理工作生活》G. Johns, *Organizational Behavior: Understanding and Managing Life at Work,* 4th ed. Copyright c 1996 by HarperCollins Publishers. Reprinted with permission of Addison-Wesley Educational Publishers, Inc.

心理狀態越明顯，員工的激勵、績效、工作滿足就越高，而曠職率與流動率也就越低。如圖14-1所示，工作向度與結果的關係受個人成長需求影響而調整；所謂的個人成長需求意指員工對自尊與自我實現的欲求，擁有高度成長需求的個人比較容易在工作豐富化後體驗到相對的心理狀態，而他們對這種心理狀態的回應也

圖 14-1

工作特徵模式

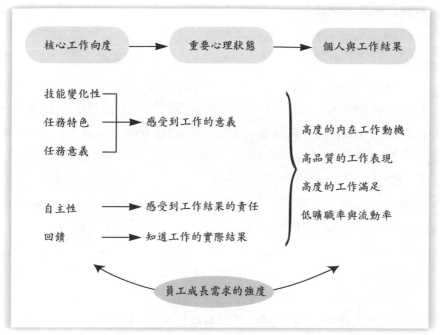

核心工作向度 → 重要心理狀態 → 個人與工作結果

技能變化性 ─┐
任務特色 ──→ 感受到工作的意義
任務意義 ─┘

高度的內在工作動機
高品質的工作表現
高度的工作滿足
低曠職率與流動率

自主性 ──→ 感受到工作結果的責任
回饋 ──→ 知道工作的實際結果

員工成長需求的強度

資料來源：《增進工作生活》J. R. Hackman and J. L. Suttle, eds., *Improving Life at Work*, (Glenview, IL: Scott, Foresman and Company, 1977) p.129.

比較正面。

　　工作特徵模式已被再三探討，大多證據支持該理論的基本架構——工作特徵具多元組合性質，而且工作特徵會影響行為。[15]但對於該模式的五大核心向度，與成長需求強度是否可作為調整變項，仍有頗多爭議。

　　這一切對我們有何啟示？在既有證據之下，我們可以頗具信心的指出：（1）從事具高度核心向度工作的人，通常會有較強的工作動機、較高的工作滿足與生產力；（2）工作向度對心理狀態的影響，來自於對個人與工作結果變項的影響，而非對結果的直接影響。[16]

社會資訊處理模式

知道兩個人對同樣工作的觀感完全不同，會令你驚訝嗎？也許不會吧！我們已經在第2章對知覺的討論解釋過，一般人對工作的反應主要基於個人對工作的主觀知覺，而非客觀的工作本身。這就是我們要介紹的第三個任務特徵理論的中心要旨：社會資訊處理模式（social information-processing, SPI model）。[17]

社會資訊處理模式認為，員工所採取的態度與行為，可視為對他們所碰到之他人所提供的線索之一種回應，所謂的他人包括了同事、上司、朋友、家人、客戶等等。舉例來說，Gary Ling在British Columbia的鋸木廠找到一份暑期工，在工作難找的時候，還能找到這麼一個高薪的工作。他第一天去上工的時候，抱持著很高的工作動機，但兩星期後，原本的熱勁全沒了。一切就是因為他的同事們不斷地批評這項工作，包括工作無聊、上下班得打卡意味著管理階層對員工的不信任、上司從不聆聽他們的意見等等。Gary這份工作的客觀特徵在這兩星期中並未改變，但Gary已根據他從他人接收到的訊息，來重新架構現實。

許多研究證實了SIP模式的有效性。[18]舉例來說，員工的工作動機與工作滿足可經由同事或上司對存在或不存在於工作的特徵（難度、挑戰、自主性）之評論所操弄，因此經理人除了注意工作的實際特徵之外，也要同等地注意員工對工作的認知；例如多花點時間告訴員工，他們的工作是多麼地有趣與重要。經理人多半也知道，新進員工與職務升遷變動的員工對社會資訊的接受度，比年資較久的還來得高。

工作再設計

如果經理人希望重新設計工作或改變員工工作內容時，可以有哪些選擇呢？工作輪調（job rotation）、工作擴大化（job enlargement）、工作豐富化（job enrichment）是眾多選項中的三個。

工作輪調

如果員工苦於工作的過度例行性，替代方案之一就是實施工作輪調（也就是現在所謂的「跨行訓練」，cross-training），一旦工作活動不再具備挑戰性，員工就輪調到同等級、技能類似的另一工作上。

匹茲堡的G.S.I. Transcomm Data System Inc.為避免其110名員工覺得單調無聊而採行工作輪調。[19]在最近二年內，水平式調動了將近20％的Transcomm員工，而管理階層相信，就是因為工作輪調計畫，方使其流動率由每年25％降至7％。巴西的Semco SA密集地採用工作輪調，Semco的總裁說：「實際上，沒有任何一個人能在同一個職位待上個兩三年以上。我們希望提高員工工作動機，所以才將他們的位置換來換去，為的是不要讓他們被卡在技術的細節與已駕輕就熟的工作方法上。」[20]美西航空的執行總裁，Mike Conway，也提過如何對客戶服務代表施予完整的跨行訓練，他認為美西航空的確「提供更佳的工作、更豐富的工作多元性、與更高的挑戰性，對有興趣向上爬的員工來說，美西航空讓他們有機會接觸公司的十六大領域，如果美西採取分工專業化的作法，他們只能接觸到其中之一。[21]」

工作輪調的優點在於，藉由員工的工作活動之多元化，有效減少工作的無聊感並增進工作動機；當然，這也間接為管理階層帶來好處，因為員工技能多元化後，管理階層安排工作進度、因應變革、塡補空位的靈活度也爲之提高不少。另一方面，工作輪調也並非全無缺點，訓練成本增加，而生產力也會降低，因爲員工才剛在原先的職位駕輕就熟，就又得到另一個新職位重新適應。工作輪調也會帶來破壞性，工作團體的成員必須去適應新進者，領班也必須花較多時間回答新進輪調者的問題，並監看其工作表現。最後，對有心發展單一專才的聰明員工來說，工作輪調也可能反而降低其工作動機。

工作擴大化

大約在三十多年前，水平式擴張工作，也就是現在所謂的工作擴大化，正十分風行。藉由增加工作任務的數量與種類，來增加工作的多元性。舉例來說，郵件分類員的工作可由簡單的郵件分類，擴大至分送郵件與讓信件通過郵資機。

工作擴大化的成果並不如想像的好，[22]某位曾經歷過工作擴大化的員工就說過：「原本我只要做一份爛工作，現在搞擴大化後，我卻得做三份爛工作！」但工作擴大化也並非全無成功實例，美國鞋業公司旗下的過半數工廠，都以模組化的工作區取代傳統的生產線，在工作區內，每個員工負責操作兩三個製鞋步驟，而不是傳統生產線的單一步驟，最後發現這種作法不但使製鞋過程更具效率，同時也使員工更注重品質。

因此，雖然工作擴大化的設計是針對過度專業化工作缺乏變化的缺失，但工作擴大化並不一定會增加員工工作活動的挑戰性或使其更具意義，因此，我們接下來要引介工作豐富化（Job Enrichment）的概念。

工作豐富化

工作豐富化意指在垂直方向上，擴張工作的範圍。工作豐富化可增加員工對規劃、執行、評估個人工作的控制程度，經過豐富化的工作任務能讓員工從事完整的活動，增加其自由度、獨立性、責任感，並且針對個人表現提供回饋，使員工能評估並修正自己的表現。

　　管理階層可由下列的幾種方法來豐富化員工的工作，這些以工作特徵模式爲基礎而設計出的方法，提出的是最可能增進工作動機的工作變革種類（見圖14-2）：

圖 14-2
......

工作豐富化的原則

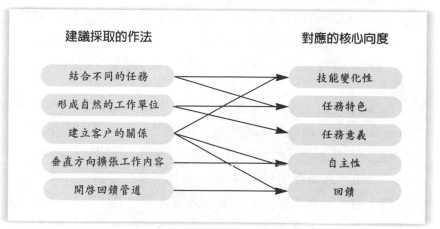

資料來源：《增進工作生活》J. R. Hackman and J. L. Suttle, eds., *Improving Life at Work* (Glenview, IL: Scott, Foresman and Company, 1977) p.138.

1. 結合不同的任務——經理人應該將既有的個別工作任務，結合成嶄新的較大型工作模組，這會提高技能變化性與任務特色。

2. 形成自然的工作單位——這意指員工所從事的任務會形成一個可辨識且有意義的整體，提高員工對工作的「所有權」，同時也更能使員工正視工作的意義與重要性，而不會視工作爲不相干的乏味事物。

3. 建立客戶的關係──客戶是員工所生產的產品與服務的使用者（在這種定義下，內部客戶與外在客戶皆算在內），可能的話，經理人應試圖建立員工與其客戶的直接關係，以增進員工的技能變化性、自主性與回饋。

4. 垂直方向擴張工作內容──垂直方向的擴張，能將原本屬於管理階層的責任與控制權下放給員工，以縮小存在於工作「執行」與「控制」間的鴻溝，並提升員工自主性。

5. 開啓回饋管道──回饋不但能讓員工瞭解其工作表現，同時也能讓他們知道工作績效是否有所進展、衰退或保持穩定。理想上，員工最好能在從事工作期間，就直接獲得工作績效的回饋，而不要只是偶爾從管理階層得到回饋。[23]

Lawrence Buettner運用上述的提案，在其服務的First Chicago Corporation的國際銀行業務部門，設計了一項工作豐富化規劃方案。[24]這個部門的主要業務是提供商業信用狀（在大筆出入口交易中作爲銀行開具的保證），在他接掌這個擁有300名員工的部門之初，他發現這個部門的作業方式是，文件沿著「公文生產線」前進，錯誤在每個階段蔓生出來，而且員工毫不掩飾其在工作中經驗到的無聊感，因此Buettner就以工作豐富化來取代原本狹窄、極度專業化的任務，讓行員從頭到尾一手包辦客戶交易。在200個小時的財務與法律訓練後，行員除了跑公文之外，還要能夠回答諸如土耳其的銀行流程，與美國的軍火出口管制等晦澀問題；現在，每個行員都成了貿易專家。工作豐富化的結果使生產力增加爲原先的三倍以上，員工的工作滿足爲之大增，並使交易額每年有10%以上的成長；此外，員工技能上的精進也反映在接受工作豐富化之員工的加薪之上，這群貿易服務代表，有些是高中畢業就直接進入銀行工作的，現在年薪已達美金25,000元至50,000元之間。

First Chicago的例子不該只被視為工作豐富化的背書，所有的證據都指出，工作豐富化降低了曠職率與流動率所帶來的成本耗費，同時也提高了員工的工作滿足；至於工作豐富化是否能提升生產力，目前對這個關鍵性議題仍無定論。[25]在某些情況下，例如First Chicago的例子中，工作豐富化可以增加生產力；但在其他情況下，卻反而會使生產力降低。然而，即使在生產力下降的範例中，資源運用與產品服務的品質似乎都有提升。

改變看待工作的方式

我們在本書提到的變革，使某位觀察家預言道：未來「工作」一詞將被完全淘汰。[26]在西元1800年之前，幾乎沒有人有所謂的「工作」，一般人所做的不外乎是在家努力種植糧食或製造器皿，沒有一定的工作時間、工作內容、上司、員工福利，那個時候的人花大量時間在各種任務、地點的切換之上，依據太陽、氣象和當天所需來決定工作排程；今日所謂「工作」的概念，要到工業革命與大型製造商的出現後才逐漸成形。但今日，所有締造「工作」的條件正在逐漸消失之中，限量訂作的產品正在排擠量產成品的市場；多數員工處理資訊，而非具實體的產品；激烈競爭要求的是對市場變遷的快速反應。就在經濟學者與社會分析者還在談論某些國家或產業的工作已逐漸消失之時，他們已錯失了一個更相關的重點：正在消失的，其實是「工作」本身。

在快速進展的經濟中，工作其實是對一個彈性頗大之問題的一個僵化答案。我們可以偶爾改變某人的工作內容，但不能每個星期都這樣做。一旦工作本身需要經常性的變動（這也是今日世界的貼切形容），組織不可能還負擔得起傳統工作概念所帶來的不靈活度。

　　大約再過個二十年左右吧！也許還擁有今日我們所謂「工作」的人已如鳳毛麟角般稀少了，取而代之的是兼差與臨時性質的工作情境，組織將由建構於工作之上的結構，轉型為需要執行的任務領域，就好比黑幫雇用「職業殺手」一樣，組織會雇用諸如臨時雇員、兼差者、諮詢顧問、合約工等「狀況小組」，來組成專案團隊以完成特定任務，一旦任務完成，團隊就隨之解散。一般人可能同時在一個以上團隊工作，沒有固定的工時，從來未曾親眼見過共事同僚的真面目。電腦、呼叫器、行動電話、數據機等設備，讓人能同時為散布世界各地的多位雇主效勞，只有極少數人必須朝九晚五地到特定地點上班。當然，比起他們在美國鋼鐵、通用汽車、Sears、美國銀行等大型科層機構工作的祖父輩，新一代所享有的保障幾近於零，取代保障與可預測性的是靈活度與自主性，他們要學會組織自己的時空組合，以符合自己各種工作、家庭、生活方式、經濟需求。

　　這種無工作的局面可能成真嗎？環境中的確有某些壓力促使員工向這個方向前進。但換個角度來看，我們也可以猜得到工會及其他現狀的既得利益者，會極力捍衛傳統工作所賦予的安全感與可預測性。當然，目前已經有公司（如英特爾與微軟）正朝向無職工作環境的方向前進，這些公司的員工甫獲雇用就會被指派到某個專案，員工的責任與任務隨著專案的變遷而有所改變，隨著專案的演進與新專案的推陳出新，隨時增加或裁減員工，在任何時候，多數員工都要負責一個以上的專案，同時接受數個團隊領導人的指令，同步進行不同的工作排程，在不同的地點工作，執行各種不同的任務。這些員工沒有工作明細與領班指令可茲遵循，全賴特定專案的需求而見機行事。

對經理人的啟示

技術正在改變一般人的工作與工作行為，TQM與其對流程不斷改進的強調，會使員工因察覺不斷增加的績效期待而壓力倍增。再造裁減了上百萬名員工，並且重新塑造了仍在崗位上之員工的工作內容。彈性製造系統則要求員工學習新的技能並承擔與日俱增的責任。新技術的出現使得許多工作技能遭受淘汰的命運，並且縮短了幾乎多數技能的生命週期，包括技術性、行政與管理的技能。

瞭解工作設計的原理能幫助經理人設計出能正向激勵員工動機的工作。舉例來說，在工作特徵模式得分高的工作，能提高員工對其從事工作之關鍵元素的控制感，因此，自主性、回饋、與類似複雜任務特徵的工作，對那些在工作上要求更高掌控感的員工來說，能夠滿足其個人目標。當然，就如社會資訊處理模式所言，對任務是否足夠複雜的認知，也許比任務本身客觀評估出的真正複雜性，更能影響員工的工作動機。因此，要注意的是，要讓員工感受到他們正從事的工作，在技能變化性、任務特色、自主性、回饋等方面的得分都夠高。

第15章

績效評估與酬償制度

當你修一門課的目標是「在這科目上學得愈多愈好」時，你所用的方法和目標相較於「在考試時獲得高分」時所用的方法是否會有所不同？當我問學生這個問題時，所得到的答案通常是肯定的。當我更進一步詢問時，一般的回答是得到高分時只有一部分是決定於對教材的熟悉程度。你還必須知道授課教師所認定的重點何在。很多學生告訴我：「如果想在某一門課上有好的表現，你必須研究老師會考哪些東西。」在某些情況中，這種方法也會使你學得更多。但是在許多課程中，為得高分而讀書意味著你使用的方法和你獲得一般知識的方法大不相同。

　　現在再講到另一個問題。假設你現在修了兩門類似的課程，每一門都大約有20名學生。其中一班的分數完全由期中考與期末考的分數決定；另一班則是期中考與期末考各佔25%，另外50%則是課堂參與的分數。如此一來你在兩個課堂上的表現會有所不同嗎？我的預測是，在課堂參與佔50%的那門課中，會有較多的學生發言——提問題、回答問題、舉例子、討論教師所提出的觀點。

　　前面兩段文字的意義，在於說明評估制度與酬償實務，對行為產生怎樣的影響。在考慮教師採用的評估標準，以及這些評估和期望的酬償（高分數）之間的關係之後，讀書與課堂上的行為便會被修正。事實上，一個比較有經驗的學生，在五門課中表現出五種行為以獲得五個高分，也不是很稀罕的事。讀書方式與課堂行為表現的變化，其直接原因大致上來講，當然是由於教師所採用的評估與回饋制度不同所造成的。

　　這些在學校情境中的變化，也可以運用在工作場合中的員工身上。本章我們將說明績效評估與酬償制度如何影響組織中員工的態度與行為。

績效評估

　　組織爲何要評估員工的績效表現？如何評估？客觀評估會受到哪些潛在問題的阻礙？管理者如何克服這些問題？這些都是本節所要討論的問題。

績效評估的目的

　　在組織中，績效評估（performance evaluation）有五大用途。[1]管理當局按照考績來做成「人事決策」，例如升遷、調職及革職。績效評估可以指出員工有無加以「訓練」的必要，以改善他們目前的能力。績效評估可做爲「評鑑」訓練計畫的成效。剛僱用的員工，若表現不好，可以從績效評估中看出：同樣地，受完訓練課程的員工，也可以透過績效評估來評鑑上述訓練課程的效果。績效評估還能「提供回饋」給員工，使他們瞭解組織對他們的評價。此外，績效評估也是「分配獎賞的依據」。誰該加薪或給予其他形式的獎賞，通常都按績效評估的成績。

　　績效評估所具有的這些功能，都是相當重要的。不過，這些功能有的跟人事管理有關，有的跟組織行爲有關。因此，站在組織行爲的立場，我們將強調績效評估扮演「提供回饋」與「做爲獎賞分配的基礎」這兩項角色。

績效評估與激勵

　　在第4章裏，我們相當重視激勵的期望模式。我們認爲此一模式很能夠解釋，在哪些情況下，員工會付出多少程度的努力。這個模式的重要觀念是，「努力──績效」及「績效──獎賞」兩項連結的關係。人們之所以肯努力付出，決定於他們認爲努力會導致績效，並且績效會帶來獎賞。很顯然，他們需要先知道組織對他們的期望是什麼，並且也需要知道組織會如何衡量他們的績效。此外，他們還要確信，自身能力範圍內的付出，將能在績效的評估準則下得到令人滿意的績效。員工要確認的最後一點則是，如果自身的表現合乎要求，將能得到他們所重視的獎賞。

總之，如果員工要去完成的目標並不明確；如果衡量這些目標的準則模糊不清；以及如果員工對於組織的評估方法缺乏信心，或是對於組織能夠給予的獎賞缺乏信心，則我們可以預期，他們必然不會全力以赴。

評估什麼？

管理階層在評估員工績效時所選用的標準，對員工行為會有很大影響，我們以兩個例子來說明這一點。

某家公營的就業服務中心內，面訪員的考績取決於他們的面談次數。這項標準深深地影響了面訪員的行為，他們關心面談舉行的次數甚於能輔導就業的人數。[2]

某位專精於警界研究的管理顧問在某個社區內注意到，當地警員的執勤方式是，坐進警車開上橫跨小鎮的高速公路，來來回回馳騁多次。這種執勤方式當然對警務工作一點好處也沒有，最後這位顧問才知道，原來是因為當地議會決議，以警車的哩程數作為警察績效的評估標準。[3]

上述的例子只是點出了績效評估標準的重要性，但同時也引發了一些值得討論的問題：管理階層究竟該評估什麼？目前最常見的三套標準分別是個人任務成果、行為、特質。

個人任務成果

在結果重於過程的前提之下，管理階層就應該以員工的任務成果爲評估標準，以工廠經理爲例，他可以用生產量、報廢率、單位生產成本等作爲評估標準；同樣地，責任區的總營業額、銷售額的增加、新客戶人數都可以做爲業務員的績效評估標準。

行爲

在多數情形下，很難將特定成果直接歸諸於員工的行動，特別對於公司行政職員或團隊成員更是如此，評估團隊績效並不難，麻煩的是如何辨識個別成員的貢獻，因此，我們常見到管理階層以行爲作爲評估標準。例如，工廠經理的績效可由每月是否準時遞交報表、所展現的領導風格，而業務員的績效，則可由每日公務電話聯繫次數或每年病假數來評估。

特質

個人特質（traits）是效用最弱的一套標準，但卻仍廣爲組織所採用，個人特質比起前述的個人任務成果與行爲效用較弱的原因是，個人特質幾乎與工作績效毫不相關。「態度良好」、「信心十足」、「可靠」、「具合作精神」、「看起來很忙碌」、「經驗老到」，都有可能導致或不導致正面的任務成果。但只有過度天眞的人，才不知道這些特質其實正被組織廣泛用來評估員工績效。

誰來評估？

應該由誰來評估員工績效？最明顯的答案應該是：員工的頂頭上司。傳統上，經理人的職權通常包括了評估其下屬的績效。這項傳統背後的邏輯似乎是，既然經理人要爲屬下的績效負責，屬下的績效就應該由經理人來評估。但這個邏輯可能是錯的，實際上，也許會有其他人更適合評估員工績效。

頂頭上司

　　就如我們之前曾指出的，組織中下階層的績效有95%交由員工的頂頭上司來評估。[4]但已有爲數不少的組織開始察覺這種評估方式的流弊，舉例來說，有許多頂頭上司覺得自己並無資格來評估員工的個別貢獻，有些人則自認沒有權利在員工的職業生涯中扮演這種類似「上帝」的審判角色。除此之外，今日有許多組織採行自我管理式的團隊、遠距離辦公等拉開上司與員工間距離的管理方式，這使得員工的頂頭上司不見得是員工績效的可靠裁量者。

同僚

　　同僚的評估往往是最可靠的評估資料來源，爲什麼呢？第一，同僚的距離最近，每天必然的互動，讓他們對特定員工的工作績效擁有最詳細的瞭解；第二，同僚的評估可以提供好幾種各自獨立的判斷，而上司往往只代表單一觀點，通常多項評估的平均會比單一評估更可靠。但同僚評估的可能壞處是，共事者可能不願相互評估，而且這種評估很難免於交情好惡的偏差。

自我評估

　　讓員工評估自我績效的作法，蠻合乎自我管理與授權的精神。自我評估之所以能得到員工的好評，是在於這種作法能減輕員工對傳統評估過程的防衛心理，而且可促進員工與上司間對工作績效的討論。但我們也很容易猜到，自我評估難免有膨脹現象，也難免受到唯我獨尊偏差的影響，此外，自我評估的結果也往往與上司的評估不一致。[5]由於這些嚴重的缺失，自我評估通常較適合作爲發展上的用途，而不適宜用在績效評估之上。

直轄下屬

員工的直轄下屬（immediate subordinates）是第四種績效評估來源，Datatec Industries，一家商店用電腦系統的製造業者，就採用這種績效評估形式，[6]該公司的總裁認為這種作法才符合誠實、開放、員工賦權等企業核心價值。

由於直轄下屬與經理人接觸密切，直轄下屬的評估往往能提供正確且詳細的經理人行為資訊，但這種評估形式的最大問題在於，得到不利評估的上司是否會挾怨以報。因此，為保證這類評估的正確性，評估者的匿名保護是極為重要的一環。

萬無一失法：360度的績效評估方式

360度的評估是最新的績效評估方式，這個方法能提供來自員工日常接觸之完整圈子的績效回饋，包括收發室人員、客戶、同僚、上司都是績效評估資訊的來源，評估人數少至3、4人，多可達25人，但採行這種方式的組織多半會徵詢5至10人的評估意見。

最近的一項調查發現，美國有26%的公司在查核程序中採行某種形式的360度回饋，[7]這些公司包括了Alcoa、杜邦、Levi Strauss、Honeywell、UPS、Sprint、Amoco、AT&T、W. L. Gore & Associates。

360度評估的吸引人之處在於，這種作法特別適合推行團隊、員工納入、TQM規劃的組織，藉由同事、客戶、下屬所提供的回饋，組織的檢討程度才會有參與感，並且使員工績效的數字更可靠。

績效評估的方法

很明顯的，績效評估相當重要。但是你如何評估員工的表現呢？也就是說，評估有哪些特殊技術可用？以下我們將介紹一些重要的績效評估技術。

書面評語

最簡單的評估方法，很可能是在白紙上寫下員工的長處、短處、過去的績效、潛力及改進的建議。這種方法不需要複雜的格式，評分人也無需接受什麼訓練。但是，評估的結果往往決定於評分人的筆下功夫，而不能充分表達員工真實的工作情形。

特殊事蹟

這種評估方法使評分人集中注意在員工的特殊工作行為或表現上，評估者記錄某項事蹟，並檢討該員工的處理方式是否有效。這個方法的關鍵在於，所評估的對象是員工特定的行為，而非定義模糊不清的人格特質。將數件特殊事蹟合併來看，就能讓員工的行為無所遁形，無論是合乎要求的行為，或是應該要求改進的行為，都不會逃過評估者的眼睛。

評估量表

這是最古老而且最流行的評估技術。這種量表列有各種考核項目，如工作的品質與數量、專業知識、合作、忠誠、出勤狀況、誠實、創意等等。評分人按照這些考核項目，以遞增的量表來逐一評分。量表通常採用五分制，例如針對「工作上的專業知識」這個考核項目，可以從一分（「專業知識極缺乏」）評鑑到五分（「專業知識極佳」）。

為什麼評估量表會如此流行呢？理由是這種方法雖然不像書面評語或特殊事蹟法那麼能夠提供富有深度的資訊，但是很能夠節省時間，而且可供計量分析和比較。

加註行為評估量表

在近幾年來，這個技術很受到注意。加註行為評估量表
（behaviorally anchored rating scales）是一般的評估量表和特殊事
蹟法兩種技術的混合：評分人也同樣按照考核項目來逐一評估，
但同時輔以工作行為的實例描述，而非僅止蜻蜓點水式的評分。

加註行為評估量表確認了界定清楚、可觀察、而且可測量的
工作行為。與工作有關的行為事蹟以及績效表現構面是請有經驗
的工作者描述在各績效表現構面上有效或無效的行為。這些行為
事蹟以一組績效構面的形式加以轉譯，每個構面上都有不同水準
的行為表現。這種方法得到的結果是各種行為的描述，像是參
與、規劃、執行、解決問題、完成命令及緊急狀況的處理等。

多人比較法

多人比較法（multiperson comparisons）是相對評估法，而非
絕對的評估法。最常見的三種方法是：分群排序法、個別排序
法，及配對比較法。

分群排序法（group order ranking）是預先訂好比例，然後將
員工分配到不同的績效等級上。例如，數學老師在打學期成績
時，可以先設定15%的人為「優」、20%的人為「甲」、30%的人
為「乙」、20%的人為「丙」、15%的人為「丁」。然後把學生人數
按這些比例算出多少人要評為優，多少人須評為甲，其餘依此類
推。假設有五個人要評為優，那麼這位數學老師可以把成績最好
的前五位同學評為優。其餘的甲、乙、丙、丁則依此類推。

個別排序法（individual ranking）是把一群員工的績效從最好
的排到最差的。方法是先揀出最好和最差的，然後在名單上刪去
這二個人的名字。接著，在剩餘的名單上，再挑出最好的跟最差
的，然後再刪去這二人的名字。依此類推做下去之後，就可以得
到一張從績效最好排到最差的名單。

配對比較法（paired comparison）顧名思義是列出所有員工的配對，然後就各個配對做比較，較好者得一個「＋」號，較差者得一個「－」號。最後統計誰的正號數最多，誰就是績效最佳者，然後依次為次佳、次次佳……至最差。

多人比較法可與其他方法組合使用，而同時具有相對標準與絕對標準的優點。例如大學可以使用評估量表與個別排序法，以使得有關學生表現的資訊更確實。在優、甲、乙、丙之類的絕對標準外，可以加註其相對的排序位置。如此一來，公司或研究所便可以將同屬「乙」級的兩名學生，在某個科目上的成績作出清楚的比較，例如一個學生的乙等在26人中為第4名，而另一名學生的乙等則是30人中的第17名，很清楚的，後者的老師所給的分數偏高。

績效評估的潛在問題

雖然組織會希望績效評估能做得更公平、更公正，但是在評估的過程中，仍存在著許多潛在的問題。下面所討論的現象若越多，則績效評估的扭曲情形就會越嚴重。

單一評估準則

員工的工作通常是由許多任務組成的。例如飛機上空中小姐的工作包括：向旅客表示歡迎、巡視旅客是否舒適、服務餐點，以及提醒旅客注意安全等。如果這種工作的績效評鑑只用單一準則——例如說「服務一百名旅客進用餐點所花費的時間」——那麼所評鑑的只是部分工作的績效，未免有失偏頗。更重要的是，如果以這種方式來評估績效，很可能會變相鼓勵空中小姐忽略其他工作的重要性。同樣地，如果只以傳球成功的比例來評鑑足球隊四分衛的優劣，將使擔任四分衛的球員只在有絕對把握的時候，傳短距離的球給隊員。我們所強調的重點是，如果工作的良好表現建立在多項準則之上，僅以單一準則來評鑑員工，將會使員工只注重評鑑所用的準則，而忽略其他重要原則。

寬容誤差

每個評估者都有自己的一套價值體系來做為評估的標準。因此，往往有些人會把分數打得很高，而有些人把分數打得很低；前者就是所謂的「正向寬容誤差」（positive leniency error），而後者正是「負向寬容誤差」（negative leniency error）。這兩種情形，都會使員工的績效評估失真。

如果所有的員工，都由同一位評估者打分數，那麼還不會產生大問題。但是，如果做同樣工作的兩個員工，分別由不同的二位直屬上司打績效分數，而這二位主管一個分數打得較寬，另一位打得較嚴，那麼必然會使這二個員工的考績有極大的差距。

月暈誤差

「月暈效果」（halo error）是指評估者對員工的評估，會受到該員工其他特徵的影響。例如，某位員工如果具有容易讓人信賴的特質，那麼我們在評估其績效時，很可能會打偏高的分數。

在大學裏所流行的教師評鑑制度，就存在著這個問題。如果某位教師在課堂上幽默風趣，深得學生喜愛的話，那麼很可能這位教師會得到很高的評鑑分數，不管他的教學內容有多貧乏；同理，另一位教師因常有遲到的習慣，引起學生們不滿，則姑且不論他的教學內容有多精采，他可能得到很差的評價。

類己誤差

當評估者把注意力特別放在自己所具有的特質上時，對別人所做的評價，可能會存在著類己誤差。例如，當評估者具有攻擊性的性格時，則具有同樣性格的員工會得到較佳的考績。當然，如果所有的員工，都由同一位評估者打考績，則產生的問題還比較小。問題是，不同的主管有不同的類己誤差，則各自打出來的考績，能不能做公平的比較，就會大有問題。

區別力不夠

有一個研究指出，評估者可分成兩類：（1）會儘量使用所有尺度的高區別力者；（2）只使用有限尺度的低區別力者。

低區別力的評估者，往往忽視或壓抑個別差異，認為每個人都差不多。另一方面，高區別力的評估者，則往往會儘量去利用所能獲得的資訊，把評估的對象做精細的區分。這個研究告訴我們，低區別力者所做的評估，有必要小心的檢查，因為在這種上司底下工作的員工，他們的考績往往沒有顯著的差別。

迫使資訊迎合非績效準則

雖然這並非公開現象，但有時候評估者的確在已有成見後，才開始正式的考核程序。雖然這聽起來不太合理，但這其實點出了一件事實：在客觀資訊完全現身前，主觀且正式的決策往往已經成形。[8]例如，如果評估者認為考績不應該根據績效，而應該根據年資，那麼他很可能不自知的調整績效的權數，使最後的考績還是依年資為主。

問題的克服

如果組織肯多花點心思，則上述的問題，大部分都是可以克服的。[9]

採用多項評估準則

既然大部分的工作都由許多任務組合而成，那麼就應該確認出這些任務，然後逐一評估。工作越複雜，則所需的評估準則也就應越多。但是並非所有的事情都必須評鑑，而是應針對哪些導致高或低績效的主要活動。

撇開特質

許多特質常被認為與績效有關，但事實上往往毫無關係或關係很微弱。諸如忠誠、勇氣、可靠、自我表達等特質，似乎在直覺上會被認定為「好」員工的特質。但真正的問題在於，具有這些特質的員工，其表現真的一定就勝過沒有這些特質的員工嗎？雖然我們尚無法回答這個問題，但的確有些員工，具備了上述的特質，卻表現極差無比；也有某些員工，雖未具備這些特質，卻能有卓越的表現。也許忠誠與進取是經理人所獎勵的行為，但在多數工作中，沒有證據能證實這些特質可被視為績效之同義詞。

使用特質的另一缺點是判斷上的問題。以「忠誠」、「可靠」來說，甲認為某人「忠心耿耿」，乙可能並不以為然。因此，無法在評估者中取得一致，是特質的缺陷之一。

強調行為

在進行評估時，應儘可能使用以行為為基礎的測量，而非以特質為基礎的測量。為什麼？原因有二：第一，因為以行為為基礎的測量之重點，在於特定的行為實例——包括好與不好的——而使我們可以避免錯誤地使用其他構面來取代真實的行為表現；第二點，因為我們所評估的是行為的特定實例，這可以使評估者之間更能夠針對同一事物進行評估。你或許認為某個員工相當友善，但我卻可能認為一點也不友善。但是若就特定的行為而言，我們可能會一致認為該員工「經常對顧客說早安」、「很少對同事提出建議或協助」、「幾乎完全避免與同事閒聊」。

在日誌中記錄績效相關行為

將員工的特定績效標準相關行為定期作成記錄，可以幫助評估者進行更正確的判斷。舉例來說，日誌由於有鼓勵評估者多注意績效相關行為，而非特質的效果，故能降低寬容誤差與月暈誤差。

採取多人評估

評估者的人數增加，則評估正確的機率也會增加。如果評估誤差呈常態分配，則增加評估者的人數，會使平均後的結果落在曲線的中央。因此，在跳水和體操等運動項目上，都會由一群裁判來打分數，而且刪除評分中的最高與最低分，由剩下來的分數求得成績，同樣的道理也可運用在組織中。

如果某員工有10位上司，其中9位給予「優」的考績，而1位給予「劣」的考績，則評「劣」的這分考績將會被忽略。因此，藉由組織內多人的評鑑，員工考績的效度與信度將能提高。

選擇性評估

有學者建議，評估者應該僅就他具有專長的領域去評估別人，因為這樣做會得到較正確的結果。該學者同時指出，處於不同組織層級的評估者，在評估的角度上往往有別。因此，評估者和受評估者，所處的組織層級，應盡可能靠近。如果評估者和受評估者所處的層級離得越遠，則評估者觀察到受評估者工作行為的機會就越少，做出偏頗評估的可能性就越大。

將上面所說的兩個觀念結合起來，我們可得出一個結論：員工的考績最好由直屬上司或該員工的同事們，各就本身最能判斷的績效因素來打分數。例如，有人建議，大學裏的秘書，在打考績時，應由教授評估其判斷能力、技術能力和操守；然後再由同事（指其他秘書）評估其工作上的專業知識、組織能力、合作精神及負責態度。這樣的方法既合乎邏輯，而且可靠性高。

訓練評估者

研究證據指出，對於評估者施予訓練，會使他們的評估更為正確。常見的評估誤差，如月暈效果及偏向太寬或太嚴，透過研習會的訓練，可以加以消除或減少。這種研習會一般為一至三天，除了講解的課程之外，尚有實習演練。講解的時間不須太長，因為只須點破幾個觀念，經理人立刻能夠心領神會。[10]只是訓練的效果也會隨著時間而漸漸失效，所以有必須每隔一段時期之後，施以再訓練。

別忘了績效回饋！

在幾年前，有一家連鎖的汽車旅館打了一個廣告，上面的廣告詞寫著：「最好的驚喜就是沒有驚喜。」對績效評估而言，這個邏輯也同樣適用。員工期待績效評估的回饋，急於知道他們工作的成績。通常，績效評估是一年一次，但也常因此而產生問題。在某些情況下，問題之造成，只因為經理人拖延宣布員工的績效，特別是負面的考績。但是除此之外，因為考績之宣布一年才一次，等於是把溪水蓄積了一年，然後一股腦渲洩出來，難免使員工無法接受事實，甚至怨恨上司偏心。這樣的問題，若能在平常就定期公布考績，問題將無法囤積而可解決掉大半。

績效的公布，不管是一年一次，或是平常定期實施，管理當局總會認為這是心理負擔極大的一件差事。考績對部屬的自尊與後續的工作行為，有極強烈的衝擊力。當然，好消息對上司或部屬而言，都比較不會有問題。但是傳達的如果是壞消息，常因員工的知覺問題，而造成上司與部屬雙方面的困擾。一般而言，通常會有一半的員工之績效低於平均，但是研究證據告訴我們，一般員工都估計自己的績效應落在前四分之一。[11]有一個研究針對八十萬名的高中生做過調查發現，他們似乎都認為自己的能力在平均水準以上；有70％的人認為自己的領導能力在平均水準以上。問到「與別人相處的能力」時，無人認為自己在平均水準以下，60％的人認為自己在前面的10％，而25％的人認為自己在前面的1％。同樣的，有一個研究針對500名職員與技術人員做過調查發現，58％的人認為自己的表現在前面的10％，而81％的人認為自己的績效應在前面的20％處。[12]

換句話說，員工對於自己的績效所做的估計，常常高出上司的評估。因此，一旦員工認為自己受到考績上的不公平對待，他很可能會心存芥蒂，也因而使組織的績效評估反而有打擊士氣的反作用。表15-1是處理這些情況的一些建議。

團隊的績效評估

績效評估的概念發展過程中，幾乎是只以個人為唯一考量對象，這也反映出一個信念：個人才是組織的基石。但就如我們在本書中所提到的，越來越多組織正重新建構出團隊結構，這些組織該如何評估團隊的績效呢？支持並增進團隊績效的評估制度，應根據以下四大建議。[13]

1.建立團隊成果與組織目標間的連結：找出能測定團隊該完成的重要組織目標之測量值，是非常重要的一件事。
2.由團隊的客戶與滿足客戶需求的工作流程為起點：客戶所收到的最後產品可由客戶的要求來評量，而團隊間的交易則可由物流與品質作為評估基礎，而報廢率與生產時間可

表 15-1

有效績效評估的基本原則

1.別把問題延到年度報告中。給予每日回饋或每周回饋。年度報告不是呈現驚奇的地方。
2.把績效回饋報告與薪資報告分開。如果合在一起,員工爲了瞭解將會加多少薪資而忽略績效評估。
3.允許員工自我評估。問員工如何工作、你與組織如何協助他們有更好的表現,以及他們得到同事多少合作。
4.當你必須批評時,把焦點放在明確的行爲案例上,而不是個人人格。
5.把報告視爲連續歷程中的一點。利用它在未來的良好表現標準上取得共識。

資料來源:《年度評估儀式》B. Brophy, "The Rite of Annual Reviews," *U. S. News & World Report,* February 2, 1986, p.59.

做爲工作流程步驟的評估標準。

3.同時衡量團隊與個人的績效:以對團隊工作流程所能做的貢獻來定義個別團隊成員的角色,並針對每個成員的貢獻與團隊整體表現來做評估。

4.訓練團隊建立自己的評估量測值:讓團隊自行訂定團隊整體與個別成員的目標,以確保每個成員都清楚自己在團隊中所扮演的角色,同時也有助於凝聚團隊士氣。

全球化情境的績效評估

我們已檢視過績效評估在激勵員工與行爲影響上所扮演的角色,但仍要提醒一點,績效評估在跨文化的情境中必須謹慎使用。爲什麼呢?因爲許多文化並不那麼關心績效,就算關心,其他文化對績效的看法也不見得與美國或加拿大等地一致。

為進一步說明，我們可以從文化的三大元素入手：人與環境的關係、時間取向、對責任感的重視與否。

美加兩地的組織會要求成員為自身行為負責，這是因為這兩個國家的人民相信，他們能主宰環境。另一方面，績效評估在中東國家並不盛行，這是因為這些國家的經理人往往視人為環境的屈從者。

有些國家，例如美國，屬於短程時間取向，在這類文化中，績效評估通常十分頻繁（至少每年一次）；但對抱持長程時間架構的日本人來說，績效評估要5至10年一次才合理。

以色列的文化重視團體活動的程度，遠勝過美加兩地的文化。因此，北美經理人的績效評估重點是個人，而以色列經理人則較強調團體的貢獻與績效。

酬償制度

我們對激勵的瞭解告訴我們，人們的所做所為是為了滿足需求。在他們做任何事之前，會先評估可能的報酬。而由於這些酬償——加薪、升遷、較佳的工作安排等——有許多是由組織所控制的，因此我們認為酬償是影響員工行為的重要因素。

決定酬償的因素

大多數的組織深信自己的酬償制度是依功績來獎賞。問題是所謂的「功績」定義何在？有人認為所謂的功績是「值得肯定的表現」，有人則認為是「傑出的表現」。某個人所稱的功績對另一個人而言可能認為是循私。考慮「值得肯定的表現」的人可能會考慮的因素包括智力、努力或年資。問題是上述的兩種定義並不一樣——這個問題更因為定義「傑出」上的困難而顯得更嚴重。如果傑出所指的是績效表現，我們承認在測量績效上的努力的確令人不滿意。為了多數白領工作及藍領工作所發展出有意義的量化績效評估令我們感到困惑。因此，即使有少數人不同意酬償應基於功績的觀點，所謂的功績仍相當有爭議性。

接下來，我們將評估績效是否可作為酬償制度之前提，並討論酬償分配的主要準則。我們曾在第4章申論過，為使激勵達最佳效果，必須使績效與酬償緊密地連結，但在實際上，績效往往只是組織分配酬償所依據的眾多準則之一。

績效

績效是對工作結果的測量，所問的問題相當簡單：你是否把工作做好了？因此，為了酬償組織中的人員，對於界定績效所用的標準必須有某種程度的一致性。這個標準是否足以代表績效，與我們的界定無關；只要酬償分配所根據的因素與成功地完成某一工作有直接的關聯，我們就是以績效做為酬償的決定因素。對許多工作而言，產量被當做唯一的標準。但是當工作的標準化與規律性降低時，產量便變得不易測量，績效的界定變得較為複雜。

另一方面，對企業中的資深經理人以及負責重要單位的人而言，有愈來愈多的注意力放在酬償（特別是薪資）與績效之間的連結。諸如American Broadcasting、Sears、Roebuck、Dow Chemical等公司，都開始計算各事業單位的經濟效益，並與競爭對手相比，以作為酬償的依據。

努力的程度

在美國的初級中學裏，給學生的成績中經常包含的項目之一是「努力的程度」。組織很少明顯地對努力的程度予以酬償，但努力的程度的確是決定酬償的一項重要因素。

　　酬償努力的程度是獎勵其過程而非結果的典型例子。在產量不是很重要的組織中，努力的程度可能就是區分酬償的唯一標準了。舉例而言，有個大學為了提升研究水準，決定以申請到研究獎助案子的多寡作為來年績效酬償的標準。但是很不幸的，在計畫執行的第一年，雖然有大約20%的教師提出計畫申請獎助，但是全部都被駁回。到了績效評估的時候，校長便決定把作為加薪的基金中的大部分給予曾經提出申請計畫的人。這個案例中，雖然以申得研究獎助做為酬償標準，但因沒有人達成，所以校長決定改為酬償付出努力的人員。

　　事實上這種狀況的普遍性遠超乎想像。如果組織認為付出努力的人就應給予鼓勵，則努力可能比實際績效更為重要。一名員工如果給上司的感覺是未盡全力，其所獲得的酬償可能會比另一名產量較低，但卻非常努力的員工所得到的少。即使明文規定所酬償的是績效表現，但是評估者終究是人，對於一個很努力但卻不很成功的人很難不表同情，因而影響到評估與酬償的決定。

年資

　　在美國的公家機關中，年資與工作權是很重要的影響因素；即使一個人在企業組織中的角色不很重要，但其工作年資在酬償的分配上仍是個重要因素。與其他的因素相比，年資的特點在於很容易判斷。某個人的工作表現是否比另一個人好並不容易判斷，但是誰在公司待得比較久就是一件不容爭辯的事了。因此年資代表著一種可以代替績效表現，而且容易量化的標準。

技術

　　組織常用的另一種酬償分配是依據員工的技術。不論所擁有的技術是否被用到，技術水準最高的員工都會受到相對的酬償。

　　當個體進入組織時，其技術水準通常是決定報酬的主要因素。在這種情況下，市場與競爭可以決定技術在酬償中所扮演的角色。這些外在標準可以來自社區或職業分類上。換言之，社區中某種技術的供需關係決定了組織要付出多少代價才能得到這種技術。此外，某職業類別的全國性供需關係也會影響酬償問題。

工作困難度

　　工作的複雜性也可以作為酬償分配的標準。例如學習容易而重複性高的工作，所能得到的酬償就可能低於較複雜的工作。如果工作的困難度很高、壓力很大，或是工作環境惡劣，都必須以較高的報酬來吸引工作者。

裁量時間

　　某個工作的裁量空間愈大，錯誤所造成的影響就愈大，而且愈需要有良好的判斷。如果工作被完全規劃——也就是說每一步驟都必須依據程序而且沒有決策的空間——那也就沒有裁量時間了。這種工作比較不需要判斷，而且只需較少的報酬就可以吸引工作者了。當裁量時間增加時，就需要較高的判斷力，因此酬償也必須適當地增加。

酬償的類型

　　組織所能分配的酬償類型遠比一般所想像的複雜。很明顯的一定有直接報酬，但是也有間接的報酬與非財務性的報酬。每一種酬償都可以依個人、團體或組織為基礎進行分配。表15-2所呈現的是酬償類別的結構。

　　內在酬償是個體自己內在的感覺，通常是對工作感到滿足的結果。如之前所提過的，工作豐富化或工作重新設計之類，使員

表 15-2

酬償的類型

酬償

- 內在性
- 外在性
- 參與決策

- 負更多職責
- 個人成長機會
- 較大的工作自由與裁量權

較有趣的工作

- 活動的多樣性
  直接薪酬
  底薪
  績效獎金
  認股權
  加班與假日津貼
- 分紅
  間接薪酬
  保健計畫
  給薪休假

- 員工服務與津貼
  非財務性報酬
  辦公室裝潢
  指定停車位
  名片
  頭銜
  較寬容的午餐時間
  較佳的工作指派
  私人秘書

工感到工作具個人價值的技術，都可以使工作具有內在酬償性。

　　如同先前所提過的，外在酬償包括直接報酬、間接報酬以及非財務性報酬。員工當然會對某些直接報酬懷著期望：基本的薪資或酬勞、加班的津貼、績效獎金、分紅，甚至股份的持有。員工一般會期望直接報酬與其對組織的貢獻有關聯，而且也期望所得的報酬與其他能力、責任及績效表現相當的員工所得到的接近。

　　組織也可以提供員工間接報酬：保險、休假給薪、員工服務以及津貼。由於這些報酬是所有員工均享有，而不論其績效表現，因此實際上並不屬於激勵酬償。但由於間接酬償是管理者可以控制的，而且是用來激勵表現的，因此必須視為激勵酬償。舉例而言，如果公司的鄉村俱樂部會員卡是給表現特優的人員而不是給所有的中、高級主管，那這就是一種激勵酬償。同樣的，如果公司的車輛配給是根據員工的表現而不是頭銜，那麼對於認為這種方式具有吸引力的員工而言，也是一種激勵酬償。

基本上，個人、團體或組織，都可以是直接酬償與間接酬償的對象。不過如果要加強酬償與績效表現之間的關係，則必須強調個人的層面。另一方面，如果組織中的一群經理人對於組織的績效有卓越的貢獻，那麼鄉村俱樂部會員卡之類的慰勞也是很適當的。

俗話說：「仁者樂山，智者樂水。」每個人各有不同的偏好。某個員工覺得很喜歡的事物，另一個員工卻可能覺得是多餘的。因此並非所有酬償都能換得好的結果。不過只要小心選擇，組織仍可因員工的傑出表現而獲得可觀的利益。

有些人很在乎地位。一間漂亮的辦公室、羊毛地毯、大型核桃木辦公桌，都可能刺激員工的績效。地位取向的員工可能會重視擁有耀眼的工作職銜、個人的名片、個人的秘書，或是漆上自己名號的專用停車位。

有些員工可能有特別偏好的午餐時間，像是一點到二點。如果公司正常的午餐時間是十一點到十二點，則可以在自己喜歡的時間內用餐，也可能會被視為酬償。有機會和同類的人工作或是得到較佳的工作安排，都是管理者權限內可以辦到的酬償，若能小心地與個人需求結合，也可以刺激更高的工作表現。

對經理人的啓示

在進行組織系統設計時，經理人員應考慮員工評估方法與酬償分配可能產生的影響。

人們不會免費工作，他們期望回報：薪資、利益、升遷機會、肯定、社會接觸……等。如果員工覺得自己的努力得到正確的評估，或自己所珍視的酬償與績效表現之間有直接關係，則經理人便可以將組織的評估與酬償系統中的激勵影響發揮至最大。更明確的說，根據本章的內容及第4、5章中有關激勵的討論，我們可得到的結論是，在下列情況下，酬償可以導致有效的表現與滿足：（1）員工認為酬償很公平；（2）酬償與績效間有密切關係；（3）酬償能配合個人的需求。這些條件可以降低員工的不滿、減少退縮行為、提升員工對組織的認同感。如果這些條件不存在，退縮行為可能會增加，只達到基本水準的表現情形也會增加。如果員工覺得自己的努力被忽視或不受到酬償，他們可能會繼續工作，但表現卻遠低於實際能力。

第**16**章

組織文化

組織與個體一樣具有性格特徵。在第3章我們曾提到，個體穩定而持久的特質，可以幫助我們預測其行為與態度。在本章，我們則認為組織與人一樣也可以用嚴格、友善、溫暖、開創、保守……來加以描述。同樣地，這些特質也可以用來預測組織成員的態度與行為。

本章的論點認為，組織中有一種系統變項無法清楚的加以定義或描述，但是組織中的員工一般都會以同樣的用詞來描述這個確實存在的變項。我們稱此變項為「組織文化」。就如同部落文化會有崇拜的代表物與禁忌，來指導族人如何對待自己人與外人一樣，組織也有文化來管理員工的行為。以下我們將討論什麼是組織文化、組織文化如何影響員工的態度與行為、組織文化如何產生，以及我們是否能夠管理組織文化。

組織文化的定義

組織文化（organizational culture）就是：組織成員共同抱持的意義體系，使組織有別於其他組織。更詳細一點分析，共同抱持的意義體系（the system of shared meaning）係指組織所重視的一組關鍵特徵。[1]這些特徵有七種，經過混合與搭配之後，就可顯現出組織文化的本質。[2]

1. **創新與風險承擔**：員工被鼓勵從事創新與風險行為的程度。
2. **對細節的注意程度**：員工被期待展現精確、分析、重視細節的程度。

3. **成果取向**：管理階層重視成果甚於過程與技術的程度。
4. **人群取向**：管理決策考量決策結果對人影響的程度。
5. **團隊取向**：工作活動以團隊而非以個人為中心的程度。
6. **積取進取性**：人們積極進取甚於隨和的程度。
7. **穩定性**：組織活動強調維持現況而非追求成長的程度。

這些特徵每個都由低至高而形成如光譜般的連續分布。用這七個特徵來評鑑組織，那麼合成之後，就是組織文化的全貌。有了這個全貌之後，就可依此基礎，去瞭解組織成員對組織的看法，在組織中工作是如何完成的以及對成員行為的期望。**表16-1**例示了這些特徵經由混合之後，可以形成極為不同的組織。

組織文化是敘述性的名詞

組織文化係指組織成員對於上述七項特徵的感受，並未涉及他們是否喜歡其組織。亦即，組織文化是敘述性的用語。這個看法很重要，因為可以區別出組織文化的觀念與工作滿足的觀念。

探討組織文化的研究，目的在於衡量員工如何去理解他們的組織：有無明確的目標與績效期望？組織是否鼓勵創新？組織會不會壓制衝突？

相對之下，工作滿足則是衡量員工對工作環境的情感反應。工作滿足探討員工對組織的期望、酬償的實際運作、控制衝突的方法情形有何感受。儘管這兩個名詞顯然有重疊的特徵，但切記，組織文化是敘述性的用語，而工作滿足則是評價性的用語。

組織有無一致的文化？

組織文化代表組織成員持有的共同認知。從我們將文化定義

表 16-1

．．

組織文化的對比

A組織

這個組織是個製造公司。要求員工遵守許多規定與管制。每個員工都有明確的工作目標。管理者密切監督員工以防止偏差。工作上的自由度很小。員工被告知將所有不尋常的問題向上司報告，上司會決定解決方法。所有員工都必須經由正式管道溝通。由於管理者對員工的誠實與廉潔沒有信心，所以需要嚴格地控制。管理者與員工一樣在生涯初期進入組織，在不同的部門間輪調，是通才而非專才。努力、忠誠、合作和避免錯誤是非常重要而且被鼓勵的。

B組織

這個組織也是個製造公司，不過規定與管制不多。員工被視為努力工作而且值得信賴的，因此監管鬆散。員工被鼓勵自行解決問題，但在需要協助時有向上司諮詢的自由。高層管理者不重視權力差異。員工被鼓勵發展特殊的專業技能。人際間與部門間的差異被視為自然現象。管理者被評量的標準除了部門績效外，還有該部門與其他部門的協調能力。晉升與其他重要的酬償是分配給對公司有貢獻的員工，不論他是否有些特殊的想法、怪癖或態度。

為「共同抱持的意義體系」，就可以明顯的看出。因此，我們應能預期不同背景的員工或階級地位不同的員工，都會用類似的話去形容其組織文化。

認定組織文化具有共通性，並不意味著在既定的組織文化中，不能存在著次文化。大規模的組織當中，大部分都有主文化及許多次文化。主文化（dominant culture）係指大多數的組織成員所共同抱持的核心價值觀（core values）。當我們提到組織文化時，指的就是主文化。就是此一巨觀（macro view）下的文化，造成組織獨特的性格。次文化（subculture）往往形成於大規模的組織中，反映出組織成員所共同面對的難處、情況或經驗。這些次文化很可能是因為部門化的設計，或地理上的分隔所造成的。例如，採購部門可以有獨特的次文化，由該部門的成員共同持有。次文化將包含主文化中的核心價值觀，再加上採購部門額外的價值觀。同樣的，組織的分機構或單位若與組織主要營運據點隔離，也可以有其不同的次文化。其次文化也同樣包含主文化的核心價值觀，再加上該分機構或單位獨特的價值觀。

如果組織並沒有主文化，而僅由許多次文化組成，則視組織文化為自變項的價值性，就會顯著的減少，因為對於工作行為的適當與不適當，該組織的成員並無劃一的理解情形。文化的共同持有性，才是引導與塑造行為的有力利器。不過，我們也不能夠忽視組織的次文化，它同樣能夠影響部分成員們的行為。

強勢文化與弱勢文化

區別強勢文化與弱勢文化，已漸為盛行。這裡的論點是，強勢文化對於員工行為，有較大的影響力，而且跟流動率的減少，有較直接的關聯。

強勢文化（strong culture）的特徵是，組織的核心價值觀被強烈的持有，而且廣泛為員工所接受。[3]越多的組織成員接受核心價值觀，對這些價值觀的認同感越高，組織文化也就越強勢。在這個定義之下，由於高度的共通性與強度會造成具高度行為控制力的內部環境，強勢文化對成員的影響力較強。以總部位於西雅圖的Nordstrom連鎖店為例，該企業打造了零售業中最強勢的服務文化，Nordstrom的員工對於公司的期許毫無疑義，員工的行為也深受這些期許的塑型。

強勢文化另一個特定的結果是，員工流動率會降低。強勢文化使得員工因加強對組織的凝聚力、忠誠度及認同感而高度依從組織的要求。這些特徵的附帶產品是,員工離開組織的傾向會減低。

組織文化的作用

我們談過組織文化會影響行為,並指出強勢的組織文化可以降低流動率。在這一節裏,我們更仔細的探討組織文化執行哪些功能,以及對組織會形成哪些負擔。

組織文化的功能

組織文化在組織裡,執行著許多功能:第一、組織文化扮演了區分的角色,使某組織與其他組織有別;第二、組織文化傳遞給組織成員一種認同感;第三、組織文化促進組織成員有超越個人利益的獻身對象;第四、組織文化提高社會系統的穩定度。文化是一種社會黏著劑,使組織不至於潰散,因為文化提供了言行的適當標準,使員工知道什麼話可以說,什麼事情可以做;第五、組織文化擔任澄清疑惑與控制的機制(mechanism),引導與塑造員工的態度及行為。我們對於最後一項功能特別感興趣。正如下面這段話所說明的,文化界定了遊戲規則:

> 依定義而言,文化具有難以捉摸、抽象、含蓄,及視為當然的特性。但是每個組織都會發展出一套假定、諒解及含蓄的規則,來統治每天發生在工作場所中的行為⋯⋯新人在學會這些規則之前,不被視為組織中的老鳥。違反這些規則,不論是資深的主管或第一線上的操作員,都一定會引發不滿並得到嚴厲的懲罰。順從這些規則,是獲得獎賞與升遷

的主要基礎。[4]

正如本章將討論到的，誰被錄取進入組織，誰被評價為高績效者，以及誰獲得了升遷，都強烈受到個體與組織文化是否「搭調」（fit）的影響。也就是說，應徵者或員工的態度與行為，是否跟組織的文化相容（compatible）。迪士尼樂園及迪士尼世界的員工都是那麼吸引人、乾淨、健康的膚色，及帶著明亮的微笑，這並不是偶然發生的事情。那是迪士尼追求的形象。迪士尼公司在挑選員工時，都以此為標準。並且在上班的時候，非正式的團體規範及正式的規定，皆能確保員工表現出相當劃一整齊的行為。

組織文化的負面價值

組織文化是敘述性的名詞，其中並未牽涉到價值判斷。組織文化的許多功能，正如上述，對組織與員工兩者都具有價值。因為組織文化可以提高員工的認同感，增加員工行為的一致性，這些顯然都有益於組織。從員工的立場來看，組織文化之所以具有價值，在於它能消除狀況的模糊感。組織文化告訴員工事情該怎麼做以及哪些事情很重要。但是，我們也不應忽略組織文化的負面作用（特別是強勢文化）對於組織的效能具有影響力。

當原本的共同價值觀無法促使組織追求更高效能時，組織文化就會成為負荷，這最可能發生在外在環境動盪不安的時候。當外在環境迅速變化時，固守原先的組織文化，很可能已經不適當了。員工行為的一致性，在組織穩定的環境時是項「資產」，但在面臨動盪環境時，卻變成組織的「負債」，使組織難以因應環境的變遷。

文化的創造與維繫

組織文化不會憑空出現，並且一旦建立之後，也很少無故枯萎。至於有哪些力量會影響文化的創造呢？又有哪些力量會強化其繼續存在呢？本節將回答這些問題。[5]

文化如何形成

組織目前的慣例、傳統，及一般做事的方式，大部分源自過去的作風及過去以這些方式曾獲得多少成功。因此可推論出，組織文化的最終來源是來自組織的創始人。

組織的創始人對於早期的文化，有最大的影響力。他們對於組織的未來已有極清晰的願景，並且不受過去作風與意識形態的侷限。新成立組織常見的小型規模，更便於創始者將願景加諸於所有組織成員身上。由於概念的原創性，對於組織如何完成使命，他們心中都有腹案與偏見。因此，組織文化誕生於創始人的偏見假設，與開國元老從經驗中記取的教訓兩者間的互動。

微軟的文化大致上即反映出，曾任總裁與共同創辦人之一的比爾·蓋茲的作風，蓋茲本人十分進取、具競爭力、律己甚嚴，這些詞彙往往也被用來形容他所領導的軟體界巨人。其他對組織文化有深遠影響的當代範例則包括新力的Akio Morita、聯邦快遞的Fred Smith、瑪琳凱化妝品的Mary Kay、維京集團的Richard Branson。

文化的維繫

組織文化一旦出現之後，在實務上，組織會樹立起一套行為標準供員工遵循，以維護此一文化。[6]例如甄選程序、績效評估標準、報酬的作法、各種訓練與生涯發展活動，以及升遷制度，都在於確保聘用的人能適合組織的文化，獎賞哪些能支持文化的員工，及懲罰（甚至開除）哪些違反文化傳統的員工。對文化的維護，有三項特別重要的因素：（1）甄選程序；（2）最高管理當局的措施；及（3）社會化的方法。接下來我們逐一討論這三項因素。

甄選

「甄選」的目的，是為了找出與雇用哪些擁有專業知識與技能的應徵者，確保他們足以勝任其工作。但是在典型的情形下，只要應徵者的條件達到一定的標準之後，最後的決定端視決策者判斷哪一個應徵者最能夠符合組織文化的要求。在這種作法之下，不管是有意或偶然，導致僱用的人具有相似於該組織所秉持的價值觀，或至少大部分的價值觀。此外，甄選程序亦將關於組織的訊息，提供給應徵者知曉。應徵者因而瞭解該組織運作上的大致情況，並且如果他們知覺到自己的價值觀與組織衝突時，他們可以考慮是否退出應徵的行列。因此，甄選成為一種雙向道，使雇主與應徵者雙方在覺得不妥時，都有解除合約的機會。依這種方式，藉著甄選程序篩除哪些可能攻擊或危及組織核心價值觀的應徵者，使組織文化得以維護下去。

想進入寶鹼公司的應徵者，必須經過一系列申請與篩選的程序。公司的面談人員都是經過訓練與挑選的中堅分子，能透過講演、視聽影帶及角色扮演，來找出哪些最符合公司所要的應徵者。應徵者都須經過深度的面談，以確保其具有下列特質：「能有優越的高產出」、「能發現與瞭解問題所在」，及「能推理出具體的結論，並想出因應的對策」。寶鹼公司重視理性，並尋求具有這種特質的應徵者。大學畢業生在校園裡，要接受兩次面談及一次一般知識測驗，合格者還要在公司總部接受三次一對一的面談及一次團體面談，以確保應徵者的特質跟公司的營運呈高度相關。

同樣的，康柏電腦（Compaq Computer）在招募新人時，也會仔細審查應徵者是否符合該公司團隊導向的文化。如一位主管所說，「我們可以找到許多具有才能的人……但最重要的是，他們是否契合我們經營的方式」。[7]在該公司，這意味著錄取者在講求團隊的管理風格下，能夠配合與感到愉快。因此應徵者必須跟十五位部門的重要幹部面談，以確保該應徵者不具有太強的自我傾向，並能夠與人搭配合作。

最高管理當局

「最高管理當局」的措施，對於組織文化，也有很大的影響。透過他們的言行，資深主管樹立起規範，然後貫穿至整個組織，使諸如風險的取向、經理人該給部屬多少自由、適當的衣著打扮，以及哪些表現該給予加薪、升遷或獎賞……等等，都有標準可循。

以美國全錄公司（Xerox）為例。該公司從1961至1968年的總裁是Joseph C. Wilson，是一個非常積極進取、充滿開拓精神的企業家，他預見941型影印機將為全錄帶來驚人的成長，後來事實證明這是美國史上最成功的產品之一，在他的領導下，全錄的組織文化瀰漫著非正式、創新、大膽、冒險，及同事之間高度同志愛的氣氛。Wilson的後繼者是C. Peter McColough，是位哈佛的MBA，領導風格傾向於正式化。他建立起科層結構的控制系統，使全錄公司的文化有了急遽的轉變。當他在1986年退休之前，全錄公司已變得笨拙與正式化，組織內部充斥著各種政治行為，及一層層看門狗式的經理人。到了今日，全錄的當家換成

David T. Kearns。他認爲全錄公司的文化阻礙公司競爭的能力，於是刪減一萬五千個工作職位，實施授權制度，並將組織文化導入重視產品的品質與售後服務。經由他和其他資深主管在行爲上的示範之後，全錄公司每一個員工都能瞭解公司對品質、創新思考、效率，及保持高度競爭力的重視。Kearns在1990年退休時，由於整個影印機產業已趨成熟，而全錄在辦公室系統電腦化研發方面的進展嚴重落後，因此仍無法脫離困境。現任總裁，Paul Allaire，試圖再度重塑全錄的組織文化，以全球性銷售部門爲中心重組企業結構，並統合產品研發與生產部門，借重外界的空降部隊取代半數高層主管，希望此舉能使全錄邁進重視創意思考與提升競爭力的新文化。

社會化

不管組織的招募與甄選工作做得多好，由於新進員工並未熟悉組織的文化，因而很可能擾亂組織秉持的信念與慣例。因此，組織必須協助新進員工能夠適應其文化，此一調適的過程稱爲社會化（socialization）。

所有的海軍士兵都必須通過新兵訓練，以「證明」他們適合此一軍種。當然，海軍訓練者同時也會灌輸這些新兵各種海軍的傳統與文化。文化的成功正是建立於有效的社會化過程之上。韓國統一教的新進教徒都要經過一項「洗腦」程序，使個人的忠誠度與認同由家庭轉向團體。迪士尼的新進員工在剛開始工作時，必須花上整整兩天觀賞錄影帶並聽講，內容都是迪士尼對員工言行舉止的期許。

當討論到社會化作用時，須記住的是，社會化最重要的階段發生在新進員工剛加入組織的時候。此時正是組織將新進人員塑造成「標準員工」的好時機。哪些未能學習到重要的角色行爲之員工，會有被視為「不合群」或「叛逆」的風險，而且往往也會遭到排斥。

在概念上，社會化程序可分成三個階段：職前期、接觸期，及蛻變期。第一階段指新成員在加入組織之前所歷練過的學習經驗；在第二階段裏，新進員工終於看清了組織真實的面貌，也瞭解了原先的期望與現實之間的差距有多大；在第三階段裏，則會產生相當持久的改變。新進員工熟悉了工作所需的技能，成功的扮演他的新角色，並且對於工作團體內的價值觀與規範會自我調整與適應。這個三階段的過程，會影響新進員工的生產力、對於組織目標的認同，以及決定是否繼續留在組織中服務。此一社會化程序示於圖16-1。

圖 16-1

社會化模式

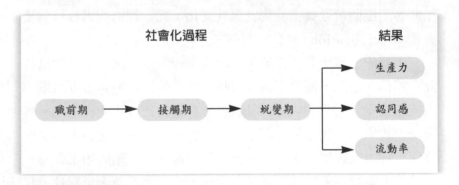

職前期（prearrival stage）係指個體在成為新進員工之前，就已經有其價值觀、態度，以及對於事物的期望。例如，對許多工作職位（特別是專業性的工作）而言，任職者在學校的時候，必然已接受過相當程度的社會化作用。例如，工商職業學校的教育目的之一，就是把學生的態度與行為加以潛移默化，使之成為企業界所歡迎的模樣。如果企業主管希望員工能重視利潤觀念、忠於公司、肯努力工作、願意追求成就，以及樂於服從上司的指揮，那麼他們將喜歡聘僱哪些依此模式塑造學生的學校之畢業生。但是職前期的社會化作用通常僅針對某種特定工作，因此大部分的公司還是會依賴甄選程序來篩選應徵者：一來讓應徵者對公司有個整體而正確的概念；二來確保聘進的人符合公司所需。「事實上，在甄選過程中，應徵者能否表現出適切的模樣，決定了他是否會被錄取。換句話說，應徵的成敗決定於應徵者能否洞察負責甄選的人之期望與要求。」[8]

錄取之後，新進員工隨即步入接觸期（encounter stage）。此時，員工對於工作、同事、上司，及公司整個的情形，原先的期望與現實的情形之間很可能會有出入。當其間的差距不大時，則接觸期會把員工的知覺情形做適度的修正。但是，這種情形並不多。當現實與期望之間有鴻溝時，則必須依賴社會化的作用，把員工原有的假定置換成組織文化所重視的價值觀與態度。在最極端的情形裡，新進員工也許由於原先的期望完全幻滅，而流動率求去。適當的甄選應能避免掉這種情形。

最後，新進員工必須能夠解決所有在接觸期中碰到的問題。這也許意昧著員工必須做某些改變──因此，我們稱之為蛻變期（metamorphosis stage）。表16-2是導致員工能夠順利蛻變的一些替代方案。但是，如何才能算是蛻變成功呢？答案是，要直到員工對於公司的情形和工作的內容都很熟悉，而且感到輕鬆愉快。換句話說，該員工對於組織與工作單位的規範，都已經瞭解、接受、而且可以適應得很好。此時，該員工會知覺到同事已經接受他而且信賴他，對於份內的工作他也有自信能夠勝任愉快，並且不論是各種工作上的規定及非正式的慣例實例，他都已經能夠確

表 16-2

....

讓新進員工接受社會化作用之方案選擇

1. 正式或非正式——直接把新進員工安置到工作中,而不跟資深員工區分開來,這就是非正式的社會化作用;至於正式的社會化作用,則將新進員工和資深員工區分開來,有步驟的指導他們,促使他們瞭解組織對他們的期望與要求。

2. 個別或集體——係指以個別或集體的方式,來灌輸社會化作用。採集體的方式,較能產生同質性的員工;至於採取個別輔導的方式,則較能保存個體的差異特性。

3. 期限固定或變動——若實習時間爲三個月,則期滿之後,新進員工即被視爲組織的正式員工,這種方式就是期限固定的社會化作用。期限固定的社會化制度較能減輕新進員工的不安定感。但對於專業人員及管理人員而言,他們的社會化作用則沒有一定的期限。

4. 連續或不連續——若由一位熟悉新進員工工作的資深員工,來帶領一位新進員工,則稱爲連續性的社會化作用。這種方式較能維繫組織固有的傳統與作法。反之,不連續的社會化作用,則較能產生出有創造力的員工,因爲他們並沒有傳統的包袱。

5. 平順或震撼——如果組織並不想改變新進員工的特質,則可採取平順式的社會化作用,儘量讓他們平順而且沒有麻煩地進入組織,這就宛如說:「我們所喜歡的正是你現在這個樣子。」反之,若組織想除掉新進員工的某些稜角,則可採取震撼式的社會化作用,例如做一些有違身分的工作,以表示忠誠;或甚至由資深員工予以騷擾或戲弄,以證明他能接受他在組織中的角色。

修訂自《人員流程:組織社會化的策略》與《組織文化》 John Van Mannen, "People Processing: Strategies of Organizational Socialization," *Organizational Dynamics,* Summer 1978, pp. 19-36; and E. H. Schein, "Organizational Culture", *American Psychologist,* Feburary 1990, p. 116.

實掌握箇中的分寸。最後,他同時也知道績效的評估標準是什麼。如圖16-1所示,成功的蛻變應能夠使新進員工有良好的工作

圖 16-2

組織文化的形成

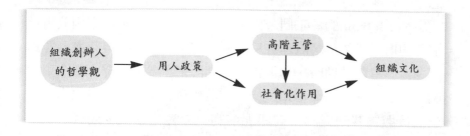

表現，認同於組織的目標，並能降低其流動率的傾向。

結語：組織文化的形成

圖16-2指出組織文化如何建立與維繫。最早的文化基礎起源於創始者的哲學觀。此一哲學觀接著強烈的影響到用人的取捨標準。最高管理當局對員工的行為，會設下一套準繩。至於員工如何加以社會化，則決定於新進員工與組織文化在價值觀上搭配的程度，以及管理當局對於社會化方式的偏愛。

員工如何學習組織文化

組織文化對員工的潛移默化有許多種形式——最有力的方式是透過故事、儀式、物質象徵及語言。

故事

亨利·福特二世還在福特汽車當總裁的時候，有則在經理人間廣爲流傳的故事，每當有主管快抓狂時，亨利‧福特就會提醒對方：「刻在這棟大樓上的，是我的名字。」這句話所傳遞的訊息是再清楚不過了：經營公司的可是本人——亨利‧福特！

Nordstrom的員工們一直都非常喜歡這個故事，這個故事很清楚的揭示了該公司處理客戶退貨的政策。在這家專業零售連鎖店還處於草創之期時，有位顧客走進門來，要求退還一組汽車輪胎，這個要求令店員不知所措。這時創辦人Nordstrom經過，聽到店員與顧客的對話，立即上前詢問顧客花了多少錢買這組輪胎，並指示店員收下輪胎，以現金結清退款項。在顧客得到退款而離去後，困惑的店員看著老闆說道：「Nordstrom先生，我們並沒有賣輪胎啊！」「我知道，」Nordstrom回答道，「不過我們的宗旨就是要讓顧客歡喜，不是嗎？我之前提過的無條件退款政策就是這個意思。」接著，Nordstrom打了通電話給他一位買賣汽車零件的朋友，看對方可以用多少價格接手這組退貨的輪胎。

像這樣的故事，流傳於許多組織的內部，即使有些故事不是那麼戲劇性。這些故事通常跟組織的創始人、規定的打破、由無到有的成功、員工的縮減、員工的重整、過去錯誤的反應，以及組織的掙扎調整等有關，不但使組織的「現在」能與「過去」連接，而且也說明了目前實務的來龍去脈。

儀式

儀式（rituals）是指一種重複出現的活動，而該活動是爲了表彰組織最爲重視的價值觀、最重要的目標、最出色的員工，以及最值得舖張花費的事物。大學教授尋求終身受聘的過程，就是一項極爲冗長的儀式。在一般的情形裏，大學教員必須先見習六年。到期之後，再由終身職的教授集體做一決定，在下面兩條路之中選擇一項：聘之爲終身職教員，或只再續聘一年。至於必須滿足哪些條件之後，才能獲聘為終身職呢？這通常包括：令人滿意的教學品質、對科系及學校提供某些服務，以及從事學術活動。但是，滿足某科系的條件，也許不能滿足同一大學裡另一科系的條件。其中的關鍵在於哪些終身職教授們的意見，認為該教員是否符合該科系的要求。受社會化作用適當陶冶的教員，在終身職教授們的心目中，將是比較值得留下來的教員。每年有數以百計的大學教員，未能獲聘為終身職。此一結果除了績效不好的原因之外，更重要的是，這些教員在終身職教授們認為重要的領域裏，未能好好的表現一番。有些教員們每個星期都花了許多精神去準備教材，而且教學品質也獲得學生們熱烈的歡迎，但卻因為忽略了研究工作，以至於未能獲聘為終身職。因此，在實習期間的教員們，應及早洞察哪些終身職教授們心目中的期望，然後設法加以配合，則受聘為終身職的機會就會提高。由此可見，哪些終身職教授們的要求，對於新進教員的各種行為，具有潛移默化的影響力。

Mary Kay化妝品公司每年一度的表揚大會，是極有名的儀式之一。就如同馬戲團表演和美國小姐選美大會一般，此一集會要在堂皇的大禮堂中舉行好幾天，而且參加者都會穿上耀眼亮麗的晚禮服。傑出的女業務員各依其業績的高低分別獲頒金戒、鑽戒、皮草，或粉紅色的凱迪拉克大轎車。這樣子的「秀」法，目的在於公開表揚傑出的業績，用以刺激所有業務員的榮譽心。

物質象徵

Fullers和Lampreia是西雅圖當地消費最高的頂級餐廳，雖然這兩家餐廳相隔不到十個街廓，但卻給人截然不同的感受。Fullers可謂極盡奢華之致，不但裝潢得像博物館一樣，連服務人員也莊重且高不可攀。相對地，Lampreia的風格就較隨和且平民化，簡單的裝潢獨樹一格，服務人員輕鬆的衣著和風格與裝潢十分和諧。

這兩家餐廳的菜色與服務都頗受好評，排隊預約的饕客往往得等上幾天，甚至是好幾個星期，雙人晚餐的最低消費額是美金80元，但這兩家的裝潢與員工服飾明顯地反映出其截然不同的文化，此外，Fullers所要傳達的嚴肅、正式、保守與Lampreia的輕鬆開放，也藉由這些物質象徵清楚地傳達給新進者。

有一些公司提供極其豪奢的大轎車給高階主管使用，並且在他們須做空中旅行時，可以毫無限制的使用公司的噴射機。另有一些公司也許沒有這麼大的手筆，但是其高級主管很可能也配有汽車，坐飛機時也都由公司付費。當然，車子可能只是一部普通的雪佛蘭（沒有司機），而機票也可能只是商務客機的經濟艙。

企業總部的設備、提供給主管使用的轎車款式，以及公司有無自用的飛機，這些都是實質象徵的例子。其他尚包括：辦公室的大小與擺設、裝潢的設計、主管的排場，及服飾的穿著等等。這些實質象徵都傳遞著訊息給員工說，誰是重要的人物，最高管理當局一視同仁的程度、以及適切的行為標準是什麼（例如，冒風險、保守、威權領導、參與管理、個人主義，及交際活動等風格）。

語言

很多組織與部門單位，都使用「語言」做為指認某人是否為文化一份子的方法。藉著學會這種語言，組織成員表達出他們對文化的接受，並且這麼做也有助於組織文化的保存。

以下是加州某資訊公司的員工使用術語的例子：accession number（資料庫中每個人的字號）；KWIC（文章中的關鍵字），以及relational operator（關係操作子，以某種次序搜尋資料庫中的名字或關鍵字）。以圖書館員而言，他們就有很多術語是外界所無法知曉的，其對話中也大量使用這些術語，像是ARL（研究圖書學會）、OCLC（一個位於美國俄亥俄州專門處理合作分類的中心），以及OPAC（線上分類資料存取）。Louis Gerstner從納貝斯可（世界著名食品公司）跳槽到IBM時，所有的行話都得從頭學起，這些字彙包括了the Orchard（IBM總部原爲一片蘋果林）、big iron（大型電腦）、hypo（可能雀屏中選的新進員工）、a one performer（獲得IBM最優考績的員工）、PROFS（專家辦公室系統，這是IBM內部的電子郵件系統）。[9]

　　長期以來組織常會發展出許多獨特的術語來描述設備、辦公室、關鍵人物、供應商、顧客，或是與事業有關的各種產品。新進人員常會爲了各種縮寫與術語而感到頭疼，但是在工作半年後，他們也會完全融入這些語言中。一旦同化了，這些術語也成了連結特定文化或次文化下之人員的分類指標。

管理文化變革

　　每個組織的文化都要歷時多年才能成形，並以員工所認同的價值觀爲根基，由於組織文化由相當穩定的特徵所組成，因此改革並不容易。此外，包括訴諸文字的組織使命與哲學、物理空間與建築的設計、主流派的領導風格、經時間考驗而篩選出的各種準則、過去的升遷實例、根深柢固的儀式、流傳在組織內的軼事雜譚、組織之前的績效評估準則、組織的正式結構，都是維繫組織文化的力量。

　　雖然組織文化要改革並不容易，但不容易並不意味不可能。爲達使文化改革生效，首先要有幾個前提。有證據指出，下列四大條件是最有利於文化改革的前提。[10]

1. **存在或製造戲劇性的危機**：這種衝擊會破壞現狀，且引發對現存文化的質疑，這類危機包括了出人意表的財務挫敗、大客戶的流失、競爭者在技術上的驚人突破，甚至也有高層主管為求改造組織文化而刻意製造危機的例子。

2. **領導階層的更替**：文化變革通常需要新領導階層與其所帶來的嶄新重點價值觀作為助力，而且新領導者往往會被視為有能力因應危機的人，需要更替的領導階層通常是指組織的總裁，但可能也必須連資深的管理階層一起更替。外來的空降總裁通常會引進嶄新的文化價值觀，比起內部升遷的總裁，外來的總裁同時可視為一個向員工揭示變革即將來臨的風向球。

3. **新成立的小型組織**：新成立的小型組織比較容易進行文化改革，因為新組織的文化不會那麼根深蒂固，而小型組織對經理人來說，較有利於新價值觀的溝通。這或許可以用來解釋，為何哪些身價億萬的企業，在試圖改造文化時所經歷的陣痛。

4. **弱勢文化**：文化的影響範圍越廣，而且成員對其價值觀的共識越高，就越不容易進行文化改革。相反的，弱勢文化比強勢文化更容易進行改革。

即使已具備上述各項有利於文化改革的條件，經理人也不該期許組織文化會馬上就產生戲劇化的改革。文化改革是需要時間的歷程，而且往往要以年，而非以月來作時間計算單位。

建立道德文化

文化的內涵與強度,會影響組織的道德環境與組織成員的道德行為。[11]

能塑造高道德標準的組織文化,通常對風險有高度容忍性、鬥性偏低或適中、對結果與手段的重視程度相當。這類文化通常支持經理人從事創新作為並承擔風險,而不鼓勵進行無限制的惡性競爭,並且同等強調目標本身與達成目標的方式。

強勢組織文化對員工的影響力遠比弱勢文化更為強烈,支持高道德標準的強勢文化,對員工行為會產生強力的正面影響。舉例來說,嬌生公司的組織文化向來十分強調企業對顧客、員工、社區、股東的責任優先順序。因此,當年嬌生的產品之一,Tylenol®含毒事件爆發後,在管理階層發文說明之前,全美的嬌生員工已自動將這項產品下架,沒有人告訴他們怎麼做才符合道德,他們很清楚公司所期待的做法。

管理階層該怎麼做,才能建立道德性更高的組織文化呢?以下是我們的建議,可以視需要搭配運用:

1. **以身作則**:員工通常將高層主管的行為視為適當行為的指標,如果高階管理階層被視為道德楷模,這對員工而言是一種正面的訊息。
2. **溝通道德上的期待**:制定組織道德條款能夠減少道德意義的曖昧不明,道德條款的內容應該包括組織的首要價值觀,與組織希望員工遵行的道德守則。
3. **提供道德訓練**:舉辦專題討論、工作坊等道德訓練課程,以強化組織的行為標準、釐清何為組織所不容許的行為、教授可能發生的道德兩難。

4. **公開獎勵道德行為並懲處非道德行為**：對經理人的績效評估應該包括對組織道德條款的逐款檢討，檢視經理人的決策是否有與道德條款相左之處。評估的對象應同時兼具目標的達成與否及手段的合理性，遵守道德的人士應該由組織公開表揚其行為，當然，不道德的行為也應該同等地接受處罰。

5. **提供保護機制**：組織應該提供正式的保護機制，使員工能坦然討論道德兩難，並勇於舉報不道德行為而無須恐懼報復。道德委員、不法情事調查人員、道德官員等編制都是可行的作法。

組織文化與國家文化

本書一再強調，為求正確預測不同國家的組織行為，必須將國家文化的差異納入考量。但國家文化與組織文化孰重？IBM在德國的員工，會反映出德國的道德觀？還是IBM的企業文化？

研究指出，國家文化對員工的影響力勝過組織文化。[12]因此，德國文化比IBM的企業文化更能影響德國慕尼黑的IBM員工，雖然組織文化對員工在工作時的行為的確有所影響，但國家文化的影響更大。

接下來的結論非常能夠反映人才甄聘階段的自我篩選現象，英國有一家跨國企業，在招考義大利子公司的人員時，通常不那麼在意求職者是否為「道地的義大利人」，而比較希望能聘用適應企業作風的義大利人。因此，我們可以預期，跨國企業的人才甄聘流程通常會希望甄選出適應公司主流文化的求職者，即使這些求職者在其本國並不典型也沒關係。

組織文化與多元化的矛盾

多元化的矛盾——如何幫助種族、性別等方面，與既有組織成員相異的新進員工融入組織——是當代經理人面臨的一大挑戰，由於希望新進成員能順利適應且不遭排斥，管理階層當然希望新進員工能接受組織的核心文化與價值觀，但同時管理階層也要展現對新進員工帶入工作場合之個別差異的公開認可與支持。

強勢的組織文化會造成員工相當的從眾壓力，並限制了可為成員接受之價值觀與風格的範圍，這很明顯地會造成兩難的局面：組織一方面希望引進多元化的優勢，但具個別差異的員工在融入強勢文化的過程中，其多元性卻會逐漸消逝。

多元化所造成的矛盾，為經理人帶來的挑戰是——如何平衡兩個相互衝突的目標？要求員工既接受組織內部的主流價值觀，同時也要接納個別差異。對儀式與傳統的重視，似乎只會製造更多不適應的員工；另一方面，過於強調對儀式的棄絕，卻會讓組織無法兼容並蓄不同背景員工所帶來的好處。

對經理人的啟示

　　組織文化對員工行為的強烈影響似乎是無庸置疑的。但是管理人員該如何設計其組織文化，將員工塑造成其所要的類型？

　　當一個組織剛成立的時候，管理人員具有很大的影響力。這時候組織缺乏既有的傳統，規模很小，也很少有所謂的次文化。每位員工都認識創辦人，並且直接接觸到他對組織的理想。無疑的，在這種情形之下，管理人員有機會創造出最能夠協助達成組織目標的組織文化。

　　然而在組織上了軌道之後，其主流文化也已成氣候。這時候組織文化的特質相當穩定而持久，很難加以改變。組織文化的形成需要時間，而一旦建立了，就會尋求長久的存在。強勢文化特別難以改變，因為員工對它有很強的認同感。因此，一個既有的文化若在經過一段時間後變得不適合組織，甚至成為管理上的障礙，管理人員通常很難有效的改變它，特別是在短時間之內。即使在最好的情況下，也需要數年的時間來進行文化的改造，而非幾個星期或幾個月。所謂有助於改變文化的最好情況是什麼呢？有證據顯示，最可能產生文化變化的情況有下列幾種：戲劇性的危機、領導的替換、成立不久的小型組織、弱勢文化。

第**17**章

組織改革與發展

本章的討論重點是組織改革，並說明促使經理人落實改革計畫的環境因素，接著將比較兩種改革觀點。我們也將探討為何組織與人都會抗拒改革，這種抗拒又該如何克服。最後，本書將提出以組織發展作為系統性全面改革的概念，並且簡介組織改革的當代議題。

導致變革的因素

今日必須面對動盪不安之變遷環境的組織已越來越多，這些組織都必須有所改變。表17-1摘錄了六項激發變革的因素。

這本書從頭到尾都在討論員工性質的轉變，舉例來說，幾乎每個美國組織都已成為多元文化的工作環境，為吸引並留住更具多元性的員工，組織的人力資源政策與實務都必須有所變革，許多公司也投下大筆金錢在訓練上，以提升員工的閱讀、數學、電腦等技能。

我們在第14章曾提過技術正在改變工作與組織，舉例來說，以電腦控制取代在場督導，使經理人的控制幅度增大，同時也使組織扁平化。精密的資訊科技也提高了組織的反應能力，AT&T、摩托羅拉、奇異電子、克萊斯勒目前研發、製造、配銷等工作上所花的時間只有十年前的幾分之一。而且隨著組織調適力的增強，員工的調適能力也提高了。如同我們在對團體與組織之設計所做的討論中提過的，很多工作正在被重新塑造。原先從事狹隘、專業、例行工作的個人，正逐漸有能力執行多項工作任務，並積極參與各項決策的團隊成員所取代。

表 17-1

導致變革的因素

因素	範例
員工性質	更高的文化多元性 專業人才的增加 新進者技能不足
技術	電腦化與自動化 全面品質管理計畫 再造
經濟衝擊	亞洲房地產崩盤 利率波動 外匯波動
競爭力	來自全球的競爭者 企業購併 網路商務的成長
社會趨勢	年輕一輩普遍晚婚 對吸煙者抱持惡感 運動用品的流行
全球政治	蘇聯解體 美國對利比亞實施經濟制裁 黑人統治南非

我們生存在　個「不連續的時代」。在1950年代至1960年代，由過去可以清楚的看到未來，明日基本上是昨日趨勢的延伸。但現在可不一樣了。從1970年代初期石油價格的隔夜暴漲開始，經濟衝擊不斷迫使組織產生變革。舉例來說，近年香港房地產直落30％，南韓也遭受金融風暴，原本主攻亞洲市場的多數跨國公司，銷售業績也狂落慘跌。

競爭不斷在變，在今日的全球經濟中，競爭者可以跨洋過海而來，已有一席之地的組織不但要打足精神因應舊對手開發的新型產品與服務，同時還要提防新成立的小企業以創意橫掃市場，能夠變革以反應競爭的組織才能成功，開發新產品與產品上市的腳步都得快。組織必須依賴快速的生產流程與不斷推出的新產品，也就是必須保持充分的彈性，因此員工也必須保持相當的彈性與反應性，以適應變遷不斷的外在環境。

看看1980與1990年代的社會趨勢，可以看出在新的千禧年中，組織必須針對哪些變化進行調整，舉例來說，過去二十年來婚姻與離婚的趨勢十分明顯，年輕一輩多半晚婚，半數婚姻以離婚收場，這使得單身者對房屋的需求不斷升高，對建築業而言，這項資訊是一個決定房屋坪數與設計的重大因素。美國近期對休旅車與跑車的風行，使得福特、通用汽車、吉普車的業績頗有斬獲，但對針星汽車來說，由於不生產上述車款，因此這股熱潮反而使銷量萎縮。

本書不斷強調以全球化的觀點來看待組織行為的重要性，雖然各商學院倡導全球化的觀念已近十年，但沒有任何人——包括倡議全球化最力者——能想像的到近年來全球政治的改變，例如，柏林圍牆倒塌、兩德統一、伊拉克入侵科威特、蘇聯解體只是眾多事件之數例，為因應蘇聯解體與五角大廈預算縮減的現實，美國的武器製造公司均已開始重大改革，波音公司在1997年購併 McDonnell-Douglas，就是軍火商結合資源以極力爭取日益縮水的預算大餅的例子。

管理計畫性變革

一群女裝店的工作人員向老闆提出要求：「店裏因吸菸所造

成的空氣污染太嚴重了。如果店裏不禁菸的話，我們就不再做了。我們希望你在入口處張貼禁菸標誌，並禁止員工吸菸。如果有人要吸菸，就請到店外去。」老闆仔細聆聽之後同意他們的要求，第二天便在店門口張貼禁菸標誌，並向所有員工說明新的規定。

一家主要的汽車生產商花了數億資金裝設機器人。接收這些新設備的部門之一是品管部，他們需要這種複雜的電腦控制設備來提升公司偵測並修正瑕疵的能力。由於新設備勢必會改變原先在此工作的人員之工作內容，而且管理者預期工人會對新設備產生排斥，因此主管人員決定擬訂計畫幫助員工熟悉設備，並解決員工可能產生的焦慮。

上面所描述的都是變革的案例，且兩者都涉及事物的改變。不過只有第二個案例是計畫性變革。在這一節，我們希望能澄清所謂的計畫性變革，描述其目標，並說明在組織中應由何人負責。組織中的許多變革是和第一個案例一樣屬於非計畫性的。有些組織則把所有的變革都視為偶發狀況。不過我們所關心的是哪些有預備且有目的性的變革。在本章，我們所說的變革是有意圖且為目標導向的活動。

何謂計畫性變革的目標？基本上有兩項：第一是組織尋求增進本身因應環境改變的能力；第二是尋求員工行為的改變。

如果組織要求生存，就要對環境改變有所反應。當競爭對手推出新產品，政府部門施行新法，重要的供應來源消失，或發生其他類似的環境改變時，組織都必須進行調適。例如發展工作團隊、決策分權化，以及孕育新的組織文化，都是因應環境改變所作的計畫性變革的活動。

由於組織的成敗關鍵基本上是決定於員工工作績效的成敗，計畫性變革也必須考慮組織中個人與團體行為的改變。本章稍後將討論組織可用以使員工在工作上以及與他人的互動上產生不同表現的一些技術。

組織中應由誰來負責變革活動呢？答案是變革推動人員（change agents）。這些變革推動人員可以是經理人或非經理人，也可以是組織內的員工或組織外的顧問。在作重大改變時，組織通常會聘用外界的顧問以提供建議與協助。因為他們「旁觀者清」，其客觀觀點通常對「局內人」相當有用。不過外聘顧問的缺點是對組織的歷史、文化、運作程序及人事狀況難有適當的瞭解。此外，外聘顧問通常會引發較為激烈的變革──可能是有利的，也可能是有害的──因為在改變開始後，他們不必面對後續的影響。相反的，以內部的專家或經理人擔任改革推動員，他們的顧慮會比較多（或比較小心），因為他們必須面對行動之後的結果。

兩種不同的觀點

「組織就像一艘大船，航越寧靜的地中海，要到某個港口去。船長與同船的船員已經成功地航行過數百次。不過每當遇到暴風雨的時候，船員必須有所反應。這時船長會下達適當的調整──也就是執行變革──並在避開暴風雨之後再回到平靜的海面上。因此在組織中執行變革應該視為中斷現狀的一種反應，而且只須在偶發的狀況才進行。」

「組織比較像是一艘四十呎長的橡皮艇而不是一艘大船。這艘橡皮艇也不是航行在寧靜的海面上，而是必須穿越由綿延不斷的激流所構成的河面。更糟的是艇上的十個人過去從未合作過，也沒有人航行過這條河，航程中有許多部分必須在黑夜中進行，而河流中則佈滿著不可知的大彎道與阻礙，這艘橡皮艇確切的目的地不明，並且必須不定時地靠岸換人。變動是極為自然的狀態，而管理變動更是一種持續不斷的過程。」

　　這兩種隱喻代表著對變革的理解與反應不同的觀點。讓我們更進一步地加以探討。[1]

靜水說

　　不久之前，「靜水說」（The "Calm Waters" Simile）都還是企業管理者與學術人士的主流想法。Kurt Lewin三個步驟的說法（見圖17-1）[2]最能描述變革歷程。

圖 17-1

Lewin 描述的變革程序

解凍　　→　　變革　　→　　再凍結

　　成功的變革首先必須將現狀加以解凍（unfreezing），改變至另一狀態，之後將新的改變再凍結（refreezing），使之長久維持。現狀可視為一種平衡狀態，為離開這種平衡狀態，解凍是必須的。這個步驟可以透過三種方式來完成：

1.增強引離行為現狀的驅力（driving forces）。
2.減少維持現有平衡狀態的限制力（restraining forces）。
3.綜合使用上述兩種方法。

一旦解凍完成，便可以執行變革。不過變革發生後並不一定會維持，因此新的狀態必須加以凍結以期長久維持。除非這個步驟完成，否則變革很可能是相當短暫的，而員工將會重回到先前的平衡狀態。因此再凍結的目的是透過驅力與限制力的平衡，將新的狀態穩定下來。

請注意Lewin是如何將變革視爲組織平衡狀態的一種中斷。現狀受到干擾，而需要變革以建立新的平衡狀態。這種觀點或許比較適用於1950年代至1970年代初期的大多數組織所面對的平靜環境。因此我們或許可以說，這種「靜水說」已經不再能夠描述現在的經理人所須面對的環境了。

激流說

「激流說」（The "White-Water Rapids" Simile）與我們在第13章所討論的不確定的以及變動的環境是相似的。此外，這種說法也與工業社會轉爲資訊與概念形態的世界之變動性說法相似。

爲了感受一下在穿越激流時處理變革的狀態到底是怎樣的感覺，讓我們看看你是否想進入課程安排如下所述的學校。你所選的課程上課的時間長度並不確定，可能是兩週或三十週，而你在選課的時候根本不知道這些課程到底有多長。而更糟的是授課教師可以在任何時候結束課程而毫無預警。再看看更糟的情況──每次上課都不知道這堂課要上多久，可能是二十分鐘，也可能是三個小時，而且這堂課上完後才知道下一堂課什麼時候要上。還有一件事，考試不預先通知，所以你必須隨時準備考試。

爲了完成學業，你必須具有相當的彈性與能力，以便迅速反應任何改變的狀況。太刻板或反應太慢的人將無法生存。

愈來愈多的經理人員能夠接受「他們的工作就像上述學生所

面對的學校」的說法。「靜水說」中的肯定性與可預測性並不存在。而現狀的中斷也不是偶發、暫時、會恢復到原來平靜的。現在很多經理人一直無法脫離這種激流。他們面臨著近乎混亂的持續性改變。這些經理人被迫參與一項從未玩過的遊戲，而且遊戲規則隨著遊戲的進行而不斷地出現。

兩種說法的比較

是否所有管理者所面對的世界都在持續且混亂地改變？答案是否定的，不過這種管理者正在迅速減少中。

女性流行服飾業與電腦軟體業中的管理者所面對的環境如同激流一般。他們總是抱著羨慕的眼光看待其他行業，像是自動生產、石油煉製、銀行、速食店、辦公室設備、出版業、電子通訊業、空中運輸業，因為這些行業中的管理者所面對的環境相當穩定而且可預測。不過這種看法在1960年代或許適用，但在1990年代可就不行了。

現在很少組織會將變革視為平靜環境中的偶發性干擾，因為這是很冒險的看法。環境變化之快速已讓任何組織或其管理者無法自滿。大多數的競爭優勢都無法超過18個月。People Express曾是在商業期刊中被描述為「具有新氣象」的典範公司，卻在很短的時間內宣告破產。如同Tom Peters所說的，「東西沒壞就別修理它」的古老諺語已經不適用了，取而代之的應該是「東西沒壞是因為你沒仔細看清楚，不管怎樣都要修理它」。[3]

對變革的抗拒

對個人及組織行為所作的研究中，最被廣為引用的發現是組織與其員工對變革的抗拒。就某方面而言這是有正面意義的，因為這使得行為更具穩定性與可預測性。如果沒有某些抗拒，組織行為將形同亂數一般。抗拒也可能成為良性衝突的一種來源。例如對重組計畫與生產線改變的抗拒可以刺激有意義的辯論，並促成較佳的決定。但是對變革的抗拒也可能會阻礙適應與進步。

抗拒不一定會以標準的方式顯現出來。抗拒可以是外顯的、內隱的、立即的或延遲的。對管理者而言，外顯與立即的抗拒最容易處理。舉例而言，當一項變革被提出的時候，員工可能便迅速地以口頭抱怨、動作遲緩、威脅罷工等方式反應。比較大的挑戰在於處理內隱且延遲的抗拒。內隱的抗拒是很微妙的——對組織失去忠誠、對工作不再有激勵作用、錯誤增加、「病假」增加——因此較不易辨認。同樣的，延遲的抗拒則會模糊了抗拒對象與抗拒行動間的關聯。一項變革在最初可能只出現極微弱的反彈，但卻在數週、數月、甚至數年之後才呈現較大反彈。或者是一項變革，本身並不具有太大的影響，但卻引發其他更大的反應。因此反彈的爆發可能與變革行動不成比例，只是這種抗拒被延遲並儲存起來，而最後浮上檯面的是對過去變革的反應之累積。

我們可以先行檢視抗拒的主要來源，為便於分析，我們將抗拒來源先行歸類為組織與個人兩種來源，但在真實世界中，這兩大類型往往相互重疊。

個體的抗拒

抗拒變革的個人因素基本上是源於知覺、性格及需求等人類特質。以下將介紹五種個體抗拒變革的原因。

習慣

　　每當你出外用餐時是否會嘗試不同的餐廳呢？或許不會。如果你和大多數的人一樣，你會發現一些自己喜歡的餐廳，並以某種規律的方式反覆地到這些餐廳用餐。

　　人類是一種習慣的動物。生活本身就很複雜，我們沒有必要對每天所須做成的所有決定都詳加考慮。為因應這種複雜性，我們都會倚賴習慣或一些預先設定的反應。但在面臨變革時，這種習慣性的反應傾向便成了抗拒的原因之一。因此當你的部門由城市的這端搬到另一端時，便意味著你必須改變許多習慣：提早十分鐘起床、改走新的上班路線、找新的停車位、適應新的辦公環境、尋找新的用餐地點……等。

安全

　　有較高安全需求的人通常也比較會抗拒變革，因為這會威脅到他們的安全感。當波音公司宣佈裁員，或福特公司採用新的自動化設備時，這些公司中的許多員工都會害怕自己的工作不保。

經濟因素

　　另一個造成個體抗拒的原因是變革會使他們的收入減少。如果員工擔心無法表現出過去的水準，那麼工作內容或工作規律性的改變也會造成經濟上的憂慮，特別是在薪資與生產力有密切關係的時候。

對未知事物的恐懼

　　改變會造成混淆與不確定性。不論你多麼不喜歡上學，至少你知道別人對你的期望是什麼。但當你離開學校並進入全職的工作世界時，不論你多麼希望離開學校，你都必須由已知的世界進入未知的世界。

組織中的員工也一樣不喜歡不確定性。舉例而言，TQM的引進勢必使員工必須學習統計式流程控制技術，總有些人會擔心自己做不來，這些員工可能會對TQM保持負面感受，或者在學習這些統計技巧時採取不合作的態度。

選擇性地處理資訊

如同第2章所提過的，個體會以本身的知覺去塑造他們的內心世界。一旦這個世界建立了，便會抗拒改變。因此個體會作選擇性的訊息處理，以使認知保持不變。他們會聽到所想要聽到的，而忽略任何挑戰其既有世界的訊息。面臨TQM的生產線員工可能會忽略上司對統計方法之重要性的解釋，也可能對這項變革的好處充耳不聞。

組織的抗拒

組織的本質是保守的，因此會積極抗拒變革。[4]要發現這些現象不需捨近求遠。政府部門希望繼續做多年來一直在做的事，而不管是否有改變的需要。組織化的宗教極維護其歷史，想要改變教義必須堅持與耐心。教育機構存在的目的在於啓發民智與挑戰各項既有的學說理論，但本身卻極度抗拒變革，大部分的學校現在基本上仍使用五十年前的教學方法，而大部分的企業也是極度抗拒變革。

已發現的組織抗拒因素至少有下述六種：[5]

結構慣性

組織內既有的機制會產生穩定性。例如甄選程序有系統地引進某種類型的人，並排斥某種類型的人。訓練以及其他社會化方式會增強特定的角色要求與技巧。正式化制度提供工作說明書、規章及處理程序讓員工有所遵從。

被選進組織的人必須能與組織契合；隨後會被塑造、指導而表現出某種行為方式。當組織面臨變革時，這種結構慣性在維持穩定性上具有平衡變革的作用。

變革範圍之限制

組織是由數個相互依賴的次系統所構成。你不可能改變某個單位而不影響到其他單位。舉例而言，如果改變技術流程而不調整組織結構來配合，技術上的改變不容易被接受。因此，次系統中的有限改變會受到較大系統的妨礙。

團體慣性

即使個體希望改變本身的行為，團體的規範也會造成限制。一個工會成員或許願意接受管理者所建議的工作改變。但如果工會的規範隱含著拒絕管理部門任何單方面的改變，則這名員工也可能會拒絕改變。

對專業人員之威脅

組織的變革可能會影響到專業團體中的專家。個人電腦的使用使管理者可以由公司的主機中直接存取資訊，這是1980年代初期許多公司中的資訊系統部門所抗拒的變革。為什麼？因為這種分權式的電腦設備使得身處集權式資訊系統部門人員的專業技術受到威脅。

對既有權力關係的威脅

任何決策權力的重新分配都會威脅到組織中既有的權力關係。參與式決策或自主性工作團隊的採行通常都會被視為對督導人員或中級經理人權力的一種威脅。

對既有資源分配的威脅

　　組織中握有大量資源的團體通常會視變革為一種威脅。他們傾向於維持現狀，會考慮到這種變革是否會導致縮減預算或是裁撤人員。在現有資源分配中獲得利益的人，通常因為變革可能會影響未來的資源分配而感受到威脅。

克服對變革的抗拒

　　變革推動者可以使用六種方法來處理抗拒的問題：[6]

教育與溝通

　　與員工溝通以協助他們瞭解變革的理由可以減少抗拒。這種方法基本上假定抗拒的原因來自資訊錯誤或溝通不良：如果員工接受全盤事實並澄清誤解，抗拒便會減低。實施的方式包括一對一討論、備忘錄、對團體說明，或是傳閱報告。這種方法有效嗎？如果抗拒的原因真的是溝通不良，而且管理者與員工之間相互信賴，則這種方法就相當有效。如果這些條件不存在，那麼改革就不容易成功。此外，這種方法所耗費的時間與努力必須與其效果相當，特別是當改革所影響的人員相當多的時候。

參與

　　如果員工參與了改革的決定，他們就很難抗拒改革。在決定改革之前可以將哪些反對者納入決策作業中。如果參與決策的人具有專家的身分，可以提供有意義的貢獻，他們的參與可以減低抗拒，取得其認同，並提升決策的品質。不過這種方法也有缺點：決策可能曠日廢時，而且無法獲致較佳的結論。

協助與支持

　　變革推動者可以提供某種協助以減低抗拒。當員工感到高度恐懼與焦慮時，員工諮詢與治療、新技術的訓練，或是短時間的給薪休假，都有助於員工的調適。與其他方法相較，這種方式的缺點是較耗時間而且較為昂貴，而效果也不一定能得到保證。

協商

另一種可以使用的方法是以某些有價值的條件作為交換以減低抗拒。舉例而言，如果抗拒的情形集中在少數有力人士身上，便可以符合其需求的條件作為酬償。在面對強大力量時，妥協是必要的，但也必須付出相當的代價。此外，變革推動者若與某些人妥協以避免抗拒，很可能會受到其他有力人士的黑函攻擊。

操弄與任命

操弄意指暗中影響。扭曲事實讓其更具吸引力、封鎖不利的消息，或是散佈謠言，這些都是使員工接受變革的操弄手腕。如果某個生產廠的員工不接受全面減薪，公司的管理部門可以威脅關閉該廠；如果這種威脅不是真的，那麼公司就是在使用操弄方法。所謂的任命是操弄與參與的綜合體。這個方法是收買抗拒團體中的領導者，讓他在改革決策中擔任重要的角色。這不是要他們提供所謂的寶貴意見，而是讓他們為決策「背書」。操弄與任命，在獲得反對勢力的支持上是相當便宜而簡單的。但如果被操弄的人發現自己被愚弄、欺騙或利用，則變革推動者將會玩火自焚、信用破產。

強制

最後一種方法是對抗拒者給予直接威脅或施壓。如果上述案例中的公司真的決定在員工出現抗拒情形時關閉工廠，那麼就是使用強制的方法。其他強制的方法還包括威脅調職、取消升遷、給予不利的績效評估，或是不利的流動率推薦函。強制法的優缺點與前述的操弄法及任命法大致相同。

以組織發展的方式管理變革

組織發展是指有系統、有計畫的變革。這個概念並不容易定義。基本上組織發展（organizational development, OD）這個詞包含許多變革技術或介入，從組織層次的結構與系統之改變到團體或個人層次的心理諮商，都是因應外在環境的改變以增進組織效能及員工幸福所採取的措施。

組織發展是建立在人性、民主的價值基礎上。此外，組織發展與傳統的變革取向最大的不同在於：（1）強調工作團體是學習更有效之組織行為的關鍵單位；（2）強調參與性及合作性的管理；（3）強調組織文化的改變；（4）以行為科學家擔任變革推動者；（5）視改革為持續性的過程。[7]

組織進行變革時可以採用哪些組織發展的技術與介入方法？這一節我們將探討一些較普遍的介入技術。這些技術基本上可分為三類：結構、任務——技術，以及以人為對象的介入。

結構上的介入技術

結構性的組織發展技術強調的是使組織更具生命力以及平等。這些包括結構重組、採用新的酬償制度，以及組織文化的改變。

結構重組

正式的組織結構並非牢不可破的。十年前適用的結構，在十年後可能會降低競爭力。因此結構重組可能是必要的。近來的趨勢顯示，組織結構正朝扁平化、分權化，以及有機化發展，而這些趨勢與組織發展的價值觀是一致的。

組織發展變革推動者偏好扁平式結構的原因至少有三個：第一，具經濟效益。把控制幅度擴大並減少垂直層級數，可以減少管理人員而降低管理成本；第二，減少垂直層級數可以促進溝通；第三，較大的控制幅度可以使員工有較大的自主性，因為管理人員無法密切地監督部屬。

分權化的決策方式也普遍受到變革推動者的歡迎。向下授權可以使權力較為均衡。這可以讓所有人都對決策的有關訊息有進一步的瞭解，同時讓基層員工覺得對自己的工作有較高的掌控權。

促進分權化決策方式的一個好方法是利用電腦。精密的資訊系統改變了資訊的取得方式。近來有許多電腦的設計，使得基層管理人員與作業員可以直接得到作業上所需的資訊。組織發展之結構性介入技術的趨勢是讓組織朝向有機化。如第13章所提過的，變革推動者試圖減低組織的官僚習氣，以期迅速地對環境改變作出反應。即使有時候官僚結構在維持競爭效能上是必須的，變革推動者通常希望增加一些有機式的次級單位以提升彈性。以IBM為例，這家公司是在距紐約總部千哩之遙的佛羅里達的一個有機式單位中發展出個人電腦的。這個小單位在發展出個人電腦之後，便把其他責任交給較大且較有效率的生產與行銷部門去處理。

重大的結構重組具有分裂性，對影響所及的人也具有威脅性。因此變革推動者會期望員工積極地參與重組的過程。

新的酬償制度

變革推動者深信制約理論，認為行為是制約的結果。其重點在於組織的酬償制度。

　　一般而言，戰後的組織在酬償與員工績效的連結上表現得相當差。愈來愈多生產人員的薪資分發是依據工時而非生產力。而一般職員與管理者所收到的月薪，和生產力幾乎沒有直接的關係。

　　近來組織逐漸採取「績效給薪」（pay-for-performance）計畫，而變革推動者也正努力協助這類計畫的發展與執行。雖然以個人為基礎的分紅計畫是最普遍的，但是變革推動者一般偏好強調團體與組織績效為基礎的計畫。舉例而言，員工酬勞中可以有相當的比例是根據團體的生產力，或是組織整體的年度盈餘分紅來計算。組織發展變革推動者喜歡這類計畫的原因是這比以個人為基礎的計畫更有助於團隊合作。

改變組織文化

　　前面的章節曾討論過改變組織文化所具有的挑戰性。這種改變雖然不是不可能，但的確是個漫長的過程。

　　不論是否困難，許多大型企業已經開始這項工作，像是AT&T、全錄、史谷托紙業、福特等。有趣的是和組織發展的價值觀一樣，這些公司的變革幾乎都是朝向減低管理控制、提升對冒險與衝突的容忍度，以及開放溝通管道。很多歷史悠久的大型企業已然發現，在面對變動的環境時，其組織文化可能過時而且會阻礙有效反應，因此，改革重點在於使組織文化更有彈性、更具反應力、更重視客戶需求、更重視服務與品質。

　　就這些改變自身文化的組織而言，他們在做些什麼呢？他們做的是重組，調整重要職位上的人員，改變酬償制度，創造新的傳奇、象徵及儀式，修正甄選與社會化歷程以聘得並支持具有新價值觀的人員。

以任務 —— 科技爲主的介入技術

任務—技術的介入所強調的是改變員工的工作內容、所運用的技術步驟，以及所利用的工具。這包括工作再設計、社會技術系統，以及工作生活品質計畫。

工作再設計

在第5章我們曾討論過工作再設計。工作再設計的方式包括輪調、工作擴大化、工作豐富化，以及自主性工作團隊。

工作再設計與組織重組很類似，主要差別在於後者的重點在於組織層次，而工作再設計的重點在於工作的層次。因此，與組織重組相比，工作再設計比較普遍，而且對於高層人員和基層人員的工作都可以執行。

組織發展改革專人推動工作再設計時所根據的是工作特性模式。也就是說，他們企圖提高工作的技術變異性、工作認同感與重要性、自主性，以及回饋。

根據工作特性模式所成功進行的工作再設計有幾項共同點。他們的文化都支持員工的自主性與參與性，其正式化程度較低，使得工作再設計時能有較人的彈性，這些組織不是沒有工會就是獲得工會的支持。

社會技術系統

任何工作的完成都需要技術與社會系統。技術包括工具、科技、程序、技巧、知識以及設備。社會系統所指的則是組織內的工作者與其中的人際關係。支持以社會技術系統進行改革的人認爲，任何成功的工作設計都必須考慮工作上的社會性與技術性需求。

起源於1950年代的社會技術觀點，是最先強調在工作設計時必須同時考慮組織及員工之需求的一種論點。技術會因塑造了員工操作時所須表現的行為而對社會系統產生限制。不過如果工作設計者忽略了工作者的人格特質與態度、其互動模式、其與上司的關係……等等，即使技術系統設計得再好也難以發揮全效。

對於想以社會技術系統的觀念進行工作重設計的變革推動者而言，他們應該怎麼做？最好是以團體的概念作為出發點，而不是個體。接著再評估適用於團體目標的各項可用技術，然後挑選最能搭配的技術方式。

工作生活品質

工作生活品質（quality of worklife, QWL）一詞所指的是──歷程，組織在此歷程中為反應員工的需求，發展出一套機制，讓員工能夠充分參與和其工作生活之設計有關的決策。QWL是一種傘狀概念，在工作環境人性化的共同目標下包含著許多特殊的介入技術。

QWL的方法雖然很多，不過有位學者將這些方法作了分類：[8]

1. 適當而公平的報酬。
2. 安全衛生的環境。
3. 可以發展能力的工作。
4. 有個人成長與保障的機會。
5. 一個能夠提供個人認同、無偏見、有社區感、步步高升的社會環境。
6. 個人擁有隱私、異議及合理申訴的權利。
7. 對個人休閒及家庭需求之干擾減至最低的工作環境。
8. 具社會責任感的組織行動。

任何完備的QWL計畫都應包含工作再設計、參與式管理、彈性時間、品管圈，並且讓員工在公司裡得到公平待遇以及保護員工不受上司之專斷所造成的傷害。

以人為對象的介入技術

大部分組織發展介入技術都是透過溝通、決策，以及解決問題的方式，來改變員工的態度與行為。這類技術雖然包括了訓練計畫與管理發展，但是一般組織發展所強調的是五種以人為對象的方法：敏感度訓練、調查回饋、程序諮詢、團隊建立，以及團體間的發展（intergroup development）。

敏感度訓練

這種技術有幾個名稱——實驗室團體、敏感度訓練、會心團體或T團體（訓練團體），不過所指的都是以非結構性的團體互動來改變行為。團體成員在一個自由而開放的環境中討論自己以及其與他人之間互動過程，而專業的行為科學專家只做極少的指導。這種團體是過程取向的，也就是說團體成員的學習不是來自教導，而是來自觀察和參與。在團體過程中，專家會製造機會讓參與者表達意見、信念以及態度，但不扮演任何領導的角色。

T團體的目標在使成員更能意識到自己的行為以及別人對自己的看法，讓他們對他人的行為更敏感，並對團體的過程有更深的瞭解。這類團體所追尋的明確目標是提升同理心的能力、增進傾聽技巧、更大的開放性、對個體差異有更大的容忍度，以及改善衝突處理技巧。

如果個體無法意識到別人的觀感，那麼一個有效的T團體應能讓成員有較真實的自我知覺、較高的團體凝聚力，並減少負面的人際衝突。此外，理想上T團體應能將個體的目標與組織的目標做有效的整合。

調查回饋

調查回饋（survey feedback）法可以瞭解組織成員的態度，確認組織成員知覺上的差異，並解決這些差異。

組織中的每個人都可以參與調查回饋，不過最重要的是組織族群（organizational family）── 各單位的經理人及其所轄的部屬。這類調查問卷通常是組織或單位內的所有人員共同完成的。組織員工通常會被要求提供問題，或是接受訪談以確定哪些事項是較具相關性的。問卷中通常會詢及員工對於各種事項的態度與知覺，包括決策運作、溝通效果、單位間的協調，以及對於組織、工作、同事或上司的滿意度。

問卷所得的資料會以組織部門，及個人的層次加以整理並相互對應，藉以釐清問題所在，並澄清使員工困擾的問題。有時候管理者會求助外界的專家，以瞭解問卷資料所代表的意義，並尋求專家針對結果提出建議，或是請專家指導問卷結果的討論會議。重點在於進行問卷結果的討論時，必須是對事不對人。

最後一點，調查回饋中的團體討論應該使員工從討論中得到啟示。與會人員是否傾聽？是否出現新的觀念？決策、人際關係或工作分派是否獲得改善？團體討論是希望獲得這類問題的答案，並且在解決問題的方法上取得共識。

程序諮詢

組織不可能有完美無缺的運作。管理者通常都認為單位的績效可以再加強，卻不知道該加強哪些部分以及應該如何加強。程序諮詢的目的在讓外界的專家協助管理者查覺、瞭解及解決程序性的事件。這可能包含了工作流程、單位員工間的非正式關係，以及正式的溝通管道。

程序諮詢（process consultation, PC）與敏感度訓練相似的地方，在於認爲可以透過人際問題的解決來增進組織的效能，以及對於參與的強調，不過PC比較強調工作層面的問題。

PC中的諮詢員主要的功用，在於提供洞察力而不是直接解決組織的問題。其所扮演的是輔導員或教練的角色，提供有關程序上的建議以協助組織解決問題。

諮詢員與案主共同合作以診斷哪些程序需要改進，重點在於「共同」。因爲如此一來，在諮詢員離開之後，案主仍有能力對程序進行分析。此外，讓案主積極參與診斷和解決方法的發展，可以使他們對於程序與解決方法有更深的瞭解，並減低對所選擇之解決方案的抗拒。

重要的是程序諮詢專家並不一定是要能解決所診斷出之特定問題的專家。諮詢員的專業性在於診斷問題以及發展出協助的關係。如果所診斷出的問題超過案主與諮詢員的能力範圍，諮詢員應能告知案主其他可求助的專家資源，以及如何才能從哪些專家身上獲得最大助益。

建立團隊

組織是由一群爲共同目標而一起工作的人所組成的。由於通常必須以團體的方式進行工作，組織發展的重點之一便在於建立團體（team building）。

團隊建立的概念可運用在團體內以及團體間。此時我們的重點在於團體內的問題，稍後再探討團體間的問題。因此我們先談組織族群（命命團體）、委員會、專案小組以及任務團體。

團體內的發展與組織編制（命令團體）、委員會、跨領域團隊、任務團體有關。構成團隊建立的活動通常包括目標設定、團隊成員間的人際關係發展、爲釐清成員角色與責任而進行的角色分析、團隊流程分析。當然，在團隊建立的過程中，可以視團隊發展之目的與團隊所遭遇的特殊問題來強調或略過某些活動，但基本上，建立團隊通常需要高度的團隊成員互動，以增進信賴與開放。

成員自行定義團體的目標與優先順序，可能是個不錯的起點，在過程中能讓成員對團體目標的不同認知都浮上檯面。接下來，可以讓成員評估團體的績效，優先順序的安排與目標達成能否生效？這個步驟有助於辨識潛在的問題所在，這種對手段與結果的自我檢討可以安排於全體成員在場時進行，但如果人數過多將影響觀點交換之順暢與否的話，也可以分組進行，然後再安排一個與全體分享的時段。

團隊建立也可以著重在團體成員角色的釐清之上，過去的角色曖昧不清也應該浮上檯面來討論，這對某些人來說，可能是難得的檢討自己工作意義的機會，也能讓他們想想，若要使組織效率最佳化，自己可以擔任哪些特別的任務。

另一項團隊建立活動，可能與流程顧問所做的非常類似：團隊關鍵流程的分析，以辨識工作的完成方式，並尋找流程的改進方向，來提高團隊效率。

並非所有的團體活動在功能上都有互賴關係。比較一下美式足球隊和田徑隊就知道了。前者需要團隊合作才能成功。不論四分衛有多厲害，也要有人接球或跑陣才能有效地進攻。而防守時也需要十一個人的協調合作才能成功。而田徑隊除了接力賽外，隊伍的表現不過是個人成績的累加。

團隊的建立也像足球隊一樣需要互相倚賴，其目的是促進成員間的協調以提升團體績效。

建立團隊所需要的包括設定目標、發展成員間的人際關係、分析角色以澄清每個成員的角色與責任，以及團隊程序的分析。這些活動當然可以有所取捨，端視團隊發展的目標以及所遭遇到的問題而定。不過基本上，團隊的建立都必須利用成員間的高度互動以提高信賴與開放的程度。

建立團隊最好能先讓成員訂定團體的目標及其優先順序。這可以讓成員對團體目標所持有之知覺的差異性顯現出來。之後，成員可以評量團隊的績效，在優先順序的建立以及目標的達成上是否有效能。這樣一來便可以找出潛在的問題所在。對於手段與結果所作的自我檢討可以全員參加。如果團體太大會影響意見的交換，可以先分為幾個小團體討論後再進行大團體的討論。建立團隊也可以澄清各個成員在團體中所扮演的角色。過去有任何不明瞭的地方都可以顯現出來。對某些成員而言，他們可以有機會了解團體的整體任務與目標為何，並清楚自己在團體中的定位、工作，以及應有的表現。

另一個建立團隊的方式和程序諮詢有點類似：分析團隊中的關鍵程序以瞭解工作進行的方式，以及如何改善這些程序以使團隊更有效能。

團體間的發展

組織發展所關心的另一個重點是團體間的負面衝突。因此改善團體間的關係也是改革的重點之一。

團體間的發展（intergroup development）希望能夠改變團體間相互的態度、刻板印象以及知覺。舉例而言，某公司的工程人員認為會計部門的人都是害羞而保守的，而人事部門則是「一群圍著圈圈，計畫公司郊遊活動的笑面人」。這種刻板印象對於部門間的協調具有負面的影響。

雖然有許多方法可以改善團體間的關係，常見的一種方法是強調解決問題。這個方法是各個團體中的成員先獨自列出自己對自己團體的看法、自己對別的團體的看法，以及自己認為別的團體對他們的看法。之後所有團體一起分享上述所列的看法，然後找出相似點和相異點。這樣一來便可以很清楚地看出差異，並找出造成差異的原因。

團體間的目標是否存在著衝突？知覺是否扭曲了？刻板印象的形成基礎為何？是否有些差異是因為對彼此的意圖產生誤解？是否團體間對同樣的文字與概念有不同的定義？如果能夠回答這些問題便可以瞭解衝突的性質。一旦找出原因所在，各團體便能共同合作找出解決方法，以改善團體間的關係。

這時候各衝突團體可以派出代表組成一個次團體，共同診斷問題並發展促進團際關係的可行方法。

組織改革的當代議題

對多數員工而言，改革會帶來壓力。這使許多經理人要問：「我該怎麼做才能減輕屬下的工作壓力？」管理人也盛傳另一句話：「要創新，不然就死定了。」經理人該怎麼做才能使組織具備創新的能力？組織若想在今日動態的環境中存活，就得不斷地改革。經理人要怎麼做，才能打造出不斷改革並保持學習能力的組織？以下我們將分別討論這三個問題。

工作壓力

壓力是一種個人面臨機會、束縛，或個人渴求某事卻不一定能得到時，所產生的動態狀況。[9]壓力本身不見得是壞事，雖然壓力常被人以負面的方式討論，但壓力其實也具備正面價值與潛在的好處。例如，壓力通常能夠幫助運動員與舞台表演者在緊迫情境中登峰造極。但是，壓力卻更常伴隨束縛與渴求而來，束縛讓人無法去做想做的事，而渴求卻同時意味著所要之事可能落空的失落。無論是在學校的考試或在工作上的年度考核，都會因為附帶而來的機會、束縛與渴求而造成壓力，例如，升遷、責任、加薪可能都是考績優異所帶來的好處，但考績不佳卻會讓人無法平步青雲，甚而慘遭革職。

壓力的症狀

有沒有徵兆能指出員工的壓力水平已經過高？壓力有幾種展現的方式，承受高度壓力的員工，在身體、心理與行為層次上，也許會出現高血壓、潰瘍、易怒、無法作任何決定、失去胃口、容易發生意外等現象。

早期對壓力的關切通常僅止於生理症狀，這可能是因為最早探索這個領域的多為醫學與健康專家的關係。這些研究的主要結論是，壓力會造成新陳代謝的變化、提高心跳與呼吸速率、增高血壓、引起頭痛、促使心臟病發作。由於症狀本身的複雜度與測定的不易，而使壓力與特定生理症狀間的關係仍不明確，但壓力所導致的生理症狀，其實對經理人的重要性並不像心理症狀那麼明顯。

壓力所導致的心理症狀，包括對特定事物的不滿。工作壓力所導致的對工作感到不滿，其實是最簡單、最明顯的一種壓力所導致的心理效應。但壓力也會以其他形式展現，包括緊張、焦慮、易怒、倦怠、凡事拖延。表現在行為上的壓力症狀則包括生產力、曠職率、流動率的變化，以及改變飲食習慣、增加菸酒的使用量、說話快、煩燥、失眠等等。

減輕壓力

不是所有的壓力皆為惡性壓力，而且以現實的角度來看，人生無法免於壓力，無論在工作或其他層面皆然，以下對壓力減輕技巧的討論主要針對的對象是——惡性壓力。

組織想要減少壓力，應該從員工甄聘這一關做起。管理階層必須確認員工能力與工作要求相襯，因為從事超過自身能力工作的員工，會承受非常高度的壓力。在甄聘過程中先行客觀的介紹工作，可以降低模糊不清的成分而減輕壓力。組織內部溝通的改善也有助於將模糊不清所引發的壓力減至最低，同樣地，目標設定方案也能夠釐清工作權責、提供明確的工作目的。工作再設計也是一種減輕壓力的方法，如果壓力明顯地直接由倦怠或工作超載所引起，就應該重新設計工作以增加挑戰與降低工作負荷，工作再設計本身也是一個提高員工參與決策、獲取社會支持以減低壓力的機會。

但源自於員工私生活的壓力往往有兩大困難：一、經理人往往無法直接控制；二、有道德倫理上的考量，例如，經理人是否有權侵入員工的私生活，如果經理人認為自己的做法合情合理，並且員工也樂於接受的話，大致上有幾個方向可納入考量，例如提供員工諮商以抒解壓力。員工多半希望有人能共同討論問題，組織可透過經理人、編制內的人事諮商員、提供免費或優惠的外界專業協助，來滿足員工的需求。若員工的壓力來自於私生活的缺乏組織規劃，教導員工安排生活優先順序的時間管理課程，也許是最好的選擇。由組織贊助體能運動課程也是可行之道，某些大型企業會聘用體適能專家作為員工的運動顧問、教導放鬆技巧、傳授能減壓抗壓的身體運動。

激發創意

向來以創意見長的3M公司，制定了一套標準，幫助經理人為組織貢獻新意。[10]據傳3M營業額的30%來自上市未滿四年的產品，光是最近的一年，3M就推出了200項新產品。

3M的成功秘訣為何？其他組織該怎麼做才能效尤？當然沒有保證成功的公式，但對創新組織的研究的確發現某些特徵一再出現，以下我們將這些特徵分類為結構性、文化性、人力資源這三大類加以介紹，對於有心跟進的組織來說，將這些特徵引進組織不失為一種可行的作法。

結構性的變項

結構性變項是潛在的創意來源中被研究得最透徹的一環，關於結構與創意間的研究發現，[11]指出了以下結論：一、由於有機式結構之垂直分化、形式化、集權化的程度較低，因此能促進有益於組織接納創新的彈性、調適性與跨功能性，對創意具有正面影響；二、較長的管理階層任期與創意也有關聯，管理階層的任期意味著完成任務與獲取希望成果的合法性與相關知識；三、豐沛的資源往往是孕育創意的所在，資源充足使組織有餘力能購買創意、承受開發創意所需的成本，並自行吸收失敗所致的損失；四、以創意見長的組織中，通常單位間的溝通非常良好，委員會、任務編組、跨領域團隊等能促進跨越部門溝通的編制，在這類組織中十分常見。

文化性的變項

以創意見長的組織往往有十分類似的組織文化，例如，鼓勵實驗性質的嘗試、同時獎勵成功與失敗，甚至包括為錯誤歡呼。可惜的是，太多組織對員工減少錯誤的鼓勵遠勝於對成功的獎賞，既然只有在嘗試推薦新事物的行為不會遭受處罰時，人們才能勇於嘗試，這類文化當然就排除了冒險與創新的可能性。

人力資源的變項

以創意見長的組織會主動訓練、培養其成員，使成員不會與時代脫節。他們的作法包括了保障工作穩定，使員工免於因犯錯而遭革職的恐懼，同時他們還鼓勵員工擁護改革、主動熱情地推廣新觀念、爭取支持、克服抗力，以確保創意能得到落實的環境。

結語

如果我們把3M公司定位為打造先驅產品的創新企業，我們可以預期3M應該會具備剛剛所提到特質的大多數，實際上也是如此。3M非常的分權化，擁有小型有機式組織的大多特徵，內部的研發科學家與經理人時時面臨跟上時代的挑戰，組織並明文規定研發科學家與工程師可以花費15％的工作時間作自己選擇的專案，這種作法造就了大量的新觀念擁護者。3M同時也鼓勵員工承擔風險，無論成敗都有獎勵。即使在1990年代中期，3M不得不進行數十年來首次的裁員之時，它仍是業界的穩定楷模，公司主管的平均任期為31年，整體的每年流動率小於3％。

打造學習型的組織

學習型的組織是一個已發展出不斷調適與改革能力的組織，我們每個人都需要學習，組織也是如此。「所有的組織都必須學習，不管是否出自有意識的選擇，這是存續的基本要求。」[12]然而，還是有某些組織在這方面出類拔萃，例如聯邦快遞、福特、奇異電子、摩托羅拉、Wal-Mart等都是其中的佼佼者。

多數組織的學習型態屬於「單向循環學習」（single-loop learning），[13]一旦偵測出錯誤，修正程序全賴過去的例行程序與現在的政策。相對地，學習型的組織則運用「雙向循環學習」（double-loop learning），一旦偵測出錯誤，組織目標、政策、標準程序都可以是修正的對象。這種雙向循環學習挑戰的是，組織內部根深柢固的假設與常規，藉由這種方式提供截然不同的問題解決方案，並帶來戲劇化的改善。

表17-2摘錄學習型組織的五大基本特徵，在這類組織中，人們可以放下老舊的思考方式，學習開誠佈公，理解組織真正的運作方式，提出每個人都同意的方案或願景，並同心協力去完成。[14]

表 17-2

學習型組織的特徵

> 1. 存在著每個人都同意的共同願景。
> 2. 人們可以放下老舊的思考方式，與解決問題或執行工作的標準例行程序。
> 3. 成員會將組織流程、活動、功能、組織與環境的互動，視為相互關係系統的整體。
> 4. 人們能坦誠地相互溝通（跨越垂直與水平的藩籬），而無須恐懼批評或處罰。
> 5. 人們能昇華個人與個別部門的利益，同心協力，打造共同願景。

資料來源：《第五項修煉》P. M. Senge, *The Fifth Discipline* (New York: Doubleday, 1990)

倡議學習型組織的人視其為對傳統組織三大問題的解藥，這三大問題分別是：支離破碎、競爭、反擊。[15]首先，起源於分工專業化的支離破碎所造成的圍牆與鴻溝，將組織的不同功能劃分為獨立且時常相互敵對的個別領域；第二，對競爭的過度強調是破壞分工合作的黑手，管理團隊的成員相互較勁，以證明自己的正確、知識、說服力，各部門間也在應當合作或分享資訊時相互競爭，團隊的專案領導者則暗地裡較量誰才是最佳經理人；第三，反擊則將管理階層的注意力錯誤導向至問題解決，而非導向至創造力。問題解決者與創意者的差別在於，前者只想把問題推開，而後者則試圖賦予某事物新生命。對反擊的強調會導致對創意與改進的排擠，只能鼓勵人們四處奔走「救火」。

回想一下之前所述的組織行為概念，你大可將學習型組織視為建構在這些理論上的理想模型。當然，沒有任何組織曾經或可以達到表17-2所提及的特徵，因此，學習型組織應該被視為組織奮鬥的目標，而不該被當作是組織活動的實際情形。同樣也要注意學習型組織如何架構在TQM、組織文化、無藩籬組織、良性衝突、轉型領導等組織行為概念之上，學習型組織可以採用TQM以追求不斷的進步，其組織文化會特別重視承擔風險、開放、成長，透過破除垂直層級與部門劃分所造成的障礙以消弭藩籬、正視歧見、建設性批評等良性衝突的重要性，同時需要轉型領導以落實共同的願景。

怎樣才能打造永續學習的組織？以下是我們提供給經理人的三個建議：

1. 建立策略：管理階層要明確宣示改革、創新、不斷改進的決心。
2. 重新設計組織結構：學習的嚴重阻礙之一來自於正式組織，結構的扁平化、減少或組合部門、推廣跨領域團隊，都是可以強化組織內部互賴並消弭人與人之間藩籬的作法。
3. 重新塑造組織文化：如前所述，冒險、開放、成長是學習型組織的特徵，管理可透過言行（策略與行為）來調整組織文化，經理人必須以行動宣示冒險與承認錯誤的可取，也就是獎勵冒險與犯錯的人。管理階層也須要鼓勵良性競爭，某位專精於學習型組織的專家說過：「開啟工作開誠佈公之鑰，就是教導人們放下意見一致的必要性。我們把意見一致看得那麼重要，但到底誰會在乎呢？所有的矛盾、衝突、兩難都必須被帶出來公開面對，這樣子才能讓團體比個人更有智慧。」[16]

對經理人的啟示

對改革的需求，幾乎要用上所有的組織行為理論，想想之前提過的態度、知覺、團隊、領導、激勵、組織設計等等理論，若無改革的需要，這一切理論都毫無意義。

如果環境能保持完美的靜態，如果員工的技能永遠不會過時遭到淘汰，如果明天永遠和今天一樣，組織改革對經理人而言也毫無意義。但是，真實的世界充滿騷動不安，這使得組織與其成員為保持競爭力，必須經歷改革。

過去的經理人，可以將改革視為其平靜、可預測世界的偶發干擾，但對多數經理人來說，這樣的世界已經不再。今日，會有越來越多的經理人發現他們的世界充滿常態且混亂的改革，經理人在這樣的世界中正是改革的原動力。

跋

一本書的結束，在意義上對作者與讀者都一樣：大家都可以鬆一口氣。就在我們感到輕鬆的當兒，不妨大家一起來回顧一下本書的內容概要。

本書要說明的是，人們在工作中的行為並非隨機而無法預測的。雖然每個員工都是複雜的個體，但是對其態度與行為的解釋與預測，仍可以達到合理的準確度。我們在研究組織行為時，是以三個漸進的層次來分析：個體、團體，以及組織系統。

首先是探討個體的行為，並介紹心理學在這方面的主要貢獻。我們發現員工間的個別差異可以系統性地加以分類與標示，並可做進一步的類化。例如，我們知道傳統型的人比研究型的人，更適合從事組織管理方面的工作，因此若能將每個人的人格與工作做一最佳的搭配，將可以導致較高的工作績效與員工個人的滿足感。

其次，我們的分析工作轉至團體的層次。我們認為團體行為比個體行為的總和複雜，因為人們在團體中的行為，異於獨處時的行為，所以我們凸顯出角色、規範、領導風格、權力關係，以及其他類似的團體因素，如何影響員工的工作行為。

最後，我們在瞭解個體與團體行為後，更進一步加入組織系統的變項，以增進我們對組織行為的瞭解。主要的重點在於強調組織的結構、技術流程、工作設計、績效評估與獎酬制度、文化等因素如何影響員工的態度與行為。

雖然本書極可能因強調理論而飽受批評，但是，正如著名的心理學家Kurt Lewin所說的，「沒有什麼比好理論更實際的了

（There is nothing so practical as a good theory.）」。當然，同樣正確的是，沒有什麼比無法指引方向的好理論更不實際的了。爲了不使我們所介紹的理論無所指引，本書引用了豐富的實例與圖說，並且歸納這些理論對管理實務的啓示。這使得提供行爲洞見的個別概念在整合後，能在讀者心中構成一個複雜的系統，幫助讀者解釋、預測與控制組織中的行爲。

參考文獻

CHAPTER 1

1. See P. Addesso, *Management Would Be Easy . . . If It Weren't for the People* (New York: AMACOM, 1996).
2. J. Teresko, "Alcatel Network Systems Inc.," *Industry Week*, October 20, 1997, pp. 24–30.
3. See, for instance, M. Sashkin and K. J. Kiser, *Putting Total Quality Management to Work* (San Francisco: Berrett-Koehler, 1993); and J. R. Hackman and R. Wageman, "Total Quality Management: Empirical, Conceptual, and Practical Issues," *Administrative Science Quarterly*, June 1995, pp. 309–42.
4. See M. Hammer and J. Champy, *Reengineering the Corporation: A Manifesto for Business Revolution* (New York: HarperBusiness, 1993); and J. Champy, *Reengineering Management* (New York: HarperBusiness, 1995).
5. R. R. Thomas Jr., "From Affirmative Action to Affirming Diversity," *Harvard Business Review*, March–April 1990, pp. 107–17.
6. H. N. Fullerton, "The 2005 Labor Force: Growing, But Slowly," *Monthly Labor Review*, November 1995, p. 41.
7. See, for instance, I. Wielawski, "Diversity Makes Both Dollars and Sense," *Los Angeles Times*, May 16, 1994, p. II-3; and E. E. Kossek and S. A. Lobel (eds.), *Managing Diversity* (Cambridge, MA: Blackwell, 1996).
8. B. Dumaine, "The New Non-Manager Managers," *Fortune*, February 22, 1993, pp. 80–84.
9. See, for instance, T. A. Stewart, "Gray Flannel Suit?" *Fortune*, March 16, 1998, pp. 76–82.

CHAPTER 2

1. M. Rokeach, *The Nature of Human Values* (New York: Free Press, 1973), p. 5.
2. Ibid., p. 6.
3. J. M. Munson and B. Z. Posner, "The Factorial Validity of a Modified Rokeach Value Survey for Four Diverse Samples," *Educational and Psychological Measurement*, Winter 1980, pp. 1073–79; and

W. C. Frederick and J. Weber, "The Values of Corporate Managers and Their Critics: An Empirical Description and Normative Implications," in W. C. Frederick and L. E. Preston (eds.), *Business Ethics: Research Issues and Empirical Studies* (Greenwich, CT: JAI Press, 1990), pp. 123–44.
4. Frederick and Weber, "The Values of Corporate Managers and Their Critics."
5. Ibid., p. 132.
6. See, for example, D. J. Cherrington, S. J. Condie, and J. L. England, "Age and Work Values," *Academy of Management Journal*, September 1979, pp. 617–23; J. A. Raelin, "The '60s Kids in the Corporation: More Than Just 'Daydream Believers,'" *Academy of Management Executive*, February 1987, pp. 21–30; B. Tulgan, *Managing Generation X* (Santa Monica, CA: Merritt Publishing, 1995); and M. Hornblower, "Great X-pectations," *Time*, June 9, 1997, pp. 58–67.
7. R. E. Hattwick, Y. Kathawala, M. Monipullil, and L. Wall, "On the Alleged Decline in Business Ethics," *Journal of Behavioral Economics*, Summer 1989, pp. 129–43.
8. B. Z. Posner and W. H. Schmidt, "Values and the American Manager: An Update Updated," *California Management Review*, Spring 1992, p. 86.
9. See, for instance, D. A. Ralston, D. H. Holt, R. H. Terpstra, and Y. Kai-cheng, "The Impact of Culture and Ideology on Managerial Work Values: A Study of the United States, Russia, Japan, and China," in D. P. Moore (ed.), *Academy of Management Best Paper Proceedings* (Vancouver, BC; August 1995), pp. 187–91.
10. G. Hofstede, *Culture's Consequences: International Differences in Work Related Values* (Beverly Hills, CA: Sage, 1980); G. Hofstede, *Cultures and Organizations: Software of the Mind* (London: McGraw-Hill, 1991); and G. Hofstede, "Cultural Constraints in Management Theories," *Academy of Management Executive*, February 1993, pp. 81–94.
11. Hofstede called this dimension *masculinity* versus *femininity*, but we've changed his terms to avoid sexist language.

12. N. J. Adler, "Cross-Cultural Management Research: The Ostrich and the Trend," *Academy of Management Review*, April 1983, pp. 226–32.

13. L. Godkin, C. E. Braye, and C. L. Caunch, "U.S.-Based Cross Cultural Management Research in the Eighties," *Journal of Business and Economic Perspectives*, vol. 15 (1989), pp. 37–45; and T. K. Peng, M. F. Peterson, and Y. P. Shyi, "Quantitative Methods in Cross-National Management Research: Trends and Equivalence Issues," *Journal of Organizational Behavior*, vol. 12 (1991), pp. 87–107.

14. E. A. Locke, "The Nature and Causes of Job Satisfaction," pp. 1319–28, in *Handbook of Industrial and Organizational Psychology* (ed.), M. D. Dunnette (Chicago: Rand McNally, 1976).

15. See, for instance, A. H. Brayfield and W. H. Crockett, "Employee Attitudes and Employee Performance," *Psychological Bulletin*, September 1955, pp. 396–428; V. H. Vroom, *Work and Motivation* (New York: Wiley, 1964); and M. M. Petty, G. W. McGee, and J. W. Cavender, "A Meta-Analysis of the Relationship between Individual Job Satisfaction and Individual Performance," *Academy of Management Review*, October 1984, pp. 712–21.

16. L. Festinger, *Theory of Cognitive Dissonance* (Stanford, CA: Stanford University Press, 1957).

17. A. W. Wicker, "Attitude Versus Action: The Relationship of Verbal and Overt Behavioral Responses to Attitude Objects," *Journal of Social Issues*, Autumn 1969, pp. 41–78.

18. H. H. Kelley, "Attribution in Social Interaction," pp. 1–26 in *Attribution: Perceiving the Causes of Behavior* (ed.), E. Jones et al. (Morristown, NJ: General Learning Press, 1972).

19. See L. Ross, "The Intuitive Psychologist and His Shortcomings," in L. Berkowitz (ed.), *Advances in the Experimental Social Psychology*, vol. 10 (Orlando, FL: Academic Press, 1977), pp. 174–220; and A. G. Miller and T. Lawson, "The Effect of an Informational Option on the Fundamental Attribution Error," *Personality and Social Psychology Bulletin*, June 1989, pp. 194–204.

20. E. L. Thorndike, *Educational Psychology: The Psychology of Learning* (New York: Columbia University Press, 1913); and B. F. Skinner, *Beyond Freedom and Dignity* (New York: Knopf, 1971).

CHAPTER 3

1. R. B. Cattell, "Personality Pinned Down," *Psychology Today*, July 1973, pp. 40–46.

2. See A. J. Vaccaro, "Personality Clash," *Personnel Administrator*, September 1988, pp. 88–92; and R. R. McCrae and P. T. Costa Jr., "Reinterpreting the Myers-Briggs Type Indicator from the Perspective of the Five-Factor Model of Personality," *Journal of Personality*, March 1989, pp. 17–40.

3. G. N. Landrum, *Profiles of Genius* (New York: Prometheus, 1993).

4. J. M. Digman, "Personality Structure: Emergence of the Five-Factor Model," pp. 417–40 in *Annual Review of Psychology*, vol. 41, (eds.) M. R. Rosenzweig and L. W. Porter (Palo Alto, CA: Annual Reviews, 1990).

5. See, for instance, M. R. Barrick and M. K. Mount, "The Big Five Personality Dimensions and Job Performance: A Meta-Analysis," *Personnel Psychology* 44 (1991), pp. 1–26; T. A. Judge, J. J. Martocchio, and C. J. Thoresen, "Five-Factor Model of Personality and Employee Absence," *Journal of Applied Psychology*, October 1997, pp. 745–55; and P. H. Raymark, M. J. Schmit, and R. M. Guion, "Identifying Potentially Useful Personality Constructs for Employee Selection," *Personnel Psychology*, Autumn 1997, pp. 723–36.

6. F. Kluckhohn and F. L. Strodtbeck, *Variations in Value Orientations* (Evanston, IL: Row Peterson, 1961).

7. M. Friedman and R. H. Rosenman, *Type A Behavior and Your Heart* (New York: Alfred A. Knopf, 1974), p. 86.

8. J. L. Holland, *Making Vocational Choices: A Theory of Vocational Personalities and Work Environments*, 2nd ed. (Englewood Cliffs, NJ: Prentice-Hall, 1985); A. R. Spokane, "A Review of Research on Person-Environment Congruence in Holland's Theory of Careers," *Journal of Vocational Behavior*, June 1985, pp. 306–43; and T. J. Tracey and J. Rounds, "Evaluating Holland's and Gati's Vocational-Interest Models: A Structural Meta-Analysis," *Psychological Bulletin*, March 1993, pp. 229–46.

9. See, for example, L. L. Putnam and D. K. Mumby, "Organizations, Emotion and the Myth of Rationality," in S. Fineman (ed.), *Emotion in Organizations* (Thousand Oaks: Sage, 1993), pp. 36–57.

10. B. E. Ashforth and R. H. Humphrey, "Emotion in the Workplace: A Reappraisal," *Human Relations*, February 1995, pp. 97–125.

11. J. M. George, "Trait and State Affect," in K. R. Murphy (ed.), *Individual Differences and Behavior in Organizations* (San Francisco: Jossey-Bass, 1996), p. 145.

12. See N. H. Frijda, "Moods, Emotion Episodes and Emotions," in M. Lewis and J. M. Haviland

(eds.), *Handbook of Emotions* (New York: Guilford Press, 1993), pp. 381–403.

13. H. M. Weiss and R. Cropanzano, "Affective Events Theory," in B. M. Staw and L. L. Cummings (eds.), *Research in Organizational Behavior*, vol. 18 (Greenwich, CT: JAI Press, 1996), pp. 17–19.

14. N. H. Frijda, "Moods, Emotion Episodes and Emotions," p. 381.

15. See J. A. Morris and D. C. Feldman, "The Dimensions, Antecedents, and Consequences of Emotional Labor," *Academy of Management Review*, October 1996, pp. 986–1010; and C. S. Hunt, "Although I Might Be Laughing Loud and Hearty, Deep Inside I'm Blue: Individual Perceptions Regarding Feeling and Displaying Emotions at Work"; paper presented at the Academy of Management National Conference, Cincinnati, OH, August 1996.

16. A. R. Hochschild, "Emotion Work, Feeling Rules, and Social Structure," *American Journal of Sociology*, November 1979, pp. 551–75.

17. B. M. DePaulo, "Nonverbal Behavior and Self-Presentation," *Psychological Bulletin*, March 1992, pp. 203–43.

18. C. S. Hunt, "Although I Might Be Laughing Loud and Hearty," p. 3.

19. H. M. Weiss and R. Cropanzano, "Affective Events Theory," pp. 20–22.

20. R. D. Woodworth, *Experimental Psychology* (New York, Holt, 1938).

21. See J. K. Salminen, S. Saarijanvi, E. Aairela, and T. Tamminen, "Alexithymia: State or Trait? A One-Year Follow-Up Study of General Hospital Psychiatric Consultation Outpatients," *Journal of Psychosomatic Research*, July 1994, pp. 681–85.

22. K. Deaux, "Sex Differences," in M. R. Rosenzweig and L. W. Porter (eds.), *Annual Review of Psychology*, vol. 26 (Palo Alto, CA: Annual Reviews, 1985), pp. 48–82; M. LaFrance and M. Banaji, "Toward a Reconsideration of the Gender-Emotion Relationship," in M. Clark (ed.), *Review of Personality and Social Psychology*, vol. 14 (Newbury Park, CA: Sage, 1992), pp. 178–97; and A. M. Kring and A. H. Gordon, "Sex Differences in Emotion: Expression, Experience, and Physiology," *Journal of Personality and Social Psychology*, March 1998, pp. 686–703.

23. L. R. Brody and J. A. Hall, "Gender and Emotion," in M. Lewis and J. M. Haviland (eds.), *Handbook of Emotions* (New York: Guilford Press, 1993), pp. 447–60; and M. Grossman and W. Wood, "Sex Differences in Intensity of Emotional Experience: A Social Role Interpretation," *Journal of Personality and Social Psychology*, November 1993, pp. 1010–22.

24. J. A. Hall, *Nonverbal Sex Differences: Communication Accuracy and Expressive Style* (Baltimore: Johns Hopkins University Press, 1984).

25. N. James, "Emotional Labour: Skill and Work in the Social Regulations of Feelings," *Sociological Review*, February 1989, pp. 15–42; A. Hochschild, *The Second Shift* (New York: Viking, 1989); and F. M. Deutsch, "Status, Sex, and Smiling: The Effect of Role on Smiling in Men and Women," *Personality and Social Psychology Bulletin*, September 1990, pp. 531–40.

26. A. Rafaeli, "When Clerks Meet Customers: A Test of Variables Related to Emotional Expression on the Job," *Journal of Applied Psychology*, June 1989, pp. 385–93; and M. LaFrance and M. Banaji, "Toward a Reconsideration of the Gender-Emotion Relationship."

27. L. W. Hoffman, "Early Childhood Experiences and Women's Achievement Motives," *Journal of Social Issues*, vol. 28, no. 2, 1972, pp. 129–55.

28. A. Rafaeli and R. I. Sutton, "The Expression of Emotion in Organizational Life," in L. L. Cummings and B. M. Staw (eds.), *Research in Organizational Behavior*, vol. 11 (Greenwich, CT: JAI Press, 1989), p. 8.

29. A. Rafaeli, "When Cashiers Meet Customers: An Analysis of Supermarket Cashiers," *Academy of Management Journal*, June 1989, pp. 245–73.

30. Ibid.

31. Described in S. Emmons, "Emotions at Face Value," *Los Angeles Times*, January 9, 1998, p. E1.

32. R. I. Levy, *Tahitians: Mind and Experience in the Society Islands* (Chicago: University of Chicago Press, 1973).

33. This section is based on Daniel Goleman, *Emotional Intelligence* (New York: Bantam, 1995); J. Stuller, "EQ: Edging Toward Respectability," *Training*, June 1997, pp. 43–48; and R. K. Cooper, "Applying Emotional Intelligence in the Workplace," *Training and Development*, December 1997, pp. 31–38.

34. B. E. Ashforth and R. H. Humphrey, "Emotion in the Workplace," p. 109.

35. Ibid.

36. Ibid., p. 110.

37. Ibid.

38. J. M. George, "Trait and State Affect," p. 162.

39. B. E. Ashforth and R. H. Humphrey, "Emotion in the Workplace," p. 116.

40. S. Nelton, "Emotions in the Workplace," *Nation's Business*, February 1996, p. 25.

41. H. M. Weiss and R. Cropanzano, "Affective Events Theory," p. 55.

CHAPTER 4

1. A. Maslow, *Motivation and Personality* (New York: Harper & Row, 1954).

2. D. McGregor, *The Human Side of Enterprise* (New York: McGraw-Hill, 1960).

3. F. Herzberg, B. Mausner, and B. Snyderman, *The Motivation to Work* (New York: Wiley, 1959).

4. D. C. McClelland, *The Achieving Society* (New York: Van Nostrand Reinhold, 1961); J. W. Atkinson and J. O. Raynor, *Motivation and Achievement* (Washington, DC: Winston, 1974); and D. C. McClelland, *Power: The Inner Experience* (New York: Irvington, 1975).

5. E. A. Locke, "Toward a Theory of Task Motivation and Incentives," *Organizational Behavior and Human Performance*, May 1968, pp. 157–89; M. E. Tubbs, "Goal-Setting: A Meta-Analysis Examination of the Empirical Evidence," *Journal of Applied Psychology*, August 1986, pp. 474–83; and E. A. Locke and G. P. Latham, *A Theory of Goal Setting and Task Performance* (Upper Saddle River, NJ: Prentice Hall, 1990).

6. F. Luthans and R. Kreitner, *Organizational Behavior Modification and Beyond: An Operant and Social Learning Approach* (Glenview, IL: Scott, Foresman, 1984).

7. J. S. Adams, "Inequity in Social Exchanges," pp. 267–300 in *Advances in Experimental Social Psychology* (ed.), L. Berkowitz (New York: Academic Press, 1965); R. P. Vecchio, "Models of Psychological Inequity," *Organizational Behavior and Human Performance*, October 1984, pp. 266–82; and R. T. Mowday, "Equity Theory Predictions of Behavior in Organizations," pp. 111–31 in *Motivation and Work Behavior*, 5th ed. (eds.) R. Steers and L. W. Porter (New York: McGraw-Hill, 1991).

8. V. H. Vroom, *Work and Motivation* (New York: Wiley, 1964); and R. J. House, H. J. Shapiro, and M. A. Wahba, "Expectancy Theory as a Predictor of Work Behavior and Attitudes: A Re-Evaluation of Empirical Evidence," *Decision Sciences*, January 1974, pp. 481–506.

CHAPTER 5

1. P. F. Drucker, *The Practice of Management* (New York: Harper & Row, 1954).

2. See, for instance, F. Schuster and A. F. Kendall, "Management by Objectives, Where We Stand—A Survey of the Fortune 500," *Human Resource Management*, Spring 1974, pp. 8–11; and R. Rodgers and J. E. Hunter, "A Foundation of Good Management Practice in Government: Management by Objectives," *Public Administration Review*, January-February 1992, pp. 27–39.

3. "At Emery Air Freight: Positive Reinforcement Boosts Performance," *Organizational Dynamics*, Winter 1973, pp. 41–50.

4. F. Luthans and R. Kreitner, *Organizational Behavior Modification and Beyond: An Operant and Social Learning Approach* (Glenview, IL: Scott, Foresman, 1985).

5. F. Luthans and R. Kreitner, "The Management of Behavioral Contingencies," *Personnel*, July-August 1974, pp. 7–16.

6. Luthans and Kreitner, *Organizational Behavior Modification and Beyond*, Chapter 8.

7. See W. C. Hamner and E. P. Hamner, "Behavior Modification on the Bottom Line," *Organizational Dynamics*, Spring 1976, pp. 12–24; and "Productivity Gains from a Pat on the Back," *Business Week*, January 23, 1978, pp. 56–62.

8. M. P. Heller, "Money Talks, Xerox Listens," *Business Month*, September 1990, pp. 91–92.

9. S. Navarette, "Multiple Forms of Employee Recognition," *At Work*, July/August 1993, pp. 9–10.

10. Cited in S. Caudron, "The Top 20 Ways to Motivate Employees," *Industry Week*, April 3, 1995, pp. 15–16. See also B. Nelson, "Try Praise," *Inc.*, September 1996, p. 115.

11. "Look, Movie Tickets: With Budgets Tight, Alternatives to Pay Increases Emerge," *Wall Street Journal*, September 27, 1994, p. A1.

12. Cited in *Asian Business*, December 1994, p. 3.

13. J. L. Cotton, *Employee Involvement* (Newbury Park, CA: Sage, 1993), pp. 3, 14.

14. Ibid., p. 3.

15. M. Sashkin, "Participative Management Is an Ethical Imperative," *Organizational Dynamics*, Spring 1984, pp. 5–22.

16. R. Tannenbaum, I. R. Weschler, and F. Massarik, *Leadership and Organization: A Behavioral Science Approach* (New York: McGraw-Hill, 1961), pp. 88–100.

17. See E. Locke and D. Schweiger, "Participation in Decision Making: One More Look," pp. 265–339 in *Research in Organizational Behavior*, vol. 1, (ed.) B. M. Staw (Greenwich, CT: JAI Press,

1979); J. L. Cotton, D. A. Vollrath, K. L. Froggatt, M. L. Lengnick-Hall, and K. R. Jennings, "Employee Participation: Diverse Forms and Different Outcomes," *Academy of Management Review*, January 1988, pp. 8–22; and J. A. Wagner III, "Participation's Effects on Performance and Satisfaction: A Reconsideration of Research Evidence," *Academy of Management Review*, April 1994, pp. 312–20.

18. Cotton, *Employee Involvement*, p. 114.

19. Ibid., p. 140.

20. Ibid., p. 59.

21. Ibid., p. 76.

22. C. M. Rosen and M. Quarrey, "How Well Is Employee-Ownership Working?" *Harvard Business Review*, September-October 1987, pp. 126–32.

23. See Cotton, *Employee Involvement*, pp. 89–113; and W. Imberman, "Boosting Plan Performance with Gainsharing," *Business Horizons*, November-December 1992, p. 79.

24. M. Fein, "Work Measurement and Wage Incentives," *Industrial Engineering*, September 1973, pp. 49–51.

25. W. Zellner, "Trickle-Down Is Trickling Down at Work," *Business Week*, March 18, 1996, p. 34.

26. Ibid.

27. "Bonus Pay in Canada," *Manpower Argus*, September 1996, p. 5.

28. D. Beck, "Implementing a Gainsharing Plan: What Companies Need to Know," *Compensation & Benefits Review*, January-February 1992, p. 23.

29. E. E. Lawler III, G. E. Ledford Jr., and L. Chang, "Who Uses Skill-Based Pay, and Why," *Compensation & Benefits Review*, March-April 1993, p. 22.

30. Ibid.

31. Cited in E. E. Lawler III, S. A. Mohrman, and G.E. Ledford, Jr., *Creating High Performance Organizations: Practices and Results in the Fortune 1000* (San Francisco: Jossey-Bass, 1995).

32. "Skill-Based Pay Boosts Worker Productivity and Morale," *Wall Street Journal*, June 23, 1992, p. A1.

33. M. Rowland, "It's What You Can Do That Counts," *New York Times*, June 6, 1993, p. F17.

CHAPTER 6

1. For a review of the rational model, see E. F. Harrison, *The Managerial Decision-Making Process*, 4th ed. (Boston: Houghton Mifflin, 1995), pp. 75–113.

2. C. G. Morris, *Psychology: An Introduction*, 9th ed. (Upper Saddle River, NJ: Prentice Hall, 1996), p. 344.

3. M. A. Colgrove, "Stimulating Creative Problem Solving: Innovative Set," *Psychological Reports*, 22 (1968), pp. 1205–11.

4. See M. Stein, *Stimulating Creativity*, vol. 1 (New York: Academic Press, 1974).

5. E. deBono, *Lateral Thinking: Creativity Step by Step* (New York: Harper & Row, 1971).

6. M. Bazerman, *Judgment in Managerial Decision Making*, 3rd ed. (New York: Wiley, 1994), p. 5.

7. See H. A. Simon, *Administrative Behavior*, 3rd ed. (New York: Free Press, 1976); and J. Forester, "Bounded Rationality and the Politics of Muddling Through," *Public Administration Review*, January-February 1984, pp. 23–31.

8. See K. R. Hammond, R. M. Hamm, J. Grassia, and T. Pearson, "Direct Comparison of the Efficacy of Intuitive and Analytical Cognition in Expert Judgment," *IEEE Transactions on Systems, Man and Cybernetics*, SMC-17, 1987, pp. 753–70; W. H. Agor (ed.), *Intuition in Organizations* (Newbury Park, CA: Sage, 1989); and O. Behling and N. L. Eckel, "Making Sense Out of Intuition," *Academy of Management Executive*, February 1991, pp. 46–47.

9. As described in H. A. Simon, "Making Management Decisions: The Role of Intuition and Emotion," *Academy of Management Executive*, February 1987, pp. 59–60.

10. See, for example, M. D. Cohen, J. G. March, and J. P. Olsen, "A Garbage Can Model of Organizational Choice," *Administrative Science Quarterly*, March 1972, pp. 1–25.

11. See J. G. Thompson, *Organizations in Action* (New York: McGraw-Hill, 1967), p. 123.

12. C. E. Lindholm, "The Science of 'Muddling Through,'" *Public Administration Review*, Spring 1959, pp. 79–88.

13. A. Tversky and D. Kahneman, "Judgment under Uncertainty: Heuristics and Biases," *Science*, September 1974, pp. 1124–31.

14. See B. M. Staw, "The Escalation of Commitment to a Course of Action," *Academy of Management Review*, October 1981, pp. 577–87; and D. R. Bobocel and J. P. Meyer, "Escalating Commitment to a Failing Course of Action: Separating the Roles of Choice and Justification," *Journal of Applied Psychology*, June 1994, pp. 360–63.

15. A. J. Rowe, J. D. Boulgarides, and M. R. McGrath, *Managerial Decision Making, Modules in Management Series* (Chicago: SRA, 1984), pp. 18–22.

16. L. Kohlberg, *Essays in Moral Development: The Philosophy of Moral Development*, vol. 1 (New York:

Harper & Row, 1981); and L. Kohlberg, *Essays in Moral Development: The Psychology of Moral Development*, vol. 2 (New York: Harper & Row, 1984).

17. See, for example, J. Weber, "Managers' Moral Reasoning: Assessing Their Responses to Three Moral Dilemmas," *Human Relations*, July 1990, pp. 687–702; and S. B. Knouse and R. A. Giacalone, "Ethical Decision-Making in Business: Behavioral Issues and Concerns," *Journal of Business Ethics*, May 1992, pp. 369–77.

18. S. N. Chakravarty and A. Feldman, "The Road Not Taken," *Forbes*, August 30, 1993, pp. 40–41.

19. A. Wildavsky, *The Politics of the Budgetary Process* (Boston: Little, Brown & Co., 1964).

20. N. J. Adler, *International Dimensions of Organizational Behavior*, 3rd ed. (Cincinnati, OH: Southwestern, 1997), pp. 166–73.

21. G.F. Cavanagh, D.J. Moberg, and M. Valasquez, "The Ethics of Organizational Politics," *Academy of Management Journal*, June 1981, pp. 363–74.

CHAPTER 7

1. See, for example, R. K. Merton, *Social Theory and Social Structure* (New York: Free Press, 1968); and S. E. Jackson and R. S. Schuler, "A Meta-Analysis and Conceptual Critique of Research on Role Ambiguity and Role Conflict in Work Settings," *Organizational Behavior and Human Decision Processes*, August 1985, pp. 16–78.

2. D. C. Feldman, "The Development and Enforcement of Group Norms," *Academy of Management Review*, January 1984, pp. 47–53; and J. R. Hackman, "Group Influences on Individuals in Organizations," pp. 235–50 in *Handbook of Industrial and Organizational Psychology*, vol. 3, 2nd ed., (eds.) M. D. Dunnette and L. M. Hough (Palo Alto, CA: Consulting Psychologists Press, 1992).

3. E. Mayo, *The Human Problems of an Industrial Civilization* (New York: Macmillan, 1933); and F. J. Roethlisberger and W. J. Dickson, *Management and the Worker* (Cambridge, MA: Harvard University Press, 1939).

4. S. E. Asch, "Effects of Group Pressure upon the Modification and Distortion of Judgments," pp. 177–90 in *Groups, Leadership and Men*, (ed.) H. Guetzkow (Pittsburgh, PA: Carnegie Press, 1951).

5. I. Summers, T. Coffelt, and R. E. Horton, "Work-Group Cohesion," *Psychological Reports*, October 1988, pp. 627–36; and B. Mullen and C. Copper, "The Relation Between Group Cohesiveness and Performance: An Integration," *Psychological Bulletin*, March 1994, pp. 210–27.

6. Based on J. L. Gibson, J. M. Ivancevich, and J. H. Donnelly Jr., *Organizations*, 8th ed. (Burr Ridge, IL: Irwin, 1994), p. 323.

7. E. J. Thomas and C. F. Fink, "Effects of Group Size," *Psychological Bulletin*, July 1963, pp. 371–84; A. P. Hare, *Handbook of Small Group Research* (New York: Free Press, 1976); and M. E. Shaw, *Group Dynamics: The Psychology of Small Group Behavior*, 3rd ed. (New York: McGraw-Hill, 1981).

8. W. Moede, "Die Richtlinien der Leistungs-Psychologie," *Industrielle Psychotechnik* 4 (1927), pp. 193–207. See also D. A. Kravitz and B. Martin, "Ringelmann Rediscovered: The Original Article," *Journal of Personality and Social Psychology*, May 1986, pp. 936–41.

9. See, for example, J. A. Shepperd, "Productivity Loss in Performance Groups: A Motivation Analysis," *Psychological Bulletin*, January 1993, pp. 67–81; and S. J. Karau and K. D. Williams, "Social Loafing: A Meta-Analysis Review and Theoretical Integration," *Journal of Personality and Social Psychology*, October 1993, pp. 681–706.

10. See, for example, P. S. Goodman, E. C. Ravlin, and L. Argote, "Current Thinking about Groups: Setting the Stage for New Ideas," pp. 15–16 in *Designing Effective Work Groups*, (ed.) P. S. Goodman and associates (San Francisco: Jossey-Bass, 1986); and R. A. Guzzo and G. P. Shea, "Group Performance and Intergroup Relations in Organizations," pp. 288–90 in Dunnette and Hough (eds.), *Handbook of Industrial & Organizational Psychology*.

11. M. E. Shaw, *Contemporary Topics in Social Psychology* (Morristown, NJ: General Learning Press, 1976), p. 356.

12. W. E. Watson, K. Kumar, and L. K. Michaelsen, "Cultural Diversity's Impact on Interaction Process and Performance: Comparing Homogeneous and Diverse Task Groups," *Academy of Management Journal*, June 1993, pp. 590–602.

13. W. F. Whyte, "The Social Structure of the Restaurant," *American Journal of Sociology*, January 1954, pp. 302–08.

14. V. H. Vroom and A. G. Jago, *The New Leadership: Managing Participation in Organizations* (Upper Saddle River, NJ: Prentice Hall, 1988).

15. See I. L. Janis, *Groupthink* (Boston: Houghton Mifflin, 1982); S. Smith, "Groupthink and the Hostage Rescue Mission," *British Journal of Political Science* 15 (1984), pp. 117–23; and G. Moorhead,

R. Ference, and C. P. Neck, "Group Decision Fiascoes Continue: Space Shuttle Challenger and a Revised Framework," *Human Relations*, May 1991, pp. 539–50.

16. C. R. Leana, "A Partial Test of Janis' Groupthink Model: Effects of Group Cohesiveness and Leader Behavior on Defective Decision Making," *Journal of Management*, Spring 1985, pp. 5–17; G. Moorhead and J. R. Montanari, "An Empirical Investigation of the Groupthink Phenomenon," *Human Relations*, May 1986, pp. 399–410; and C. P. Neck and G. Moorhead, "Groupthink Remodeled: The Importance of Leadership, Time Pressure, and Methodical Decision-Making Procedures," *Human Relations*, May 1995, pp. 537–57.

17. See, for example, N. Kogan and M. A. Wallach, "Risk Taking as a Function of the Situation, the Person, and the Group," in *New Directions in Psychology*, vol. 3 (New York: Holt, Rinehart and Winston, 1967); and M. A. Wallach, N. Kogan, and D. J. Bem, "Group Influence on Individual Risk Taking," *Journal of Abnormal and Social Psychology* 65 (1962), pp. 75–86.

18. S. G. Harkins and K. Szymanski, "Social Loafing and Group Evaluation," *Journal of Personality and Social Psychology*, December 1989, pp. 934–41.

19. See P. C. Earley, "Social Loafing and Collectivism: A Comparison of the United States and the People's Republic of China," *Administrative Science Quarterly*, December 1989, pp. 565–81; and P. C. Earley, "East Meets West Meets Mideast: Further Explorations of Collectivistic and Individualistic Work Groups," *Academy of Management Journal*, April 1993, pp. 319–48.

M. A. Verespej, "Worker-Managers," *Industry Week*, May 16, 1994, p. 30.

4. "Teams," *Training*, October 1996, p. 69.

5. See, for instance, T. D. Wall, N. J. Kemp, P. R. Jackson, and C. W. Clegg, "Outcomes of Autonomous Workgroups: A Long-Term Field Experiment," *Academy of Management Journal*, June 1986, pp. 280–304; and J. L. Cordery, W. S. Mueller, and L. M. Smith, "Attitudinal and Behavioral Effects of Autonomous Group Working: A Longitudinal Field Study," *Academy of Management Journal*, June 1991, pp. 464–76.

6. T. B. Kinni, "Boundary-Busting Teamwork," *Industry Week*, March 21, 1994, p. 73.

7. See B. Geber, "Virtual Teams," *Training*, April 1995, pp. 36–40; and M.E. Warkentin, L. Sayeed, and R. Hightower, "Virtual Teams versus Face-to-Face Teams: An Exploratory Study of a Web-Based Conference System," *Decision Sciences*, Fall 1997, pp. 975–93.

8. M. Maget, "Who's Winning the Information Revolution?" *Fortune*, November 30, 1992, pp. 110–17.

9. This section is largely based on K. Hess, *Creating the High-Performance Team* (New York: Wiley, 1987); and Katzenbach and Smith, *The Wisdom of Teams*, pp. 43–64.

10. Based on C. Margerison and D. McCann, *Team Management: Practical New Approaches* (London: Mercury Books, 1990).

11. D. Harrington-Mackin, *The Team Building Tool Kit* (New York: AMACOM, 1994), p. 53.

12. T. D. Schellhardt, "To Be a Star Among Equals, Be a Team Player," *Wall Street Journal*, April 20, 1994, p. B1.

CHAPTER 8

1. Based on R. Maynard, "A Client-Centered Firm's Lessons in Teamwork," *Nation's Business*, March 1997, p. 32.

2. See, for example, D. Tjosvold, *Working Together to Get Things Done: Managing for Organizational Productivity* (Lexington, MA: Lexington Books, 1986); D. Tjosvold, *Team Organization: An Enduring Competitive Advantage* (Chichester, England: Wiley, 1991); J. Lipnack and J. Stamps, *The Team-Net Factor* (Essex Junction, VT: Oliver Wight, 1993); and J. R. Katzenbach and D. K. Smith, *The Wisdom of Teams* (Boston: Harvard Business School Press, 1993).

3. J. Hillkirk, "Self-Directed Work Teams Give TI Lift," *USA Today*, December 20, 1993, p. 8B; and

CHAPTER 9

1. See, for example, K. W. Thomas and W. H. Schmidt, "A Survey of Managerial Interests with Respect to Conflict," *Academy of Management Journal*, June 1976, p. 317.

2. W. G. Scott and T. R. Mitchell, *Organization Theory: A Structural and Behavioral Analysis* (Homewood, IL: Richard D. Irwin, 1976).

3. B. Smith, "FedEx's Key to Success," *Management Review*, July 1993, pp. 23–24.

4. A. Bavelas and D. Barrett, "An Experimental Approach to Organizational Communication," *Personnel*, March 1951, p. 370.

5. K. Davis, "Management Communication and the Grapevine," *Harvard Business Review*, September-October 1953, pp. 43–49.

6. H. Sutton and L. W. Porter, "A Study of the Grapevine in a Governmental Organization," *Personnel Psychology*, Summer 1968, pp. 223–30.

7. K. Davis, cited in R. Rowan, "Where Did That Rumor Come from?" *Fortune*, August 13, 1979, p. 134.

8. D. Tannen, *You Just Don't Understand: Women and Men in Conversation* (New York: Ballantine Books, 1991).

9. Cited in J.J. Kilpatrick, "Uncommon Word Usage Can Enrich and Muddle Writing," *The Seattle Times*, March 15, 1998, p. L4.

10. This section is based on N. J. Adler, *International Dimensions of Organizational Behavior*, 3rd ed. (Cincinnati, OH: Southwestern, 1997), pp. 87–88.

CHAPTER 10

1. S. A. Kirkpatrick and E. A. Locke, "Leadership: Do Traits Matter?" *Academy of Management Executive*, May 1991, pp. 48–60.

2. R. M. Stogdill and A. E. Coons, eds., *Leader Behavior: Its Description and Measurement*, Research Monograph No. 88 (Columbus: Ohio State University, Bureau of Business Research, 1951); and B. M. Fisher, "Consideration and Initiating Structure and Their Relationships with Leader Effectiveness: A Meta-Analysis," pp. 201–05 in *Proceedings of the 48th Academy of Management Conference*, (ed.) F. Hoy (Anaheim, CA: 1988).

3. R. Kahn and D. Katz, "Leadership Practices in Relation to Productivity and Morale," in *Group Dynamics: Research and Theory*, 2nd ed., (eds.) D. Cartwright and A. Zander (Elmsford, NY: Row, Peterson, 1960).

4. R. R. Blake and J. S. Mouton, *The Managerial Grid* (Houston: Gulf, 1964).

5. See, for example, L. L. Larson, J. G. Hunt, and R. N. Osborn, "The Great Hi-Hi Leader Behavior Myth: A Lesson from Occam's Razor," *Academy of Management Journal*, December 1976, pp. 628–41; and P. C. Nystrom, "Managers and the Hi-Hi Leader Myth," *Academy of Management Journal*, June 1978, pp. 325–31.

6. F. E. Fiedler, *A Theory of Leadership Effectiveness* (New York: McGraw-Hill, 1967).

7. C. A. Schriesheim, B. J. Tepper, and L. A. Tetrault, "Least Preferred Co-Worker Score, Situational Control, and Leadership Effectiveness: A Meta-Analysis of Contingency Model Performance Predictions," *Journal of Applied Psychology*, August 1994, pp. 561–73.

8. R. J. House, "A Path-Goal Theory of Leader Effectiveness," *Administrative Science Quarterly*, September 1971, pp. 321–38.

9. See J. C. Wofford and L. Z. Liska, "Path-Goal Theories of Leadership: A Meta-Analysis," *Journal of Management*, Winter 1993, pp. 857–76.

10. V. H. Vroom and P. W. Yetton, *Leadership and Decision Making* (Pittsburgh: University of Pittsburgh Press, 1973).

11. V. H. Vroom and A. G. Jago, *The New Leadership: Managing Participation in Organizations* (Englewood Cliffs, NJ: Prentice Hall, 1988).

12. The material in this section is based on J. Grant, "Women as Managers: What They Can Offer to Organizations," *Organizational Dynamics*, Winter 1988, pp. 56–63; S. Helgesen, *The Female Advantage: Women's Ways of Leadership* (New York: Doubleday, 1990); A. H. Eagly and B. T. Johnson, "Gender and Leadership Style: A Meta-Analysis," *Psychological Bulletin*, September 1990, pp. 233–56; A. H. Eagly and S. J. Karau, "Gender and the Emergence of Leaders: A Meta-Analysis," *Journal of Personality and Social Psychology*, May 1991, pp. 685–710; A. H. Eagly, M. G. Makhijani, and B. G. Klonsky, "Gender and the Evaluation of Leaders: A Meta-Analysis," *Psychological Bulletin*, January 1992, pp. 3–22; H. Collingwood, "Women as Managers: Not Just Different—Better," *Working Woman*, November 1995, p. 14; and J. B. Rosener, *America's Competitive Secret: Women Managers* (New York: Oxford University Press, 1995).

13. J. A. Conger and R. N. Kanungo, "Behavioral Dimensions of Charismatic Leadership," pp. 78–97 in *Charismatic Leadership*, J. A. Conger, R. N. Kanungo, and Associates (San Francisco: Jossey-Bass, 1988).

14. R. J. House, J. Woycke, and E. M. Fodor, "Charismatic and Noncharismatic Leaders: Differences in Behavior and Effectiveness," pp. 103–04 in Conger, Kanungo, and Associates, *Charismatic Leadership*; and D. A. Waldman, B. M. Bass, and F. J. Yammarino, "Adding to Contingent-Reward Behavior: The Augmenting Effect of Charismatic Leadership," *Group and Organization Studies*, December 1990, pp. 381–94.

15. J. M. Howell and P. J. Frost, "A Laboratory Study of Charismatic Leadership," *Organizational Behavior and Human Decision Processes*, April 1989, pp. 243–69.

16. This definition is based on M. Sashkin, "The Visionary Leader," in J. A. Conger and R. N. Ka-

nungo (eds.), *Charismatic Leadership*, pp. 124–25; B. Nanus, *Visionary Leadership* (New York: Free Press, 1992), p. 8; and N. H. Snyder and M. Graves, "Leadership and Vision," *Business Horizons*, January-February 1994, p. 1.

17. B. Nanus, *Visionary Leadership*, p. 8.

18. P. C. Nutt and R. W. Backoff, "Crafting Vision," A working paper. College of Business, Ohio State University; July 1995, p. 4.

19. Based on M. Sashkin, "The Visionary Leader," pp. 128–30.

20. S. Caminiti, "What Team Leaders Need to Know," *Fortune*, February 20, 1995, p. 93.

21. Ibid., 100.

22. N. Steckler and N. Fondas, "Building Team Leader Effectiveness: A Diagnostic Tool," *Organizational Dynamics*, Winter 1995, p. 20.

23. R. S. Wellins, W. C. Byham, and G. R. Dixon, *Inside Teams* (San Francisco: Jossey-Bass, 1994), p. 318.

24. N. Steckler and N. Fondas, "Building Team Leader Effectiveness," p. 21.

25. See, for instance, S. Kerr and J. M. Jermier, "Substitutes for Leadership: Their Meaning and Measurement," *Organizational Behavior and Human Performance*, December 1978, pp. 375–403; P. M. Podsakoff, B. P. Niehoff, S. B. MacKenzie, and M. L. Williams, "Do Substitutes for Leadership Really Substitute for Leadership? An Empirical Examination of Kerr and Jermier's Situational Leadership Model," *Organizational Behavior and Human Decision Processes*, February 1993, pp. 1–44; and P. M. Podsakoff, S. B. MacKenzie, and W. H. Bommer, "Meta-Analysis of the Relationships Between Kerr and Jermier's Substitutes for Leadership and Employee Attitudes, Role Perceptions, and Performance," *Journal of Applied Psychology*, August 1996, pp. 380–99.

26. Based on S. D. Boon and J. G. Holmes, "The Dynamics of Interpersonal Trust: Resolving Uncertainty in the Face of Risk," in R. A. Hinde and J. Groebel (eds.), *Cooperation and Prosocial Behavior* (Cambridge, UK: Cambridge University Press, 1991), p. 194; and D. J. McAllister, "Affect- and Cognition-Based Trust as Foundations for Interpersonal Cooperation in Organizations," *Academy of Management Journal*, February 1995, p. 25.

27. J. B. Rotter, "Interpersonal Trust, Trustworthiness, and Gullibility," *American Psychologist*, January 1980, pp. 1–7.

28. J. D. Lewis and A. Weigert, "Trust as a Social Reality," *Social Forces*, June 1985, p. 970.

29. J. K. Rempel, J. G. Holmes, and M. P. Zanna, "Trust in Close Relationships," *Journal of Personality and Social Psychology*, July 1985, p. 96.

30. M. Granovetter, "Economic Action and Social Structure: The Problem of Embeddedness," *American Journal of Sociology*, November 1985, p. 491.

31. R. C. Mayer, J. H. Davis, and F. D. Schoorman, "An Integrative Model of Organizational Trust," *Academy of Management Review*, July 1995, p. 712.

32. C. Johnson-George and W. Swap, "Measurement of Specific Interpersonal Trust: Construction and Validation of a Scale to Assess Trust in a Specific Other," *Journal of Personality and Social Psychology*, December 1982, p. 1306.

33. P. L. Schindler and C. C. Thomas, "The Structure of Interpersonal Trust in the Workplace," *Psychological Reports*, October 1993, pp. 563–73.

34. J. K. Butler Jr. and R. S. Cantrell, "A Behavioral Decision Theory Approach to Modeling Dyadic Trust in Superiors and Subordinates," *Psychological Reports*, August 1984, pp. 19–28.

35. D. McGregor, *The Professional Manager* (New York: McGraw-Hill, 1967), p. 164.

36. B. Nanus, *The Leader's Edge: The Seven Keys to Leadership in a Turbulent World* (Chicago: Contemporary Books, 1989), p. 102.

37. D. E. Zand, *The Leadership Triad: Knowledge, Trust, and Power* (New York: Oxford Press, 1997), p. 89.

38. Based on L. T. Hosmer, "Trust: The Connecting Link between Organizational Theory and Philosophical Ethics," *Academy of Management Review*, April 1995, p. 393; and R. C. Mayer, J. H. Davis, and F. D. Schoorman, "An Integrative Model of Organizational Trust," p. 712.

39. J. M. Kouzes and B. Z. Posner, *Credibility* (San Francisco: Jossey-Bass, 1993), p. 14.

40. This section is based on D. Shapiro, B. H. Sheppard, and L. Cheraskin, "Business on a Handshake," *Negotiation Journal*, October 1992, pp. 365–77; and R. J. Lewicki and B. B. Bunker, "Developing and Maintaining Trust in Work Relationships," in R. M. Kramer and T. R. Tyler (eds.), *Trust in Organizations*, pp. 119–24.

41. This section is based on F. Bartolome, "Nobody Trusts the Boss Completely—Now What?" *Harvard Business Review*, March–April 1989, pp. 135–42; and J. K. Butler Jr., "Toward Understanding and Measuring Conditions of Trust: Evolution of a Condition of Trust Inventory," *Journal of Management*, September 1991, pp. 643–63.

CHAPTER 11

1. R. M. Kanter, "Power Failure in Management Circuits," *Harvard Business Review*, July-August 1979, p. 65.

2. J. R. P. French Jr. and B. Raven, "The Bases of Social Power," pp. 150–67 in *Studies in Social Power*, (ed.) D. Cartwright (Ann Arbor: University of Michigan, Institute for Social Research, 1959).

3. D. Kipnis, *The Powerholders* (Chicago: University of Chicago Press, 1976), pp. 77–78.

4. R. E. Emerson, "Power-Dependence Relations," *American Sociological Review* 27 (1962), pp. 31–41.

5. H. Mintzberg, *Power In and Around Organizations* (Upper Saddle River, NJ: Prentice Hall, 1983), p. 24.

6. This discussion is based on J. N. Cleveland and M. E. Kerst, "Sexual Harassment and Perceptions of Power: An Under-Articulated Relationship," *Journal of Vocational Behavior*, February 1993, pp. 49–67.

7. D. J. Vredenburgh and J. G. Maurer, "A Process Framework of Organizational Politics," *Human Relations*, January 1984, pp. 47–66.

8. D. Farrell and J. C. Petersen, "Patterns of Political Behavior in Organizations," *Academy of Management Review*, July 1982, p. 405.

9. See, for example, G. Biberman, "Personality and Characteristic Work Attitudes of Persons with High, Moderate, and Low Political Tendencies," *Psychological Reports*, October 1985, pp. 1303–10; and G. R. Ferris, G. S. Russ, and P. M. Fandt, "Politics in Organizations," pp. 155–56 in *Impression Management in the Organization*, (eds.) R. A. Giacalone and P. Rosenfeld (Hillsdale, NJ: Erlbaum, 1989).

10. See, for example, Farrell and Petersen, "Patterns of Political Behavior in Organizations," p. 409; P. M. Fandt and G. R. Ferris, "The Management of Information and Impressions: When Employees Behave Opportunistically," *Organizational Behavior and Human Decision Processes*, February 1990, pp. 140–58; and Ferris, Russ, and Fandt, "Politics in Organizations," p. 147.

11. See, for instance, B. R. Schlenker, *Impression Management: The Self-Concept, Social Identity, and Interpersonal Relations* (Monterey, CA: Brooks/Cole, 1980); D. C. Gilmore and G. R. Ferris, "The Effects of Applicant Impression Management Tactics on Interviewer Judgments," *Journal of Management*, December 1989, pp. 557–64; and C. K. Stevens and A. L. Kristof, "Making the Right Impression: A Field Study of Applicant Impression Management During Job Interviews," *Journal of Applied Psychology*, October 1995, pp. 587–606.

12. Based on Schlenker, *Impression Management*; W. L. Gardner and M. J. Martinko, "Impression Management in Organizations," *Journal of Management*, June 1988, p. 332; and R. B. Cladini, "Indirect Tactics of Image Management: Beyond Basking," pp. 45–71 in Giacalone and Rosenfeld, *Impression Management in the Organization*.

13. R. A. Baron, "Impression Management by Applicants during Employment Interviews: The 'Too Much of a Good Thing' Effect," pp. 204–15 in *The Employment Interview: Theory, Research, and Practice*, (eds.) R. W. Eder and G. R. Ferris (Newbury Park, CA: Sage, 1989); Gilmore and Ferris, "The Effects of Applicant Impression Management Tactics on Interviewer Judgments"; and A. L. Kristof and C. K. Stevens, "Applicant Impression Management Tactics: Effects on Interviewer Evaluations and Interview Outcomes," pp. 127–31 in *Proceedings of the National Academy of Management Conference*, (ed.) D. P. Moore (Dallas: August 1994).

14. Gilmore and Ferris, "The Effects of Applicant Impression Management Tactics on Interviewer Judgments."

15. G. F. Cavanagh, D. J. Moberg, and M. Valasquez, "The Ethics of Organizational Politics," *Academy of Management Review*, July 1981, pp. 363–74.

CHAPTER 12

1. S. P. Robbins, *Managing Organizational Conflict: A Nontraditional Approach* (Upper Saddle River, NJ: Prentice Hall, 1974).

2. This section is based on Robbins, *Managing Organizational Conflict*, pp. 31–55.

3. K. W. Thomas, "Conflict and Negotiation Processes in Organizations," pp. 651–717 in *Handbook of Industrial and Organizational Psychology*, vol. 3, 2nd ed., (eds.) M. D. Dunnette and L. M. Hough (Palo Alto, CA: Consulting Psychologists Press, 1992).

4. See, for instance, C. J. Loomis, "Dinosaurs?" *Fortune*, May 3, 1993, pp. 36–42.

5. I. L. Janis, *Victims of Groupthink* (Boston: Houghton Mifflin, 1972).

6. J. Hall and M. S. Williams, "A Comparison of Decision-Making Performances in Established and Ad-Hoc Groups," *Journal of Personality and Social Psychology*, February 1966, p. 217.

7. R. L. Hoffman, "Homogeneity of Member Personality and Its Effect on Group Problem Solving," *Journal of Abnormal and Social Psychology*, January 1959, pp. 27–32; R. L. Hoffman and N. R. F. Maier, "Quality and Acceptance of Problem Solutions by Members of Homogeneous and Heterogeneous Groups," *Journal of Abnormal and Social Psychology*, March 1961, pp. 401–07.

8. J. A. Wall Jr., *Negotiation: Theory and Practice* (Glenview, IL: Scott, Foresman, 1985).

9. R. E. Walton and R. B. McKersie, *A Behavioral Theory of Labor Negotiations: An Analysis of a Social Interaction System* (New York: McGraw-Hill, 1965).

10. M. H. Bazerman and M. A. Neale, *Negotiating Rationally* (New York: Free Press, 1992), pp. 67–68.

11. J. A. Wall Jr. and M. W. Blum, "Negotiations," *Journal of Management*, June 1991, pp. 276–78.

12. See N. J. Adler, *International Dimensions of Organizational Behavior*, 3rd ed. (Cincinnati, OH: Southwestern, 1997), pp. 189–232.

13. K. D. Schmidt, *Doing Business in France* (Menlo Park, CA: SRI International, 1987).

14. S. Lubman, "Round and Round," *Wall Street Journal*, December 10, 1993, p. R3.

15. E. S. Glenn, D. Witmeyer, and K. A. Stevenson, "Cultural Styles of Persuasion," *Journal of Intercultural Relations*, Fall 1977, pp. 52–66.

16. J. Graham, "The Influence of Culture on Business Negotiations," *Journal of International Business Studies*, Spring 1985, pp. 81–96.

17. K. W. Thomas, "Toward Multidimensional Values in Teaching: The Example of Conflict Behaviors," *Academy of Management Review*, July 1977, p. 487.

18. Based on R. Fisher and W. Ury, *Getting to Yes: Negotiating Agreement Without Giving In* (Boston: Houghton Mifflin, 1981); Wall and Blum, "Negotiations," pp. 295–96; and Bazerman and Neale, *Negotiating Rationally*.

CHAPTER 13

1. See, for instance, R. L. Daft, *Organization Theory and Design*, 6th ed. (Chicago: ITP, 1998).

2. A. Ross, "BMO's Big Bang," *Canadian Business*, January 1994, pp. 58–63.

3. J. B. Levine, "For IBM Europe, 'This Is the Year of Truth,'" *Business Week*, April 19, 1993, p. 45.

4. H. Mintzberg, *Structure in Fives: Designing Effective Organizations* (Upper Saddle River, NJ: Prentice Hall, 1983), p. 157.

5. Cited in *At Work*, May-June 1993, p. 3.

6. L. Brokaw, "Thinking Flat," *Inc.*, October 1993, p. 88.

7. "GE: Just Your Average Everyday $60 Billion Family Grocery Store," *Industry Week*, May 2, 1994, pp. 13–18.

8. This analysis is referred to as a contingency approach to organizational design. See, for instance, J. M. Pennings, "Structural Contingency Theory: A Reappraisal," pp. 267–309 in *Research in Organizational Behavior*, vol. 14, (eds.) B. M. Staw and L. L. Cummings (Greenwich, CT: JAI Press, 1992).

9. See R. E. Miles and C. C. Snow, *Organizational Strategy, Structure, and Process* (New York: McGraw-Hill, 1978); and D. C. Galunic and K. M. Eisenhardt, "Renewing the Strategy-Structure-Performance Paradigm," pp. 215–55 in *Research in Organizational Behavior*, vol. 16, (eds.) B. M. Staw and L. L. Cummings, (Greenwich, CT: JAI Press, 1994).

10. See, for instance, P. M. Blau and R. A. Schoenherr, *The Structure of Organizations* (New York: Basic Books, 1971); and R. Z. Gooding and J. A. Wagner III, "A Meta-Analytic Review of the Relationship Between Size and Performance: The Productivity and Efficiency of Organizations and Their Subunits," *Administrative Science Quarterly*, December 1985, pp. 462–81.

11. See J. Woodward, *Industrial Organization: Theory and Practice* (London: Oxford University Press, 1965); C. Perrow, "A Framework for the Comparative Analysis of Organizations," *American Sociological Review*, April 1967, pp. 194–208; and C. C. Miller, W. H. Glick, Y. Wang, and G. P. Huber, "Understanding Technology-Structure Relationships: Theory Development and Meta-Analytic Theory Testing," *Academy of Management Journal*, June 1991, pp. 370–99.

12. See F. E. Emery and E. Trist, "The Causal Texture of Organizational Environments," *Human Relations*, February 1965, pp. 21–32; and P. Lawrence and J. W. Lorsch, *Organization and Environment: Managing Differentiation and Integration* (Boston: Harvard Business School, Division of Research, 1967).

13. See, for instance, L. W. Porter and E. E. Lawler III, "Properties of Organization Structure in Relation to Job Attitudes and Job Behavior," *Psychological Bulletin*, July 1965, pp. 23–51; and L. R. James and A. P. Jones, "Organization Structure: A Review of Structural Dimensions and Their Conceptual Relationships with Individual Attitudes and Behavior," *Organizational Behavior and Human Performance*, June 1976, pp. 74–113.

CHAPTER 14

1. See, for example, D. Ciampa, *Total Quality* (Reading, MA: Addison-Wesley, 1992); and W. H. Schmidt and J. P. Finnegan, *The Race Without a Finish Line* (San Francisco: Jossey-Bass, 1992).

2. M. Hammer and J. Champy, *Reengineering the Corporation: A Manifesto for Business Revolution* (New York: HarperBusiness, 1993).

3. R. Karlgaard, "ASAP Interview: Mike Hammer," *Forbes ASAP*, September 13, 1993, p. 70.

4. Ibid.

5. "The Age of Reengineering," *Across the Board*, June 1993, p. 29.

6. Ibid., p. 33.

7. "The Bigger Picture: Reorganizing Work," *Industry Week*, August 2, 1993, p. 24.

8. "The Age of Reengineering," p. 31.

9. A. Ehrbar, "'Reengineering' Gives Firms New Efficiency, Workers the Pink Slip," *Wall Street Journal*, March 16, 1993, p. A1.

10. Ibid.

11. See E. Norton, "Small, Flexible Plants May Play Crucial Role in U.S. Manufacturing," *Wall Street Journal*, January 13, 1993, p. A1.

12. A. N. Turner and P. R. Lawrence, *Industrial Jobs and the Worker* (Boston: Harvard University Press, 1965).

13. J. R. Hackman and G. R. Oldham, "Motivation through the Design of Work: Test of a Theory," *Organizational Behavior and Human Performance*, August 1976, pp. 250–79.

14. See B. T. Loher, R. A. Noe, N. L. Moeller, and M. P. Fitzgerald, "A Meta-Analysis of the Relation of Job Characteristics to Job Satisfaction," *Journal of Applied Psychology*, May 1985, pp. 280–89; Y. Fried and G. R. Ferris, "The Validity of the Job Characteristics Model: A Review and Meta-Analysis," *Personnel Psychology*, Summer 1987, pp. 287–322; S. J. Zaccaro and E. F. Stone, "Incremental Validity of an Empirically Based Measure of Job Characteristics," *Journal of Applied Psychology*, May 1988, pp. 245–52; and R. W. Renn and R. J. Vandenberg, "The Critical Psychological States: An Underrepresented Component in Job Characteristics Model Research," *Journal of Management*, vol. 21, no. 2, 1995, pp. 279–303.

15. J. R. Hackman, "Work Design," pp. 132–33 in *Improving Life at Work*, (eds.) J. R. Hackman and J. L. Suttle (Santa Monica, CA: Goodyear, 1977).

16. Ibid., pp. 96–162.

17. G. R. Salancik and J. Pfeffer, "A Social Information Processing Approach to Job Attitudes and Task Design," *Administrative Science Quarterly*, June 1978, pp. 224–53; and J. G. Thomas and R. W. Griffin, "The Power of Social Information in the Workplace," *Organizational Dynamics*, Autumn 1989, pp. 63–75.

18. See, for instance, J. Thomas and R. W. Griffin, "The Social Information Processing Model of Task Design: A Review of the Literature," *Academy of Management Journal*, October 1983, pp. 672–82; M. D. Zalesny and J. K. Ford, "Extending the Social Information Processing Perspective: New Links to Attitudes, Behaviors, and Perceptions," *Organizational Behavior and Human Decision Processes*, December 1990, pp. 205–46; and G. W. Meyer, "Social Information Processing and Social Networks: A Test of Social Influence Mechanisms," *Human Relations*, September 1994, pp. 1013–45.

19. B. G. Posner, "Role Changes," *Inc.*, February 1990, pp. 95–98.

20. C. Garfield, "Creating Successful Partnerships with Employees," *At Work*, May/June 1992, p. 8.

21. Ibid.

22. See, for instance, data on task enlargement described in M. A. Campion and C. L. McClelland, "Follow-Up and Extension of the Interdisciplinary Costs and Benefits of Enlarged Jobs," *Journal of Applied Psychology*, June 1993, pp. 339–51.

23. J. R. Hackman, "Work Design," pp. 132–33.

24. *U.S. News & World Report*, May 31, 1993, p. 63.

25. See, for example, J. R. Hackman and G. R. Oldham, *Work Redesign* (Reading, MA: Addison-Wesley, 1980); J. B. Miner, *Theories of Organizational Behavior* (Hinsdale, IL: Dryden Press, 1980), pp. 231–66; R. W. Griffin, "Effects of Work Redesign on Employee Perceptions, Attitudes, and Behaviors: A Long-Term Investigation," *Academy of Management Journal*, June 1991, pp. 425–35; and J. L. Cotton, *Employee Involvement* (Newbury Park, CA: Sage, 1993), pp. 141–72.

26. W. Bridges, *JobShift* (Reading, MA: Addison-Wesley, 1995).

CHAPTER 15

1. See J. N. Cleveland, K. R. Murphy, and R. E. Williams, "Multiple Uses of Performance Appraisal: Prevalence and Correlates," *Journal of Applied Psychology*, February 1989, pp. 130–35.

2. P. M. Blau, *The Dynamics of Bureaucracy*, rev. ed. (Chicago: University of Chicago Press, 1963).

3. "The Cop-Out Cops," *National Observer*, August 3, 1974.

4. G. P. Latham and K. N. Wexley, *Increasing Productivity Through Performance Appraisal* (Reading, MA: Addison-Wesley, 1981), p. 80.

5. See review in R. D. Bretz Jr., G. T. Milkovich, and W. Read, "The Current State of Performance Appraisal Research and Practice: Concerns, Directions, and Implications," *Journal of Management*, June 1992, p. 326.

6. "Appraisals: Reverse Reviews," *Inc.*, October 1992, p. 33.

7. R. J. Newman, "Job Reviews Go Full Circle," *U.S. News & World Report*, November 1, 1993, pp. 42–43.

8. See D. J. Woehr and J. Feldman, "Processing Objective and Question Order Effects on the Causal Relation between Memory and Judgment in Performance Appraisal: The Tip of the Iceberg," *Journal of Applied Psychology*, April 1993, pp. 232–41.

9. See, for example, W. M. Fox, "Improving Performance Appraisal Systems," *National Productivity Review*, Winter 1987–88, pp. 20–27.

10. H. J. Bernardin, "The Effects of Rater Training on Leniency and Halo Errors in Student Rating of Instructors," *Journal of Applied Psychology*, June 1978, pp. 301–08.

11. R. J. Burke, "Why Performance Appraisal Systems Fail," *Personnel Administration*, June 1972, pp. 32–40.

12. "How Do I Love Me? Let Me Count the Ways," *Psychology Today*, May 1980, p. 16.

13. J. Zigon, "Making Performance Appraisal Work for Teams," *Training*, June 1994, pp. 58–63.

CHAPTER 16

1. See, for example, E. H. Schein, *Organizational Culture and Leadership* (San Francisco: Jossey-Bass, 1985), p. 168.

2. C. A. O'Reilly III, J. Chatman, and D. F. Caldwell, "People and Organizational Culture: A Profile Comparison Approach to Assessing Person-Organization Fit," *Academy of Management Journal*, September 1991, pp. 487–516.

3. Y. Wiener, "Forms of Value Systems: A Focus on Organizational Effectiveness and Cultural Change and Maintenance," *Academy of Management Review*, October 1988, p. 536.

4. T. E. Deal and A. A. Kennedy, "Culture: A New Look through Old Lenses," *Journal of Applied Behavioral Science*, November 1983, p. 501.

5. E. H. Schein, "The Role of the Founder in Creating Organizational Culture," *Organizational Dynamics*, Summer 1983, pp. 13–28.

6. See, for example, J. R. Harrison and G. R. Carroll, "Keeping the Faith: A Model of Cultural Transmission in Formal Organizations," *Administrative Science Quarterly*, December 1991, pp. 552–82.

7. "Who's Afraid of IBM?" *Business Week*, June 29, 1987, p. 72.

8. J. Van Maanen and E. H. Schein, "Career Development," p. 59 in *Improving Life at Work*, (eds.) J. R. Hackman and J. L. Suttle (Santa Monica, CA: Goodyear, 1977).

9. Ibid.

10. See R. H. Kilmann, M. J. Saxton, and R. Serpa (eds.), *Gaining Control of the Corporate Culture* (San Francisco: Jossey-Bass, 1985); T. H. Fitzgerald, "Can Change in Organizational Culture Really Be Managed?" *Organizational Dynamics*, Autumn 1988, pp. 5–15; B. Dumaine, "Creating a New Company Culture," *Fortune*, January 15, 1990, pp. 127–31; J. P. Kotter and J.L. Heskett, *Corporate Culture and Performance* (New York: Free Press, 1992), pp. 83–106; and H. M. Trice and J. M. Beyer, *The Cultures of Work Organizations* (Upper Saddle River, NJ: Prentice Hall, 1993), pp. 393–428.

11. B. Victor and J. B. Cullen, "The Organizational Bases of Ethical Work Climates," *Administrative Science Quarterly*, March 1988, pp. 101–25; L. K. Trevino, "A Cultural Perspective on Changing and Developing Organizational Ethics," in W. A. Pasmore and R. W. Woodman (eds.), *Research in Organizational Change and Development*, vol. 4 (Greenwich, CT: JAI Press, 1990); and R. R. Sims, "The Challenge of Ethical Behavior in Organizations," *Journal of Business Ethics*, July 1992, pp. 505–13.

12. N. J. Adler, *International Dimensions of Organizational Behavior*, 3rd ed. (Cincinnati, OH: Southwestern, 1997), pp. 61–63.

CHAPTER 17

1. These similes were developed by P. B. Vaill, *Managing as a Performing Art: New Ideas for a World of Chaotic Change* (San Francisco: Jossey-Bass, 1989).

2. K. Lewin, "Group Decision and Social Change," pp. 459–73 in *Readings in Social Psychology*, 2nd ed., (eds.) G. E. Swanson, T. M. Newcome, and E. L. Hartley (New York: Holt, 1952).

3. T. Peters, *Thriving on Chaos* (New York: Alfred A. Knopf, 1987), p. 3.

4. R. H. Hall, *Organizations: Structures, Processes, and Outcomes*, 4th ed. (Upper Saddle River, NJ: Prentice Hall, 1987), p. 29.

5. D. Katz and R. L. Kahn, *The Social Psychology of Organizations*, 2nd ed. (New York: Wiley, 1978), pp. 714–15.

6. J. P. Kotter and L. A. Schlesinger, "Choosing Strategies for Change," *Harvard Business Review*, March–April 1979, pp. 106–14.

7. Adapted from W. L. French and C. H. Bell Jr., *Organization Development: Behavioral Science Interventions for Organization Improvement*, 4th ed. (Upper Saddle River, NJ: Prentice Hall, 1990), pp. 17–21.

8. R. E. Walton, "Improving the Quality of Work Life," *Harvard Business Review*, May–June 1974, p. 12.

9. Adapted from R. S. Schuler, "Definition and Conceptualization of Stress in Organizations," *Organizational Behavior and Human Performance*, April 1980, p. 189.

10. Discussions of the 3M Company in this section are based on T. Stevens, "Tool Kit for Innovators," *Industry Week*, June 5, 1995, pp. 28–31; T. A. Stewart, "3M Fights Back," *Fortune*, February 5, 1996, pp. 94–99; B. O'Reilly, "The Secrets of America's Most Admired Corporations: New Ideas, New Products," *Fortune*, March 3, 1997, pp. 60–64; and B. Filipczak, "Innovation Drivers," *Training*, May 1997, p. 36.

11. F. Damanpour, "Organizational Innovation: A Meta-Analysis of Effects of Determinants and Moderators," *Academy of Management Journal*, September 1991, pp. 555–90.

12. D. H. Kim, "The Link Between Individual and Organizational Learning," *Sloan Management Review*, Fall 1993, p. 37.

13. C. Argyris and D. A. Schon, *Organizational Learning* (Reading, MA: Addison-Wesley, 1978).

14. See, for instance, P. M. Senge, *The Fifth Discipline* (New York: Doubleday, 1990); M. Dodgson, "Organizational Learning: A Review of Some Literatures," *Organization Studies*, vol. 14, no. 3, 1993; and F. J. Barrett, "Creating Appreciative Learning Cultures," *Organizational Dynamics*, Autumn 1995, pp. 36–49.

15. F. Kofman and P. M. Senge, "Communities of Commitment: The Heart of Learning Organizations," *Organizational Dynamics*, Autumn 1993, pp. 5–23.

16. B. Dumaine, "Mr. Learning Organizatio ," *Fortune*, October 17, 1994, p. 154.

組織行為　　　　　　　　　　　　　商學叢書

作　　者／Stephen P. Robbins

譯　　者／李茂興

出 版 者／揚智文化事業股份有限公司

發 行 人／葉忠賢

登 記 證／局版北市業字第 1117 號

地　　址／台北縣深坑鄉北深路三段 260 號 8 樓

電　　話／(02)2664-7780

傳　　真／(02)2664-7633

 E-mail ／service@ycrc.com.tw

郵撥帳號／19735365

戶　　名／葉忠賢

印　　刷／鼎易印刷事業股份有限公司

I S B N ／957-818-231-7

初版二刷／2006 年 1 月

定　　價／新台幣 450 元

＊本書如有缺頁、破損、裝訂錯誤，請寄回更換＊

國家圖書館出版品預行編目資料

組織行為／Stephen P. Robbins 著；李茂興譯. – 初版. –
  台北市：揚智文化，2001〔民 90〕
    面； 公分 -- （商學叢書）
  譯自：Essentials of organizational behavior

  ISBN 957-818-231-7（平裝）

  1. 組織（管理）

494.2   89018141

訂購辦法：
＊.請向全省各大書局選購。
＊.可利用郵政劃撥、現金袋、匯票訂購：
  郵政帳號：14534976
  戶名：揚智文化事業股份有限公司
  地址：台北市新生南路三段 88 號 5 樓之六
＊.大批採購者請電洽本公司業務部：
  TEL：02-23660309
  FAX：02-23660310
＊.可利用網路資詢服務：http://www.ycrc.com.tw
＊.郵購圖書服務：
  ❏.請將書名、著者、數量及郵購者姓名、住址，詳細正楷書寫，以免誤寄。
  ❏.依書的定價銷售，每次訂購（不論本數）另加掛號郵資 NT.60 元整。